WHOLE
NOVLES
FOR THE
WHOLE
CLASS

整本书阅读如何做

从阅读方法到语文素养

〔美〕阿里尔·萨克斯（Ariel Sacks）◎著

黎 娜◎译

北京科学技术出版社

著作权合同登记号　图字：01-2023-4351

图书在版编目（CIP）数据

整本书阅读如何做 /（美）阿里尔·萨克斯（Ariel Sacks）著；黎娜译. — 北京：北京科学技术出版社，2024.1（2024.11重印）

书名原文：Whole Novels for the Whole Class

ISBN 978-7-5714-3318-5

Ⅰ. ①整…　Ⅱ. ①阿…　②黎…　Ⅲ. ①阅读课—教学研究　Ⅳ. ① G423.02

中国国家版本馆 CIP 数据核字（2023）第 211052 号

策划编辑：张子璇	**电　话：**	0086-10-66135495（总编室）	
责任编辑：付改兰		0086-10-66113227（发行部）	
责任校对：贾　荣	**网　址：**	www.bkydw.cn	
封面设计：异一设计	**印　刷：**	三河市华骏印务包装有限公司	
责任印制：吕　越	**开　本：**	710 mm × 1000 mm　1/16	
出 版 人：曾庆宇	**字　数：**	357 千字	
出版发行：北京科学技术出版社	**印　张：**	22	
社　址：北京西直门南大街 16 号	**版　次：**	2024 年 1 月第 1 版	
邮政编码：100035	**印　次：**	2024 年 11 月第 2 次印刷	

ISBN 978-7-5714-3318-5

定　价： 138.00 元

关于作者

阿里尔·萨克斯

本书作者，迄今已在美国纽约的中学教授语文超过 9 年。曾在纽约班克街教育学院学习渐进式教学法，后致力在公立学校推行以学生为中心的教学方法。曾在纽约东哈莱姆的一所双语学校任教；后任教于布鲁克林皇冠高地的一所中学，历任八年级语文老师、教研组长、部门主任；现任教于布鲁克林远景特许学校，教授八年级语文，同时是八年级"学生导师项目"的负责人。与他人合著了《教学 2030：我们必须为学生和公立学校做什么——现状和展望》（*Teaching 2030: What We Must Do for Our Students and Our Public Schools—Now and in the Future*）一书，并在《教育周刊：教师》（*Education Week Teacher*）、《教育领导力》（*Educational Leadership*）、《纽约每日新闻》（*New York Daily News*）以及班克街《不定期报纸系列》（*Occasional Papers Series*）等期刊和报纸上发表了多篇文章。另外，曾在全国多场会议上展示创新教学方法，并就教育政策研究发言，还在自己的博客（"站在巨人的肩膀上"）上发表了很多关于教学实践和教育问题的文章。

雷娜塔·罗宾逊－格伦

本书绘者，现在纽约市年轻女性领导力中学教授社会科学课。曾和阿里尔同在班克街教育学院学习中学教育学，当时马德琳·雷是她俩的导师。与阿里尔的合作缘起于她作为实习老师，在阿里尔的班上指导一组学生进行整本书阅读。后来留下来当老师，开始教授社会科学课。和阿里尔共事长达4年，并和阿里尔在语文、批判性思维、社会技能等课程的教学上相互合作。在为本书绘制插图时，将自己对艺术的热情融入以学生为中心的教学实践中，将整本书阅读教学法的概念准确地呈现出来。

前　言

10 年前，我还是美国班克街教育学院附属儿童学校的实习老师，这所学校位于美国曼哈顿上西区，是渐进式教学法的试验学校。当我以实习老师的身份在班克街教育学院参加教师培训时，我的导师，班克街教育学院中学教育项目的创立者——马德琳·雷，鼓励我尝试使用非常规的方法来教授我选的一部长篇小说——沃尔特·迪恩·迈尔斯的《蝎子》（*Scorpions*）。她说："不要像平时那样让学生分部分阅读，然后逐一回答问题；要让他们把全书读完，然后再讨论，就像成人开展读书会时所做的那样。"当时我并不明白为什么她觉得这种方法更好，但我信任她，愿意尝试。这是实习老师的好处之一——我可以放手去尝试。

我的学生在我规定的那周时间里轻松地读完了这部小说，并按照我的要求，在阅读的过程中用便利贴记下了自己的想法，然后在班上分享。我们讨论和剖析小说的过程趣味横生，大家为自己的论断提供证据，将书中的某些情节表演出来，书面陈述小说中探讨的一些大问题。在这个过程中，许多学生从旧有的窠臼中解放出来，从常规课堂中解放出来，进入了多维的文学世界。我的好奇心也被激发了出来。

第二年，我在纽约东哈莱姆的一所一类公立中学（有美国教育经费资助的学校，在这里就读的主要是低收入人群的子女）任职，教授七年级和八年级语文，很多学生是过渡期语言学习者（口语流利但仍需继续学习）。我为这些学生精心挑选适合他们阅读的书，这些书既要引人入胜，又要符合学生的发展特点。我帮学生制订阅读日程表，确定完成阅读的截止日期。到截止日期时，学生要完成整本书的阅读，然后我们再开始开展讨论等活动。

刚开始，到了原定完成全书阅读的时间，我们集中起来准备讨论时，我发现全班只有一半的学生完成了阅读，而另外一半学生仅勉强读了开头的几页，有几名学生甚至不知道还有截止日期这回事。我意识到，学生的阅读经历和学习习惯差异如此之大，要想使用整本书阅读教学法，我需要先解决一些问题。不过，令我欣慰的是，半数学生自主完成了整本书的阅读，而且能够说出自己的想法，并对故事进行分析。我组织完成阅读的这一半学生进行了精彩的讨论，他们对小说真实的感想让我深受触动，他们重读部分内容并进行分析的行为也让我深受激励。而他们自己似乎也因为阅读的经历，在学业和社会生活上都受到鼓舞。我想要帮助我所有的学生振奋起来，面对挑战。

过去的 9 年里，我开发了以学生为中心的、动态的、以班级为整体进行的整本书阅读课。我继续与马德琳·雷合作，和她分享我的实践经验，学习她坚持不懈的精神，这使我的教学既满足儿童的需求，又合乎文学的本质。我还有机会与马德琳的其他学生（如在新泽西州纽瓦克任教的南希·托斯·坦吉尔，她多年来一直教授整本书阅读课）以及一些非常了不起的特殊教育老师合作，在我开发整本书阅读课的过程中，他们对我帮助很大。我曾在纽约的两所公立学校任教，第一所学校在东哈莱姆，第二所学校在布鲁克林皇冠高地。现在，我在布鲁克林远景特许学校（一所为种族、民族、社会经济状况差异较大的学生提供服务的学校）工作，通过吸纳不同学生群体的反馈，汲取整本书阅读课实施之后的经验教训，我持续不断地改善整本书阅读教学法。

我目睹了学生从一开始连简单文本的理解都举步维艰，到后来能一路挺进，独立完成 300 页适合八年级学生阅读的小说；我见证了学生从一开始的腼腆害羞、不情不愿，到后来热烈地参与文学讨论、有力地论证自己的观点；外向的学生也在写作中找到了发声的新途径。最重要的是，我看到学生真正开始热爱阅读，他们还自发组成学习集体（learning community）一起阅读。

我也逐渐理解了马德琳·雷多年来在自己的儿童文学课上倡导的教学方法的底层逻辑。老师如果想要学生真正爱上阅读，在阅读中深入探究、进行批判性思考，在写作中探寻自己原创性的想法，就必须保护学生阅读时的主观体验。作为老师，我们必须从"主要的思考者"这个角色中走出来，为培养学生的批判性思维创造空间和提供支持。

整本书阅读教学法

一般的阅读课往往聚焦于教授学生听说读写技能和阅读策略，而我的整本书阅读课让学生像欣赏艺术品一样欣赏文学作品。很多理论学家，如路易丝·罗森布拉特，长期以来一直认为文学体验是一种主观体验。在阅读文学作品时，读者被作者带入一个虚拟世界，读者要体验这个世界中的生活，并对其做出回应。

而在学校，我们常常剥夺了学生的这种体验，以这样那样的方式试图控制学生。我们在控制学生时，出发点往往是好的，意在更快地达到我们的短期教学目标。但我们这样做其实是无视学生对故事天然的喜爱，于是我们发现自己走上了一条更为艰难的道路——我们想培养文化底蕴深厚和具有批判性思维的思想者，可是朝这个目标努力的时候，却让很多孩子丧失了阅读的热情。

整本书阅读课的理念是，学生首先必须完整地阅读文学作品，获得真实的体验。在阅读了整个故事之后——同时得到同学和老师多方的帮助后——学生开始分析作品以及自己对作品的反应，整个过程采用的方式是由学生驱动的讨论。在这种讨论中，学生对作品进行深入理解和分析。在讨论过程中，学生从对作品的个人体会转向考虑作者的视角，探究作者在写作过程中所做的各种决定。

我希望通过整本书阅读课来提高学生的文学素养，所用的方法不是将各种文学体裁快速教授一遍，而是选择一系列主题类似、对主题的探讨程度不同的作品进行教学。在文本难度逐渐增加的过程中，学生将开始识别出相似的主题和结构，这既能提升学生的理解能力，又能提振学生的自信心。课程中主要学习的是小说这种体裁的文学作品，但在每一部小说的教学过程中，我们也探讨其他体裁的文学作品，如非虚构作品、诗歌、民间故事，以及电影，以此来丰富学生的阅读体验，让他们在一个学年里对主题和形式的探索更为充分。

由于学生在整本书阅读中获得了真实的阅读体验，加上自主驱动的讨论，他们的写作能力顺理成章地得到了提高。在讨论的基础上，学生对写作产生了各种想法。充满思辨的争论诱发了说理性文章的写作，对故事情节和写作风格的赏析催生了小说的写作。

整本书阅读课是我整个语文课的基础一环——围绕文学作品的学习，学生也进行了大量写作和词汇方面的学习。当然，整本书阅读课无法涵盖语文课的全部内容。写作可能和学生学习的书不总是明显关联的，而且我还需要努力平衡全班一起进行的阅读和学生的自主阅读。将各种头绪整合起来是一件很有挑战的事情，不过，我很开心，因为我逐渐在这些头绪中找到了平衡。

本书记录了我带领学生进行整本书阅读的亲身经历，分享了我的教学方法和教学体会，也指出了一些问题。我写这本书的一部分原因是，我可以剖析我的教学实践过程，进一步理解这个过程。我希望我的教学经历可以激励其他教育工作者践行整本书阅读的理念和方法。

整本书阅读的教学体系极具实操性，都经过了课堂的检验，同时又是可灵活变化的。在实践中，老师会有自己的发现，然后根据自己的教学实践对基本的教学模式进行调整和扩展。本书为整本书阅读教学的实施提供了完整的指南，其中包括老师可以拿来即用的课程设置方案、教学活动安排和教学策略。老师也可以尝试通过整本书阅读教学法来丰富学生的学习体验，同时还不用放弃自己以前较为成功的其他教学方法。

我一直在中学任教，本书分享的学习素材和教学故事主要来自我自己的课堂，但整本书阅读的方法论适用于所有能读懂小说的孩子。我、马德琳·雷以及南希·托斯·坦吉尔曾与多位老师——从三年级到十二年级的都有——合作实施整本书阅读教学法，我从这些经历中汲取了很多经验。

当然，我们的教学方法一直在发展和改进中，我的写作无法与之完全同步。我希望读者不要认为本书提到的这些教学实践是一成不变的或绝对的。整本书阅读教学法是灵活的，它可以根据老师、情境以及学生群体的变化而变化。我希望本书能够帮助老师在教授学生文学知识、阅读技能与启发学生勇敢提问、创新之间找到平衡。

努力达到《共同核心州立标准》的要求

我意外又欣喜地发现，整本书阅读课与美国《共同核心州立标准》（CCSS）呼应得很好。例如，课程特别成功的一点是培养学生对文学文本进行批判性分析（包括对作者的写作技巧和文本结构的分析）的能力，这一能力在《共同核心州立标准》的阅读标准中被着重强调。在保证虚构作品阅读量的同时，整本书阅读课也涉及了大量非虚构作品的阅读。为了帮助老师更容易地找到那些能够提高学生技能的教学活动，以及更好地理解《共同核心州立标准》的要求，我在书中相应的部分设置了专门的版块，以突出呈现这些教学活动与《共同核心州立标准》的关联。本书主要涉及《共同核心州立标准》中适用于中学各年级的"大学和职业准备锚定标准"（College and Career Readiness Anchor Standards），其中我关注的主要是阅读标准，尽管听、说、写这 3 项技能在整本书阅读课中占比也不小。

教学保障

为便于你评估你的整本书阅读课与你教授班级的匹配度，接下来我要向你介绍我在 3 所学校教授整本书阅读课的一些情况。

▶ 拉斐尔·科德罗双语学院。这是纽约东哈莱姆的一所较大的一类中学，它是一所双语社区学校，几乎所有学生都可享用免费或折扣价午餐。

- 我每天有两节课，一节是七年级的课，一节是八年级的课，每节课 90 分钟。班级规模不算大，每班 20 人，所以我总共有 40 名学生。我七年级班上的大部分学生下一学年都升到了我八年级的班。

- 我的学生都是过渡期语言学习者，他们刚从特殊的双语班转进普通的班级，现在只需额外到我的课堂来学习。其中大部分学生为拉丁裔，有几名来自西非和中东。此外，大部分学生都是移民或长期英语学习者，即出生于美国但家庭的母语非英语。但我班上一直有几名母语为英语的学生，他们被放在我班上是为了把他们和某些学生隔离开，以尽可能减少他们之间的冲突。

- 我在这所学校任教期间，需要按照规定的教学大纲来教学，但我在完成规定的教学任务之外，还找到了适合我的整本书阅读教学法。这所学校与班克街教育学院有合作，我获得了学院导师们的支持。我的教室里有个图书角，可是，里面的图书都是以前实施旧版教学大纲时期储备的，老旧，满是灰尘。后来，我自己掏钱为班级购买了图书。班上学生不多，我购买的是平装本，加上折扣，花费并不算多。

▶ **民主与领导力学校**。这是美国布鲁克林皇冠高地的一所较小的公立一类中学，包括六至十二年级。这也是一所社区学校，几乎所有学生都可享用免费或折扣价午餐。

- 我带八年级的 3 个班，每个班每天一节课，一节课 57 分钟。平均每个班 23 名学生，总共有大约 70 名学生。学生来自多个民族和种族。

- 我班上的学生大多来自西印度家庭，有一些是来自海地等岛国的新移民，也有一些是在美国出生的。另有一小部分是非裔美国人。这所学校收了大量有特殊教育需求的学生，我其中一个班是混合班级（即包含有特殊教育需求的学生），有一位特殊教育老师与我合作管理班级。

- 这所学校没有规定的教学大纲，教室里也没有图书角。我把我在上一所学校购买的书带了一些过来，并增购了一些。就算学校可以公费购书，但我很难知道什么时候有公费购书基金、预定的书什么时候到货，所以我经常自己花钱购书。

▶ **布鲁克林远景特许学校**。这是美国一所中等规模的公立特许学校,学生来自不同收入水平家庭,包括六至十二年级。大约 45% 的学生可享用免费或折扣价午餐。

- 我带 4 个班,每个班每天一节课,每节课 52 分钟。每个班的人数介于 24~28 之间,我的班里总共有 106 名学生。我一开始带的是七年级学生,他们升入八年级后继续由我来带。

- 我的学生在种族、民族、社会经济状况以及学习需求方面差异巨大。同为八年级学生,但他们的阅读水平从小学二年级到大学不等。每个班都有一些有特殊教育需求的学生,我与 3 位特殊教育老师合作管理这 4 个班级。

- 学校没有规定的语文教学大纲,但对追踪学生的学习情况有要求。学校有公费购书基金,订购书的系统容易操作,所以我不再自己花钱购书。我的同事、学校管理者以及学生家长都支持整本书阅读教学法。

我在这本书中记录了发生在我的学生身上的一些事。这些事情都是真实的,不过,有时候我会把发生在多名学生身上的事放在一个人身上。书中还展示了一些学生的作业。为了保护学生的隐私,学生的名字用的是化名。

全书结构

本书分为两大部分,第一部分介绍了整本书阅读课的基本要素,第二部分介绍了真实情境中的整本书阅读课。总之,全书讲述了我和同事是如何开发整本书阅读课来助力学生成长的。

本书有几章包含了专门的一节内容,我称之为"零与整",主要介绍了教授整本书阅读课所需的一些重要的环境条件和工具,旨在推动课程向正确的方向发展。

附录中提供了更多我使用过的学习素材和学生作业的示例。

第一章说明了整本书阅读这种方法的确切含义，解释了实施这种教学方法的意义和它对学生的适用性，并解释了为何它可以培养学生对文学的热爱，以及为何它有助于学生向更高层次的学习过渡。在本章中，我阐释了以学生为中心的教学理念、全班一起进行整本书阅读以及读完全书后再进行分析讨论等理念的重要意义。本章最后的"零与整"呈现了我的整本书阅读课的年度教学大纲，揭示了整本书阅读教学的实践过程。

第二章讨论了我为整本书阅读课选书时考虑的 5 个角度。我介绍了整个学年选书的过程，我选择的书在文字和思想的复杂程度上是逐渐增加的。

第三章转到我上课的内容，我引导学生，让他们通过"三层面思考"形成对文学作品的感想，并让他们在阅读过程中将自己的所思所想记录在便利贴上。我解释了采用这种方法的理由，以及这种方法是如何持续推动学生阅读整本书的。本章最后的"零与整"呈现了我带领学生进行整本书阅读的全过程。

第四章介绍了整本书阅读完成之后我是如何组织学生讨论的，以及我在讨论中承担的角色。在这一章，我对"重读"这一阅读策略做了阐释，并告诉学生如何从文本中寻找证据来支撑自己的观点；我说明了由学生自己拟定家庭作业题目这一方法的作用，以及如何能让讨论持续进行多轮；我描述了讨论的 3 个阶段，以及在第二和第三阶段的讨论中学生的发现。本章最后的"零与整"呈现了带领学生进行整本书阅读的新手老师的经验。

第五章概述了整本书阅读课是如何助力学生写作的，并提供了基于整本书阅读的说理性写作和创意写作的范例。

第六章，也是第二部分的第一章，介绍了在整本书阅读课中学习一本书的准备工作和启动仪式，以及如何建立评分制度以保证学生的学习进度和参与度。本章最后的"零与整"解释了教室的布置情况。特别的布置有助于课程的开展。

第七章介绍了在整本书阅读课中由学生参与的小组迷你课题（miniproject）和拓展阅读活动，这些活动有助于学生在一学年中掌握读写技能和文学概念。本章最后的"零与整"呈现了科技在整本书阅读课中的作用。

第八章解决的问题是，在整本书阅读课中，如何让全体学生（包括阅读有困难的学生和阅读能力较强的学生）都取得进步。

在全书的最后一章——第九章，我分享了整本书阅读课对学生学习的影响，同时阐释了它为何能够为学生将来的学习打好基础。最后，我分享了我和同事对整本书阅读教学法的一些全新的探索。

目　录

目 录

05

在阅读与写作间建立联系
善用写作冲动　　　　　　　　　｜ 135

第二部分　真实情境中的整本书阅读课

06

设定预期，提供支持
启动仪式及其他　　　　　　　　｜ 167

目　录

第一部分

整本书阅读课的
基本要素

为什么要推广整本书阅读教学法？

我的学生和我跨出了充满信念的一步，也是经过深思熟虑的一步。

在这一年的整本书阅读课学到第二本书时，赫克托（班上学习最困难的学生之一）取得了突破。此前，赫克托在读写自己的母语（西班牙语）时存在问题，在辨识英语多音节词时也很困难——他很聪明，在许多方面也很有潜质，可就是不愿在多音节词的辨识上下功夫，所以一直没有进步。他总是说"我不知道""这真没意思"，并拒绝学习。这一次，当全班一起阅读丽贝卡·斯特德的小说《当你找到我》（*When You Reach Me*）时，赫克托从学校借了一个MP3，通过听这本书的音频来跟着全班一起阅读这本书。

在课间休息时，赫克托仍然在听这本书，边听边看。他有阅读障碍并且一直讨厌阅读，而现在，他对我和其他同学说："别打扰我，这本书真的好有意思！"他用了"有意思"这个说法，这大大吸引了我的注意。能够读懂班上别的同学都在阅读的内容并且和大家分享自己的感受，他感到很开心。他通过听书对书面文字产生了兴趣，这对他来说是一种全新的体验，他真正体会到了阅读的乐趣。

为什么整本书阅读的方法能让各种水平的学习者对阅读产生兴趣，促使他们阅读？对此我想在这里给出解释。像赫克托这样阅读有困难的学生，他们其实之前已经接受过全方位的阅读干预，但却没有任何改变，现在，整本书阅读"唤醒"了他们的文学素养。而那些高水平的阅读者，在那些内容简单、没有挑战性的阅读课上收获甚微，但在整本书阅读课上，他们找到了归属感和新方向。这种方法为何有效？为什么这种方法在学校里没有成为常规教学方法？这些是我将在这里回答的问题。

让孩子成为热爱故事的人

毫无疑问，故事是有趣的。乔纳森·戈特沙尔在《讲故事的动物：故事怎样使我们成为人？》（Gottschall, 2012）一书中，用种种事实说明，我们是"讲故事的动物"。我们就是为故事这种东西而活的！我们人类有一种内在的动力，促使我们去体验，去讲故事——这是我们思维方式的一部分，从而使我们生命的每个时刻都与世界发生联系。故事对我们大脑的学习和记忆也至关重要。《为什么学生不喜欢上学？》（Willingham, 2010）一书的作者丹尼尔·威林厄姆在书中写道："人的大脑似乎是为理解和记忆故事而专门调试的——它们这么匹配。心理学家有时候说，故事具有'心理特权'，意思是说，在记忆中，相比其他材料而言，故事是被区别对待的。"威林厄姆提到，多个心理学实验均表明，在所包含信息相同的情况下，与以其他形式呈现相比，以故事的形式呈现的信息更有趣。

在美国，学生还普遍存在一个问题：他们不想阅读，连故事都不想读。《阅读杀》（Gallagher, 2009）一书的作者凯利·加拉格尔认为，这一问题已经严重到"系统地扼杀阅读兴趣"的程度，我觉得他说得没错。一方面大家都觉得故事有趣，另一方面又不爱读故事书，对此我的解读是：当学生被要求读书时（通常是在学校里），他们并没有真正读进去。

过去的 10 年里，似乎全美国都聚焦于一个崇高的目标，那就是教会所有孩子阅读。而这一崇高目标对应的现实目标是：逐年提高全体学生的读写水平，而衡量方式是通过标准化考试。这一现实目标的设置很有问题，它大大误导了大众。在分数的压力下，我们很容易就忘记了初心。我们需要反思：我们为什么要致力教会孩子阅读？我们为什么要阅读？

即使是心理承受能力最强的老师，也常常会不自觉地告诫学生，必须得读哪个故事或哪个片段，因为有比我们更权威的人让我们必须这么做。我们中有多少人，在某个心理承受能力较弱的瞬间，会不由自主地告诫学生，他们必须马上坐下来阅读，否则就无法通过标准化考试，或者无法升入更高的年级？

在目前由考试驱动的教育大环境下，这样的场景每天都在现实生活中出现。考试的压力不仅影响着老师的教学，更决定着学生在学校的学习状况。我们都明白，学生不会因为你让他学就学，标准化考试的分数也不会成为学生学习的动力。而且，把考试成绩作为衡量教育成果的标准，这种定位对学生的心理极具破坏性。

为与这种压力抗争，我们有必要主动探索教育的深层问题——学生的学习动力、现实情况和真实需求，为学生，也为我们自己。然后，我们要围绕这些问题来制订教学方案，构建教学语言体系。

人类对故事有着天生的热爱和需求，为什么如今的学校就看不到这一点呢？

被扼杀的阅读兴趣：我自己的阅读故事

我读中学的时候是 20 世纪 90 年代初，很奇怪，我不记得整个中学阶段我在课堂上读过的任何一本书的内容。我记得我装模作样地阅读过的一些书的书名，也记得我的老师站在讲台上讲解书中内容的情景。例如，我清晰地记得我的一位语文老师和我们谈论《杀死一只知更鸟》（*To Kill a Mockingbird*）的情景，我后来才明白这是一本好书。但为什么我不记得自己读过这本书呢？我猜是因为我觉得它和我的生活没有任何关系，和当时我脑子里想的事情也没有任何关系。我甚至压根不想翻开它。有老师上课提供的信息和不需要读作品就能找到答案的作业，我只需读几章，就足以在考试中拿到高分，或者达到其他教学要求。这还是在进入互联网时代之前，还不是只需两秒就能在网上找到大量书评和摘要的时代！

其实，我的课外阅读量很大。我的祖母是一名教育工作者，她经常把最新最好的青少年小说作为礼物送给我。这些小说很合我的口味。我记得那本《莫扎特季节》（*The Mozart Season*），作者是弗吉尼亚·E. 沃尔夫。小说讲的是一个和我年纪差不多的女孩的故事，她在为一场大型小提琴演奏会做准备，为此一直刻苦练习莫扎特的曲子。我立刻就与主人公产生了共鸣，因为我当时也在认真学习小提琴，正和枯燥的练习作斗争。我记得我曾经挑灯夜读简·约伦的《魔鬼的算术》（*The Devil's Arithmetic*），故事里的主人公和我一样，是个美国籍犹太姑娘。逾越节的时候，她质疑犹太人为什么要铭记过去。

我挑灯夜读，并不是因为第二天有人要检查我是不是读了，也不是被想要提高阅读技能这样的抽象的想法所激励。实际上，学校里没有人知道我在家里阅读。如果我跟老师和同学多多交流，可能我的老师就会对我的阅读生活有更多的了解；但是，作为一名中学生，我最在意的是朋友和班上同学的看法。可悲的是，当时我认为阅读不是一项受到认同的兴趣爱好。所以，我只是私下里阅读。我和我的祖母在电话里谈论这些书，可我不会在学校里谈论它们。

我的经历也许不能引起所有人的共鸣，但我的感受，每个在学校上过语文课的人都不陌生。大量青少年在学校指定的阅读书目中找不到自己喜欢读的书的现实，附加在阅读上的用以检测他们是否理解的考试，以及对所有学生来说无差别的教学方法，都让学生对阅读失去兴趣。加拉格尔（Gallagher, 2009）认为，"缺乏真实的阅读体验是扼杀阅读兴趣的主要原因之一"。

突破"主要的思考者"的角色：将学生的兴趣放在首位

学生获得真实阅读体验的主要障碍之一就是老师把自己当成了"主要的思考者"，意思是说，在阅读教学过程中，老师将自己对作品的解读凌驾于学生的解读之上。这种情况经常出现，因为成人确实比孩子懂得多，并且老师的职责之一就是将知识传授给学生。现实情况是，我们很多老师给自己设定的角色是"主要的思考者"。

但是，我们不能代替学生思考。如果我们代替学生思考，就会妨碍学生与作者创造的那个世界产生联系，从而剥夺学生的体验。当我们代替学生思考，学生就会对自己的想法缺乏信心（例如，学生会质疑自己：为什么我对书的理解和老师的理解不同？），尤其当他们的生活中没有像我祖母这样的人在身后肯定他们的想法时。以成人对作品的解读水平来衡量儿童对作品的解读水平，这不仅不公平，还违背了阅读的宗旨。

一部文学作品的核心在于呼应人类内心对各类故事体验的渴求，这种渴求反过来又推动文学阅读。而这种渴求的本质，在读者的一生中会发生变化。老师极力提高学生阅读技能的种种努力，似乎常常偏离了读者在阅读文学作品时的原始渴求。

我们读书的动机远比我们对书的理解重要。阅读是一个高度个性化的过程。西蒙·莱塞是一位心理学家，也是一位小说评论家，在心理对阅读的影响方面进行过大量研究。在《小说和无意识》（Lesser, 1962）一书中，他解释了这种现象。

小说带给我们的是一些更为神奇的东西（而不是一个公式化的理解）。它将事件呈现于我们眼前，将我们卷入其中，我们都来不及思考我们是怎样被卷入其中的，以及我们在多大程度上被裹挟，甚至我们有时候都意识不到我们已经被卷入其中了。小说在我们心里激起的情感就是证据：它如此强烈，不能仅仅用认知反应来解释，无论这种认知反应是有意识的还是无意识的。

如果我们只是为了理解而阅读，那么我们对待任何文本都会是同样的反应——少有或者完全没有反应。但无论是作为老师还是作为读者，我们都知道，阅读不是这样的。我们阅读是为了获得体验。我们可以在阅读的过程中获得巨大的快乐，还可以体验别人的生活：去往陌生的国度，破解凶杀案，谈一场恋爱，直面最深的恐惧……和电子游戏里引人入胜的虚拟世界一样（当然，阅读和电子游戏在想象力的运用上有很大的不同），这些体验不一样的生活的机会为儿童和青少年提供了阅读的动力。

如果不能获得鲜活的体验，学生就没有阅读的动力，那么我们通过文学作品教授阅读理解技能的过程就是枯燥无味的，我们想让学生参与文学分析的尝试也就缺乏目标和情境。

回到我们前面提到的赫克托，他说"别打扰我，这本书真的好有意思！"。书带给他的这种感觉比我们为他设立的任何目标都让他更有动力。在阅读课上，我们要一直把这一点放在中心位置、最高位置，无论我们还有哪些目标想要学生达成。

为什么要进行整本书阅读？

进行自主阅读时，学生可以自主选择阅读材料，而且他们往往可以选到与自己的阅读水平匹配的作品并与作品产生互动。唐娜琳·米勒在她的《书语者》（Miller, 2019）一书中分享了她的阅读教学经历，我被她那丰富的教学经验所折服，尤其是当我自己引导学生进行自主阅读时，我从她那里学到了很多。如果我的孩子在上她的语文课，那我肯定会欣喜若狂。

但同时，我又不希望我的孩子全部的语文教育都围绕这种自主阅读展开。有些阅读工作坊极力推崇自主阅读教学法，反对全班读同一本书的整本书阅读教学法，其主要理由是，一本书不可能满足全班所有学生的需求，而且传统的整本书阅读教学法有许多缺陷。选择合适的书，找到惠及所有学生的教学方法——尽管这些都很有挑战性，但我仍然相信，学生的有些需求是整本书阅读教学法能够满足而自主阅读教学法无法满足的。

米勒在《书语者》这本书的最后写道："是的，完整读完一本书后进行深入的分析令学生受益匪浅。"她还写道："你现在为学生创造的共同阅读文学作品的体验，能为将来的教学打下基础，而且一起读一本书可以加强你和学生之间的联系。"不过，她在后面又补充道："我们需要在精读片段和整体把握全书内容之间找到平衡。"她虽然建议寻求传统教学方法的替代方法，但同时也呼吁大家对整本书阅读教学法三思。

我和美国班克街教育学院的马德琳·雷在过去的 10 年间一直合作开发整本书阅读课。这门课在教学中以长篇小说为主要文本，是对如何让学生重视文学类文本的阅读进行全新思考的结果。在整本书阅读课中，我们回归文学的本质，避免学生的文学体验碎片化。学生可以与他人互动，我们也创造机会培养学生的批判性思维能力、创造力以及思维习惯等。大家拥有一些相同的体验，这是青少年与同龄人交流以及共同构建知识体系的动力。

在班克街教育学院，马德琳·雷将她的儿童文学课分成了文学鉴赏课和阅读课。她在课程讲义中写了下面这段话。

文学鉴赏课的重点是读者对文学作品的反应而不是阅读技能本身……而阅读课，我们强调语码的破解、句中词的特定意义等这些关注外延的行为和技能……文学鉴赏课……主要关注的是内涵。通过阅读不同的小说作品，读者可以判断小说的质量，了解在故事讲述过程中作者为吸引读者是如何发挥想象力的，感受小说独特的语言风格，以及判断文学世界里旧元素与新故事融合的程度。

人们都渴望进入一个虚拟的世界，基于这样的认知，我们在开发文学鉴赏课时尽可能保护读者对故事的独特体验。适合儿童欣赏的作品在故事情节和主题上应该与他们的年龄段相适应，在语言文字方面应该有一定的审美价值。当学生能够在社团的论坛里分享自己的感想，能够讨论作者使用文字唤起读者某种反应时采用的方式，他们便能通过阅读变得更具智慧。我们观察每一位读者的反应，思考这些不同的反应意味着什么。

批判性分析能力是美国《共同核心州立标准》最为重视的一种能力。老师在常规教学中艰难探索各种方法，想要吸引学生参与到提升这种能力的教学活动中来，但他们举步维艰。而整本书阅读则以非常自然的方式促使学生进行批判性分析。甚至有些令人意外的是，我发现，要想帮助学生将作品分成几个部分来细读，关键反而是先让学生通读全书。图 1.1 展示了整本书阅读中学生和作品间的互动是如何促使学生进行批判性分析的。

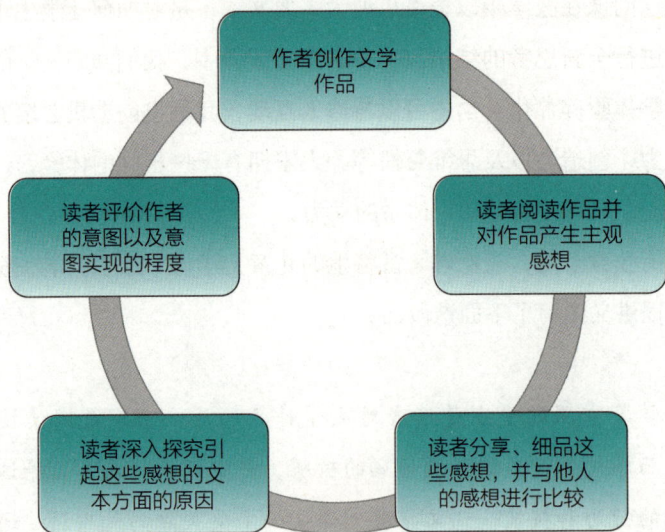

作者创作文学作品

读者评价作者的意图以及意图实现的程度

读者阅读作品并对作品产生主观感想

读者深入探究引起这些感想的文本方面的原因

读者分享、细品这些感想，并与他人的感想进行比较

图 1.1　读者在整本书阅读中进行分析和做出反馈的过程

为什么要先读完整本书？

请你想象下面的场景。你在去电影院看电影之前，已经听说你即将看的是一部好电影。坐在电影院里，灯光熄灭、电影开始，你体会到在电影院看电影时独有的兴奋和激动。

看到中间，电影停止放映。灯光亮起，有个人站在前面，拿着麦克风，请大家说说自己看到这里对电影的感想：你觉得导演为什么要拍这部电影？电影中的人物做出那样的行为的动机是什么？电影的结尾会是怎样的？那个站在前面的人开始搜集大家的看法。

你努力去听别人的发言，可你还是对电影本身更感兴趣，不太关心电影院里这些陌生人的观点。那个站在前面的人开始谈到电影里的一个人物，说这个人物让他想起年轻时候的自己。你邻座的人小声对你说："我才不在乎这些人怎么想呢。我是来看电影的！"于是，你们俩就开始聊起别的来打发时间，等待电影继续放映。最后，那个人说："好了，今天就到这里。明天同样的时间，同样的地点，我们再来观看后面的内容！"

你还会来吗？

接下来，请你想象另外一幅场景。你刚刚在电影院看了一场特别有趣的电影。电影结束，灯光亮起，前排一个拿着麦克风的人说"大家先别走"，并邀请大家去参观电影放映室，然后鼓励大家分成几个小组到不同的房间进行讨论。电影院甚至还能重放其中几个片段，比如开头的部分，来激发大家讨论的灵感，而你此时恰好有一小时的空闲时间。

你会考虑加入这样的讨论吗？

整本书阅读教学法就是基于学生对故事的兴趣，让学生在正式讨论作品之前先读完整本书。从上面的电影院案例来看，这种教学方法似乎是符合逻辑的。成人的读书会采用的是同样的方式：读书会成员通常用一个月左右的时间各自阅读同一本书，然后聚到一起讨论整本书的内容。大学的课堂讨论也是采用这样的方式，只不过节奏快一些，学生要用大约一周的时间读完一本书。

我在纽约市的各类学校——公立、私立、特许学校等都教过语文，在我的教学生涯中，我很少看到老师要求学生读完整本书之后再开始对作品进行口头或者书面分析。在传统的或者渐进式的教学理念下，阅读课的标准教学法似乎都是让学生逐章进行阅读和讨论。

为什么不提倡逐章讨论？

以章为单位阅读然后讨论，这种模式稀释了读者的阅读体验，剥夺了阅读带给读者的许多乐趣，甚至还会妨碍读者理解作品。文学是一种艺术，文学作品原本就是为了让读者将其作为一个整体来体验而创作的。我们如果阅读的是一部短篇小说集或者诗集，自然可以逐篇来阅读和讨论。而长篇小说这种篇幅比较长的作品，创作的目的就是让读者深入作者创造的那个不同于现实生活的世界。长篇小说可以让我们在其创造的世界中度过一段时光，我们与故事中的人物共处，经历故事中的矛盾冲突，体会故事的象征意义和作者独特的行文风格。在教室里，无须逐章讨论，我们就可以获得生活在文学世界的社会体验。

延长体验时间对于我们理解和欣赏文学作品至关重要。莱塞（Lesser，1962）的解释是，为使读者被作品所感染，"获取这种体验不可或缺的条件是，让自我长期形成的警惕心理放松下来。心甘情愿地暂时搁置怀疑，持一种相信的态度，这对享受阅读和理解所读内容都至关重要"。阅读虚构作品是高度个性化的体验，整个过程读者都需要积极参与其中。在《文学：读者的角色》（Rosenblatt，1960）一文中，路易丝·罗森布拉特是这样描述的：

> 阅读一首诗或者一部小说时，我们会获得一种别样的体验，我们
> 全身心沉浸其中。在文字的引导下，我们与那个我们再创造的世界

产生密切联系……我们跟随文字体验期待、不安和最终的如释重负。对我们来说，作品的结构就是在它的框架下构建出的阅读体验的结构……没有人可以替我们阅读——或者说，替我们体验——文学作品。

当学生搁置了怀疑，放松地拥抱作品时，如果我们时不时打断他们——即使纯粹出于好意，要求他们评价、预测、表达他们对正在阅读的这本书的看法，会给他们带来什么样的阅读体验？如果我们控制他们的体验，他们还能继续在作者创造的世界里敞开心扉吗？我们阅读的时候，会让作者引导我们——仅凭他创作的这部作品，无须借助任何别的东西来引导我们。我们需要帮助学生建立起与作品的那种特别的关系，却不能成为这种关系里的"第三者"。尤其是，我们对学生来说是权威人物，他们习惯于向我们寻求答案和解释。如果我们过多地干预学生的阅读过程，那么学生将很难在阅读时放松下来。我们需要后退一步，让学生与作品产生真正的互动。

作为老师和成年读者，我们有一种倾向，希望学生"得到作品里的一切"，所以我们希望他们在阅读的大部分时间里都有我们的陪伴。很多老师在学生第一次阅读的时候就想要引导他们去发掘作品的全部特点，莱塞（Lesser，1962）提醒我们，这"可能会让学生带着紧张和警觉去阅读，从而不利于学生享受故事"。愉悦放松的状态对于学生喜欢上一部作品非常重要，不仅如此，对于读者理解作品也非常重要。凯利·加拉格尔将老师希望学生"得到作品里的一切"称为"过度教学"，并将其列为扼杀阅读兴趣的四大原因之一。

此外我们还要知道，我们在阅读故事时，会发挥想象力来给故事涂上颜色，但不同的读者涂的颜色是不一样的。戈特沙尔（Gottschall，2012）将作者比成画家，他说，作者"为我们提供了专业的线条画，并给了我们涂色的提示。而我们的大脑则提供大的场景以及关于颜色、明暗和质感的大部分信息。在阅读故事的过程中，我们的大脑一直在以我们难以察觉的方式进行着这项创造性活动"。如果我们把自己对作品的解读一股脑塞给学生，我们也就在把我们想象的故事推给学生，这会促使学生关上想象之门。如果学生的想象之门关闭了，他们就会失去理解故事的能力。因此，老师想要帮助学生"读懂故事"，其实就是搬起石头砸自己的脚！

如果我们给学生机会让学生阅读整本书，他们就能自己去获得真实的体验，虽然他们来到我们这个星球的时间还比较短，相对我们成人来说，对事物的理解还不够深入。

整本书讨论：由学生驱动的讨论

有了切身的阅读体验，学生在讨论作品时往往思如泉涌，为此他们常常自己都感到惊讶。虽然老师在讨论中担任推动者的角色，但其实讨论什么是由学生决定的，和作品有关的一切他们都可以讨论。我发现，他们热切地聆听同学们对作品中人物、情节等的看法，以及同学们列举的支撑各自观点的证据。（有关我是如何安排整本书讨论的，请参考第四章。）

在整本书讨论中，对于有疑问或不理解的地方，学生的内驱力会被激发，他们会主动重读相关内容，以求获得更深刻的理解。在讨论过程中，学生第二次、第三次重读部分内容，自然比只读一次有更强的分析能力。许多老师劳神费力，想要培养学生的批判性分析能力，而此时此刻，我以更高效的方式做到了，而且是在学生强大的内驱力的驱动下做到的。

对老师来说，这种让学生在讨论前先读完整本书的做法确实有很大的挑战性。但我们在教学过程中本来就常常面临各种挑战，我们要做的是选择应对哪些挑战。而这种挑战，我相信是值得去应对的，因为这么做可以让学生获得有意义且愉快的体验，有助于培养学生高层次的批判性思维和创造力。当我将激发学生阅读时的内驱力放在首位时，我发现他们会主动发展自己的阅读技能，以便继续阅读。

在 2011~2012 学年的年终调查中，学生对整本书讨论的看法如下。

▶ "分享自己的想法非常好，它有助于我从其他的角度看待问题。"

▶ "即使看的是很糟糕的文学作品，能与别人讨论它的优劣也是一件令人高兴的事情。通过讨论我还能发现不同的东西。"

▶ "读点儿什么，听听别人的观点，并分享自己的想法，这很有趣。"

▶ "我喜欢听别人的观点。"

▶ "我一直很喜欢和别人就大概念辩论一番。"

▶ "听取别人的观点，并让它改变自己，这很有趣。"

这有点儿像我的一个朋友，他爱上了一个只会说日语的女孩。此前他对日语兴趣寥寥，而现在他经常收到日语写的情书。于是，他找到了读懂这些情书的办法——从老师那里寻求指导，花时间学习日语。最终，他学会了如何回信。对那些还在阅读困境中挣扎的读者来说，激发自己对故事的热爱和加入文学社团都能起到类似的作用，这在赫克托和我班上的其他学生身上得到了印证。要激发学生对故事的热爱，我们需要信任我们选择的故事，允许学生以作者期望读者使用的那种方式去体验。

但，他们会读吗？

在与其他老师谈及整本书阅读教学法时我发现，他们共同的担心是，怕（或者只是猜测）学生不读书。我理解这种担心，为此，多年来我设计了多种方式来确保学生有能力、有意愿阅读。以下几点非常关键。

1. 给学生以积极的期待。假设你给学生布置了阅读一本书的任务，如果你不相信他们会读，那么他们会不会读确实需要打个问号。但是，如果你相信他们会读，那么他们很有可能会尽力去读。你要相信学生能够接受挑战，也要相信你的鼓励对他们有很大帮助。一旦学生参加过一次讨论，他们完成阅读并参与讨论的动力会更强。

2. 有策略地选书。我将在第二章讨论我选书的原则。有的书适合全班一起读，有的适合班上一半的学生读。为学生选书要考虑学生的身心发展特点、价值取向和兴趣爱好，也要考虑他们的阅读水平。

3. 培养学生对自己所读的书做出真实回应的习惯。学生要主动做出回应，而不是依赖老师的提问。我将在第三章分享培养这一习惯的方法。

4. 建立让学生为阅读负责的制度。我不会强迫学生做任何事情，但我会通过日常活动、评分机制以及课外拓展训练来帮助学生完成阅读的任务。这方面内容我将在第七章讨论。

5. 始终给予学生支持。在阅读时，我会为个别学生提供支持，也会为全体学生提供支持。我给予支持的方式包括组织学生开展小组活动，提供与学生所读内容相关的故事、电影、绘本，以及采用教学辅助工具（如音频）等。我会在第七章和第八章分享这些内容。

放下成见：掷回旋镖

老师的另一个担心是，学生可能读完了整本书，却不能完全理解文字背后的意义，或者不能达到设立的那些考评标准。的确有一些方法可以确保学生达到某些标准，在下面的章节里我会分享。不过，在教学实践中，我逐渐开始相信一种"回旋镖现象"。

开展整本书阅读教学，在某种程度上意味着老师要放下"学生阅读完一部文学作品后应该有所收获"的成见，屈服于作品的强大能量和学生自己的体验能力。

这个过程就像掷回旋镖。如果你掷得好，你就确定回旋镖会回到你手里。在课堂上，我相信学生能够从学习中获得他们需要的东西。我会巧妙地选书、营造学习环境，会始终给予学生支持，但真正重要的是学生与书之间的联系。

这可能与目标驱动式教学的基本理念冲突。难道我不需要明确我想要的结果是什么吗？我对教学和学生个体确实需要设定目标，但当学生开始阅读，我需要忘记那些目标，与他们一起前行，不管他们处于哪个阶段。我需要对新的想法和方法保持开放的态度。我一次又一次地发现，通过阅读和深入讨论作品，学生最终能达到我为他们设定的几乎所有目标。虽然他们并不总是以我当初设想的方式来达到目标，但当不完全由我的想法来主导时，学生的表现会好很多。实际上，在对文字细节的发掘以及对写作技巧的探索方面，他们的表现常常超出我的预期。当然，我也有遇到困难的时候，比如某个学生或者班级在某个方面进展不顺利，但这些困难最终都引导我提出更多有创意的举措，在之后的整本书阅读教学中惠及更多学生。

在精心准备下，我的学生和我跨出了充满信念的一步，也是经过深思熟虑的一步。这就是"回旋镖现象"，它让我年复一年的语文教学始终新鲜如初；它让我决心不做自己中学语文老师的翻版——我的中学语文老师日复一日地谈论《杀死一只知更鸟》，但从不试着让我们自己去读一读；它让我一直对教学，对学生，也对他们带来的一切保持兴趣并全身心投入。

帮助学生为将来做好准备

我认为让学生自己阅读整本书很重要，另外一个原因在于，老师的责任之一是帮他们为下阶段——高中或者大学——的学习做好准备。我采访过的大部分老师都认为，我们的目标是让学生在更高层次的教育中能够自主阅读和分析完整的文学作品，而且在大学，学生需要在较短的时间内进行大量阅读。美国《共同核心州立标准》中的"大学和职业准备锚定标准"的第 10 条是关于阅读的，它也提倡将阅读教学向这个方向引导——这一条要求学生"独立且有效地阅读和理解复杂的文学文本和信息文本"。学生在高中也需要在讨论会上分享自己的观点。但直到高中毕业，很多学生都从来没有自主阅读整本书然后参与相关讨论的经历。

我发现，如果我们选择对学生的发展有意义的书，并在班上创造合适的条件，他们不需要等到大学，甚至都不用等到高中就能达到"独立且有效地阅读和理解复杂的文学文本和信息文本"这个目标。在整本书阅读课上，学生从自己的第一手经验中明白，自己有能力阅读整本书。不仅如此，他们还掌握了阅读方法以及记录感想和控制阅读进度的方法。理想情况下，经过多年以班级为单位的整本书阅读和分析的实践，我们能够让学生为未来的学习做好准备，并满怀信心地将他们送入大学。

除了为接受更高层次的教育做准备，我们还希望学生成为自信的读者、作者和有思想的人。我们用行动向学生证明，老师无须将作品切割成一小块一小块投喂给他们，我们在向学生发出信号：老师相信他们。而学生也发现自己可以独立完成阅读，发现自己的发言对班级讨论很有价值。学生意识到了整本书阅读教学法传递的微妙信号，其积极效果将逐渐累加。

经过一个学年的学习，学生会看到自己的成长、长处以及需求，他们知道老师会在课堂上给他们分享阅读感想的机会。一年中，我从学生身上搜集到了很多对整本书阅读课的反馈。一旦学生理解了整本书阅读课的基本框架，他们就有可能影响教学计划的制订，使之更适合自己的需求和兴趣。整本书阅读课的框架是灵活的，老师和学生都可以让它为己所用。

整本书阅读之外

整本书阅读课为我的语文教学搭建了一个强大的子主题框架，这个框架包括4个方面：阅读、写作、语言学习（词语的构成与用法）和课堂活动（课堂常规活动和小组活动）。课程内容推动学生阅读与课上学习的书相关的非虚构作品，也同样推动学生阅读相关的诗歌、短篇小说、戏剧和图像小说。同时，整本书阅读课也成为我们很多类型的写作（包括创意写作和分析性写作）的灵感来源，这方面内容我会在第五章讨论。有些写作任务并不与课上正在学习的书直接相关，而以正在学习的书的主题为基础，并与后面的文学学习相关。

整本书阅读课为我和学生创造了很多整合运用现代技术的机会：结对阅读的学生共享在线文档，在线展开讨论；学生在线搜索信息，研究作者的经历或制作根据书改编的视频。我也和同事合作，让我们的阅读课与历史、艺术、科学等课程建立起联系。学生将他们在整本书阅读课中学到的技能运用到了其他学科的任务中。

通过这些方式，学生在虚构的文学世界和真实世界之间穿梭，对各种体验产生感想、做出比较、发现规律。《成为读者：从儿童到成人的小说体验》（Appleyard，1991）一书的作者阿普尔亚德在书中将阅读描述为"从根本上来说是特定时间、特定地点、特定读者和特定文本之间的相遇。这场相遇赋予作品生命……故事植根于文本，以及读者个性与个人经历"。通过拓展我们学习的作品的"根与枝条"，通过联系自己的生活经验和人生经历，以及与其他文本、其他学科和周围的世界互动，学生读懂了故事。

零与整

整本书阅读课年度教学大纲一览表

表 1.1 是我教授的八年级整本书阅读课的年度教学大纲一览表，它展示了一个学年中我们阅读的书目，以及我是如何平衡阅读与写作的。整本书阅读导向写作，但我们的写作并不都源自整本书阅读。整个学年的主题分布在各个阶段，每个阶段关注的主题都有不同的侧重点，有时候侧重全班一起学习的那本书的主题，有时候侧重与其相关但不同的主题。

此表只是一个范例，并非固定模板。虽然我认为此表对所有八年级的班级都适用，不过它主要还是我为我的学生设计的。在其他学校授课时，根据学生的阅

表 1.1　八年级整本书阅读课年度教学大纲一览表

单元 1：集体（9 月）	单元 2：背景（10 月）	单元 3：冲突（11 月）	单元 4：媒体素养（当年 12 月～次年 1 月）
主题	**主题**	**主题**	**主题**
班集体	所在家庭 / 社会	与家庭 / 社会环境	环境问题
人的差异与归属	环境	的冲突	邻里关系
施与得的平衡	身份认同 / 梦想	文化认同	多方观点
自我意识	性别问题	文化冲突	新闻学知识
学习素材	言论自由	歧视	**学习素材**
《一百条裙子》	**第一轮整本书阅读**	**第二轮整本书阅读**	评论
《哈里森·伯	《芒果街上的	《我就是要挑战这	调查数据
杰龙》	小屋》	世界》	访谈录
《爱心树》	**作品的文学特征**	**作品的文学特征**	**第二轮自主阅读**
学生的调查报告	主题	背景	/
目标技能	背景	4 种冲突	**作品的文学特征**
熟悉课堂流程	象征手法	人物性格变化	非虚构文章的结构、写
积极参与课堂	**其他学习素材**	**其他学习素材**	作目的和目标读者
活动	《火星编年史》	电影《烟火讯号》	**阅读 / 研究技巧训练**
学会"三层面	纪录片：《拉丁裔	《美籍华裔》	解决问题
思考"	计划》（HBO）	《航班》	解读词义
掌握讨论原则	**目标技能**	关于美国土著生	明确非虚构文章的结构
对作品进行反思	分析描述性语言	活的文章	和写作目的
第一轮自主阅读	和比喻性语言	**目标技能**	提问
选书	提炼主题	识别并分析冲突	为获得信息而阅读
了解便利贴笔记	写便利贴笔记	将多个文本关联	识别偏见
养成阅读的习惯	养成讨论的习惯	起来	进行线上研究
写作任务	分析写作意图	精读	评估信息来源
撰写集体守则	**写作任务**	**写作任务**	开展访谈
说理性写作	短篇创作	写关于冲突的	开展调查
每周书面反思	**写作技巧训练**	短文	分析数据
写作技巧训练	选择恰当词汇	写冲突故事	了解多元视角
即兴戏剧	使用描述性语言		**写作任务**
头脑风暴	运用比喻		写评论
记叙文和议论文	围绕主题展开		
选择与内容最匹	互提修改意见		
配的格式			
分段			

单元 5：家庭影响（2月）	单元 6：权力结构（3月）	单元 7：反抗主题诗歌（4月）	单元 8：成长故事（5~6月）
主题	**主题**	**主题**	**主题**
家庭关系	压迫	反抗	成长
个人独立	反抗	英雄主义	磨难
家庭文化背景	反主流文化	自我表达	转变
非裔美国人的历史	牺牲	幻想/现实	家、归宿
第三轮整本书阅读	**第四轮整本书阅读**	**学习素材**	**第五轮整本书阅读**
《谁的家庭都不会改变》	《巧克力战争》	电影《潘神的迷宫》	学生要从下面的学习素材中选择一个，自主进行第五本书的整本书阅读
作品的文学特征	**其他学习素材**	《诗歌的生命》（缪里尔·鲁凯泽著）	《耳朵、眼睛和手臂》
角色	电影《摇摆狂潮》	**作品的文学特征**	《播种者的寓言》
视角	《彩票》	诗歌的写作技巧	《牧羊少年奇幻之旅》
其他学习素材	《偷书贼》	诗歌的形式	《在黑暗的某地》
《石头与河流》	《J. 阿尔弗瑞德·普鲁弗洛克的情歌》	**目标技能**	《拆船工》
《安雅的幽灵》		诗歌朗诵	《野兽国》
谭恩美的散文	**作品的文学特征**	掌握诗歌的写作技巧	《驴小弟变石头》
精选诗歌	主人公	了解诗歌的形式	约瑟夫·坎贝尔的访谈录
目标技能	反派角色	分析比喻性语言	**作品的文学特征**
掌握难度较大的文本的阅读策略	意象	针对难度较大的文本做阅读笔记	故事结构
区分圆形人物和扁平人物	道德困境	**第三轮自主阅读**	背景
理解人物视角	基调	记录新的兴趣点	人物
分析人物	**目标技能**	锻炼阅读耐力	故事主题
分析作者写作意图	预测情节的发展	**写作任务**	**目标技能**
理解文字中的情感	精读	创作诗歌	了解情节的发展
写作任务	识别视角的转换	写书评	了解成长的各个阶段
描写虚构场景	识别暗示	**写作技巧训练**	对文本中的文学要素进行评论
以"我从哪里来？"为主题创作诗歌	识别意象	寻找诗歌写作灵感	带领同学讨论
写作技巧训练	跨文本做关联	运用隐喻	**写作任务**
围绕论点展开写作	**写作任务**	修改习作，注意押韵和换行	写成长故事
引用其他文本	表现道德困境	修改习作，做到语言简练	**写作技巧训练**
换行	创作独白		搭建成长故事框架
修改诗歌	围绕多个文本写评论		对话运用、行为描写、人物内心独白
	评分项		
	便利贴笔记		
	独白		
	评论		

单元1：集体（9月）	单元2：背景（10月）	单元3：冲突（11月）	单元4：媒体素养（当年12月～次年1月）
评分项 　阅读难度等级 　小测验：3种思维方式 　自主阅读中的便利贴笔记 　说理性写作：内容/写作技巧 **与《共同核心州立标准》的关联** 　达到八年级文学类阅读标准（Reading Standards for Literature）的第1、2、3条要求 　达到八年级写作标准（Writing Standards）的第1、3、9条要求	**评分项** 　便利贴笔记（进行"三层面思考"，确认主题，精读文本） 　讨论环节参与度 　短篇创作：描写、比喻、主题展开 **与《共同核心州立标准》的关联** 　达到八年级文学类阅读标准的第1、2、3、4、5、6条要求 　达到八年级写作标准的第3、5、10、11条要求	**写作技巧训练** 　用论据支撑论点 　安排文章结构 　围绕自己创造的人物和冲突来写作 　编写对话 　选择视角 **评分项** 　便利贴笔记（是否进行"三层面思考"，是否以冲突为主题，是否与背景知识关联起来） 　分析冲突 　课堂习作：文章结构与前后印证 　故事创作：人物对话、冲突、视角 **与《共同核心州立标准》的关联** 　达到八年级文学类阅读标准的第1、2、3、4、6、9条要求 　达到八年级写作标准的第1、3、4、9条要求	**写作技巧训练** 　写一个精彩的开头 　从不同视角看同一事件 　提供背景信息 　引用文献 　搭建有逻辑的结构 　修改习作，做到语言流畅 **评分项** 　专题报道：内容、结构、风格和写作技巧 **与《共同核心州立标准》的关联** 　达到八年级文学类阅读标准的第1、2、5、6、7、9条要求 　达到八年级写作标准的第2、4、5、6、7、8、10条要求

续表

单元 5：家庭影响（2 月）	单元 6：权力结构（3 月）	单元 7：反抗主题诗歌（4 月）	单元 8：成长故事（5~6 月）
评分项 　便利贴笔记，包括情感类笔记和"说了什么"类笔记 　讨论 　说理性文章 　以"我从哪里来"为主题的诗歌 **与《共同核心州立标准》的关联** 　达到八年级文学类阅读标准的第 1、2、3、4、6 条要求 　达到八年级写作标准的第 1、4、5 条要求	**与《共同核心州立标准》的关联** 　达到八年级文学类阅读标准的第 1、2、3、4、7、9 条要求 　达到八年级写作标准的第 1、4、5、9、10 条要求	**评分项** 　阅读难度等级 　写书评 　诗歌讨论 　诗歌写作技巧小测验 　原创诗歌集 **与《共同核心州立标准》的关联** 　达到八年级文学类阅读标准的第 1、2、3、4、5、9、10 条要求 　达到八年级写作标准的第 1、4、5 条要求	塑造主人公形象 设定故事背景 围绕冲突进行写作 选择叙述视角 **评分项** 　由学生来主导讨论 　创作成长故事 **与《共同核心州立标准》的关联** 　达到八年级文学类阅读标准的第 1、2、4、5、9、10 条要求 　达到八年级写作标准的第 1、3、5、6、10 条要求

读水平、需求和兴趣，我会对教学大纲做出很大的调整；即便在同一所学校，针对不同的班级，我也会做出调整。在使用此表前，我强烈建议你首先考虑学生的需求和阅读水平。

最后我要说，此表有详有略。它较为充分地展示了我的课程中重点强调的读与写的技能，因为这两种技能与本书的关系最为密切，需要引起足够的重视，也因为它们是美国《共同核心州立标准》要求学生掌握的技能。有些重要内容在此表中没有完全呈现，包括在课堂上进行的大量听和说的练习，它们其实也是整本书阅读课的一部分。此表没有呈现的还有对写作技巧的详细讲解和通过拉丁语词根学习词汇这两项内容。所以，可以说，此表包含了我一年中教授的许多内容，但不是全部。

02

选择合适的书
选书的 5 个角度

"这本书不一样！这本书好看！"

天，在美国罗得岛州福克斯角的男孩女孩俱乐部，前往艺术室的时候，我注意到了泰耶，一个 16 岁女孩。她缩在大厅的角落，头几乎埋在一本书里。我走过去打招呼，吓了她一跳，把她从文学世界中拉了出来。我非常意外："我还以为你不喜欢读书呢！"

"噢，这本？"她指指书。这是索尔加修女的畅销书《最寒冷的冬天》(*The*

Coldest Winter Ever)。我读过这本书,讲的是一个非裔美国女孩温特的戏剧化人生。这个女孩住在美国布鲁克林,她的家庭突遭变故,以前奢华的生活灰飞烟灭,从此她不得不开始自谋生路。这部长篇小说故事坎坷曲折,人物形象立体丰满,展现了现实社会的阴暗面,能够引发青少年对现实的思考。

"这本书不一样!"泰耶说,"这本书好看!"

"有意思。"我心想。也就是说,她认为看这本书不算是"读书",因为它"好看"。

福克斯角离布朗大学只有几个街区。我在布朗大学读书时,曾在福克斯角做过3年的工艺美术顾问,在那里认识了各个年龄段的孩子。有一个学期,作为我独立研究的一部分,我在男孩女孩俱乐部举办了写作训练营,来参加训练营的都是十几岁的女孩和她们的母亲。这些女孩有的在读高中,有的已经辍学。她们因为认识我,并且对训练营感到好奇,所以同意参加。但是,她们当面跟我说:"我不喜欢读书。"我询问原因时,她们讲起学校里那些不愉快的经历,有些跟老师有关,有些跟书有关。这些经历让她们对书面文字产生了反感(但是她们喜欢口语活动,如辩论和即兴表演)。

关于阅读,女孩们说出了一部分真相,真实情况其实更复杂。泰耶和青少年时期的我一样,都是乔·沃西所说的"叛逆型读者"。乔·沃西在她的文章《"每一页都有人被杀死":学校的读书讨论会上你听不到的话》(Worthy, 1998)中说,叛逆型读者不喜欢老师布置的阅读任务。老师可能认为他们对读书毫无兴趣,但实际上,他们私下里热爱阅读。

为全班选择合适的书很不容易。我需要邀请像泰耶这样的学生参与,了解他们的兴趣,寻找读起来"不像是书"的阅读素材。整本书阅读课能够进行下去的前提是,学生需要在一定程度上能够而且也愿意自己阅读。整本书阅读课初期选择的书一定要可读性强,对大部分的学生都有吸引力。学生,尤其是存在阅读困难的学生,能够与作品中的人物高度共情。然后,随着我逐渐赢得学生的信任以及学生阅读能力逐渐提升、自信逐渐增长,我选书的标准也逐渐发生变化。

本章我将分享我为整本书阅读课选书的思考,并详细讲述我为班上学生选择阅读素材的整个过程。

为全班选书：5 个角度的思考

为整本书阅读课选书，和教学的其他部分一样，需要依靠直觉，也需要认真考量。每一轮整本书阅读不仅对全班学生的学业发展有深远影响，还会影响集体文化。在我们围绕整本书进行阅读、讨论和写作的那几周里，我们实实在在地融入了书中的世界。完成整本书阅读时，无论是作为个体还是作为集体中的一分子，学生和开始阅读时相比已经完全不在一个层次。每一本书的学习对学生来说都像是一次集体旅行，每一次旅行和我们整个学年的阅读计划都是方向一致的。

为使选择的每一本书对全班学生来说都适合他们在其中"生活"一段时间，这些书需要在某个层面超越个人品位。虽然学生千差万别，各有特点，但我选择的每一本书都需要对学生有意义，要符合他们的兴趣，也是他们能够读懂的。同时，每一本书需要以某种方式与之前和之后的书关联起来。这样的话，一个学年的整本书阅读课从整体上由易到难，循序渐进，于是学生也不愿意漏掉其中任何一个环节。

在为整本书阅读课选书的过程中，每一本书我都从 5 个角度来进行衡量，这5 个角度是：学生的发展，学生的认同程度，书的阅读难度，主题的关联性，作品的文学特征（突出的文学要素）。对应这 5 个角度，我会问自己下面一些问题。

1. 关于学生的发展。书的内容如何与学生的发展阶段联系起来？我为何觉得这本书适合此阶段的学生？

2. 关于学生的认同程度。书的内容和故事背景如何与学生的生活经验联系起来？直接相关还是间接相关？书是镜子（熟悉）还是窗口（不熟悉）？

3. 关于书的阅读难度。书的阅读难度如何与学生的阅读水平相应？能读懂的学生是全部、一半还是小部分？适合安排在学年的开始、中间还是结尾去读？

4. 关于主题的关联性。某本书在主题或者结构上如何与全年教学计划中之前和之后学习的书联系起来？

5. 关于作品的文学特征。书中哪一个文学要素最突出？书中提供了哪些机会有助于读者关注作者的写作技巧？

这么多问题似乎让人应接不暇，不过，一旦我习惯了每一本书都分别从这些角度衡量，再综合决定是否选择这本书，渐渐地，同时考虑多个角度就变得容易多了。教学总带有一种实验的性质——我们做的选择里也总有一丝赌博的意味。但做决策时，对其背后的理论（包括对弱点的预判）越清晰，我对可能出现的结果就越有准备，最终的结果也会越好。

最后，对于任何一本书，我的评价都只是"选择天平"上的部分砝码，因为我不是阅读的主导者。给学生阅读的书需要获得我个人的认可，更要获得学生的认可，虽然传统的文学标准和课堂教学标准没有什么关联。这些进入课堂的书受到了学生的广泛喜爱，也许更重要的是，那些不喜爱它们的人也对它们的艺术成就心存尊重。

> 无论你是刚打算尝试整本书阅读教学法还是在为一学年的整本书阅读课做计划，无论你是在为读书会选书还是在为其他活动选书，这 5 个角度都适用。

选择超越个人品位的书：运用发展理论

在美国班克街教育学院攻读教育专业研究生的时候，我学习了学院标志性的教学方法：发展 - 互动法。这一方法贯穿我在班克街教育学院学习的所有课程之中。这一教学方法认为，儿童学业和社会情感的发展并不是沿着两条独立的路径进行的。在儿童与世界、同伴以及成人的互动中，这两个方面的发展相互作用、相互影响。在班克街教育学院，我们认识到"在各种教学情境中，认知与情感总是相互关联的……有意义的内容（由老师提供）、师生间良好的关系和积极的互动是学习的基础。老师通过密切观察学生的反应、及时收集学生的反馈、与学生互动、评价和提问以及鼓励学生的好奇心来教学生"。

在班克街教育学院，我们的一部分任务就是尽可能多地了解学生，而达到这一目标的主要方式是对学生的发展进行研究。在学习每一个单元前，我需要写一份发展陈述——对我设计的课程所针对的人群进行描述。在众多理论家和研究者中，我最欣赏的是戴维·埃尔金德。他在《对儿童的共情式理解：从出生到 16 岁》（Elkind，1995）一书中描写了各个年龄段儿童的行为模式、需求、兴趣以及内心的冲突。

我们所教授的某个年龄段学生所特有的发展特点值得我们去研究。我感到惊讶的是，当我作为一名成熟的老师再次审视学生的发展时，我又有很多新的发现。而太多老师在职前阶段没有对发展理论进行深度学习。虽然我们的经验很自然地让我们对学生的发展阶段有一些只鳞片甲的了解，但教育领域内的专业研究有助于对各个年龄段孩子的共同兴趣和行为进行命名和归类。

用学生的发展特点来指导书籍的选择

以下列举的青少年许多早期的发展特点，有的来自我在工作中对 12~15 岁孩子的观察，有的来自埃尔金德的这本书。基于每一个发展特点，我都提供了能与这个年龄段学生产生共鸣的主题和文本的例子，并且明确指出用于全班学习时这些素材对于哪个年级最理想。这主要是基于书的内容而不是学生的阅读水平。不是这个年级的学生当然也可以读这些书，不过，我的目标是为每个年龄段的学生找到最合适的书。

青少年早期的发展特点及其对应的整本书阅读课的主题和所选书目

发展特点：逐渐拉开与父母的距离。在基本需求、行为认同、情感等方面还非常依赖父母的同时，他们开始将父母视为普通人，开始批判性地看待父母。

主题： 父母也是人，个人身份，独立。

所选书目：

● 《谁的家庭都不会改变》（*Nobody's Family is Going to Change*），路易丝·菲茨休（6~8 年级）

● 《石头与河流》（*The Rock and the River*），柯克拉·马贡（7~9 年级）

● 《耳朵、眼睛和手臂》（*The Ear, the Eye and the Arm*），南希·法默（7~8 年级）

● 《在黑暗的某地》（*Somewhere in the Darkness*），沃尔特·迪安·迈尔斯（6~8 年级）

发展特点： 对同龄人（通常是同性）有强烈的认同感。

主题： 友谊，冒险，信任。

所选书目：

● 《我本不想把这告诉你》（*I Hadn't Meant to Tell You This*），杰奎琳·伍德森（6~8 年级）

● 《追逐金色的少年》（*The Outsiders*），苏珊·埃洛伊丝·欣顿（7~8 年级）

● 《当你找到我》（*When You Reach Me*），丽贝卡·斯特德（6~7 年级）

发展特点： 第二性征发育，开始面对性冲动带来的问题。

主题： 青春期。

所选书目：

● 《来自梅拉宁的笔记本》（*From the Notebooks of Melanin Sun*），杰奎琳·伍德森（7 年级左右）

● 《我的心跳》（*My Heartbeat*），加雷特·弗赖曼－韦尔（8~9 年级）

● 《亚里士多德和但丁发现的宇宙秘密》（*Aristotle and Dante SaeDiscover the Secrets of the Universe*），本杰明·阿莱尔·萨恩斯（8~9 年级）

● 《同样的差异》（*Same Difference*），西沃恩·维维安（7~9 年级）

●《一个女孩的故事》（*Story of a Girl*），萨拉·扎尔（9~10 年级）

发展特点：逐渐（常常是痛苦地）意识到社会存在阶级差异。

主题：是否受欢迎，与他人不同。

所选书目：

●《我的肤色》（*The Skin I'm In*），沙伦·弗莱克（6~7 年级）

●《星星女孩》（*Stargirl*），杰里·斯皮内利（5~6 年级）

●《奇迹男孩》（*Wonder*），R. J. 帕拉西奥（4~7 年级）

●《为什么的十三个理由》（*Thirteen Reasons*），杰伊·阿舍（8~9 年级）

发展特点：对自我、他人，并在一定程度上对系统（指人、事和规则相互关联的有机整体）开始进行有意识的、批判性的思考。开始学着接受自己所做选择的后果，能够进行换位思考。

主题：选择，原谅，身份，歧视。

所选书目：

●《蝎子》（*Scorpions*），沃尔特·迪安·迈尔斯（7~8 年级）

●《一百条裙子》（*The Hundred Dresses*），埃莉诺·埃斯特斯（3~12 年级）

●《我就是要挑战这世界》（*The Absolutely True Diary of a Part-Time Indian*），谢尔曼·阿莱克西（8~9 年级）

●《偏袒》（*Taking Sides*），佳里·索托（5~7 年级）

●《吞噬》（*Feed*），马修·托宾·安德森（8~10 年级）

●《拆船工》（*Ship Breaker*），保罗·巴奇加卢皮（8~9 年级）

发展特点：开始理解系统或者社会的概念，也会质疑某个系统以及整个社会的运转方式。

主题：正义，权力，压迫，反抗。

所选书目：

● 《巧克力战争》（*The Chocolate*），罗伯特·科米尔（7~9 年级）

● 《饥饿游戏》（*The Hunger Games*），苏珊·柯林斯（6~8 年级）

● 《芒果街上的小屋》（*The House on Mango Street*），桑德拉·希斯内罗丝（8~12 年级）

● 《偷书贼》（*The Book Thief*），马库斯·苏萨克（8~11 年级）

● 《记忆传授人》（*The Giver*），洛伊丝·劳里（6~8 年级）

● 《我们自由之前》（*Before We Were Free*），茱莉娅·阿尔瓦雷斯（7~8 年级）

● 《播种者的寓言》（*The Parable of the Sower*），奥克塔维娅·巴特勒（9~11 年级）

● 《哈里森·伯杰龙》（*Harrison Bergeron*），库尔特·冯内古特（7~10 年级）

发展特点： 开始了解个体文化背景以及它如何与个体的身份发展联系起来。常常涉及与父母的分离以及新身份的构建。

主题： 文化，身份，传统，独立，失去。

所选书目：

● 《加西亚家的女孩不再带口音》（*How the Garcia Girls Lost Their Accents*），茱莉娅·阿尔瓦雷斯（9~11 年级）

● 《美籍华裔》（*American-Born Chinese*），杨谨伦（7~9 年级）

● 《从天堂迈出一步》（*A Step from Heaven*），安娜（8~9 年级）

● 《墨西哥白人男孩》（*Mexican Whiteboy*），马特·德拉培尼亚（8~9 年级）

● 《安雅的幽灵》（*Anya's Ghost*），薇拉·布罗斯格尔（8~10 年级）

发展特点： 从儿童到成人的转变常常伴随着痛苦的觉醒。意识到现实是残酷的，比如人需要面对负面情绪、疾病以及死亡。以下书目讨论了关于成长的一些的话题。

主题： 失去，矛盾心理，风险。

所选书目：

- 《壁花少年》（*The Perks of Being a Wallflower*），斯蒂芬·奇博斯基（8~11 年级）

- 《这是一个有趣的故事》（*It's Kind of a Funny Story*），内德·维齐尼（8~10 年级）

- 《去问爱丽丝》（*Go Ask Alice*），佚名（9~10 年级）

- 《说话》（*Speak*），劳里·哈尔斯·安德森（8~11 年级）

- 《冬女孩》（*Wintergirls*），劳瑞·汉丝·安德森（8~10 年级）

- 《无比美妙的痛苦》（*The Fault in Our Stars*），约翰·格林（8~10 年级）

- 《寻找阿拉斯加》（*Looking for Alaska*），约翰·格林（9~11 年级）

- 《牧羊少年奇幻之旅》（*The Alchemist*），保罗·柯艾略（8~11 年级）

这其中关键的一点是，我们选择的书要与学生的成长阶段相适应。也只有基于这一点，我们选书才能超越个人品味，引起更多读者的兴趣。这里需要指出的是，与学生成长阶段相适应的书往往不是经典作品，因为作家在创作时，目标读者就不是儿童或青少年。与学生成长阶段相适应的书往往是青少年文学作品，优秀的青少年文学作品关注的是青少年成长方面有意义的话题。泰里·勒塞纳在《阶梯阅读》（Lesesne，2010）一书中对质疑青少年文学作品的人进行了反驳："青少年文学作品在出现之初即遭到误解，它被误认为比'真正'的文学作品在文学性上要逊色……我敢打赌，你应该遇到过这样明显的歧视，所以不在班上使用青少年文学作品，尤其不用于课堂教学。那些诋毁青少年文学作品的人没有看到，青少年文学作品有结构，有风格，有内容，值得在课堂上学习。"接下来，勒塞纳在文中证明了好的青少年文学作品不仅对今天的学生有意义，而且具有旺盛的生命力。

在整本书阅读课中，我们要选择高质量的青少年文学作品，因为和其他文学作品一样，青少年文学作品的质量也参差不齐。一本书的主题合适并不能说明它是一本值得阅读的书，还要有精心设计的故事情节和有丰满的人物形象。

当我们深入研究青少年文学作品，就会发现很多好书，很多书中包含了成人化的内容和语言，或者说，其内容和语言不适合课堂教学。我在为学生选书时曾碰到过有些书里有脏话，有些有性描写（虽然不是那种露骨的描写），以及其他成人话题，这令我感到很不舒服。对于这样的书，我有两个处理办法。第一，我总是询问其他老师是否应该使用这本书，听取他们的意见，确保我选择这本书用作整本书阅读的做法是正确的。第二，对于成人化内容和语言，我制订了使用规则。当向学生推荐这本书时，我会在给学生的信里告诉他们，书中之所以有这样一些内容和语言，是因为作者想用它们来塑造人物生活的世界或人物形象，并不意味着他们可以说这样的话或者做这样的事。我相信学生已经足够成熟，可以理解这些。我会在班上读这封信，也会让家长看到这封信。只要这本书确实适合我所教授的这个年龄段的学生，我发现学生都能正确对待这些内容。

读者发展理论

文学作品的主题能够在多大程度上引起读者的兴趣，因读者的成长阶段不同而不同。在不同的成长阶段，读者会有不同的阅读目的。在《成为读者：从儿童到成人的小说体验》一书中，作者阿普尔亚德分享了一个有用的理论，总结了儿童成长为成熟的读者所经历的主要阶段。他最初的计划是研究美国波士顿地区公立学校高中生的成长模式，但他发现要理解这个年龄段的高中生，需要回溯更小的年龄段。阿普尔亚德展示了读者成长过程中呈现出来的角色的进阶变化。角色的出现都是有序的，读者在不同阶段、不同的角色中获得不同的阅读体验。下面我将对这些角色进行粗略介绍。当然，我强烈建议大家阅读阿普尔亚德原书中对应的章节。

学前读者，阿普尔亚德说，他们的角色是故事聆听者，是虚构的文学世界里的游戏者。他们被书中生动的画面所吸引，不能区分现实与虚幻。阿普尔亚德认为，对这个年龄段的幼儿来说，当他们在想象中的世界里游戏时，关键问题是他们在多大程度上信任这个虚构的世界——这个可能令人愉悦也可能让人觉得恐怖的世界。最后，他们学会了分辨现实与虚幻，从这个角色向前发展。

学龄读者，阿普尔亚德称之为"作为主人公的读者"。在这个阶段，读者阅读的目的是获得广阔世界的信息，了解它的运转，同时通过阅读来了解自己拥有的能力。学龄阶段的读者专注于主人公的原型——他聪明能干，足智多谋，"能够解决这个无序世界的问题"。这个阶段的读者不知不觉地将自己放在主人公的位置，将主人公的故事看成是自己经历的延伸。

青少年读者像学龄读者一样，乐于沉浸于引人入胜的故事之中，不过他们寻求的体验不同。阿普尔亚德将青少年读者称为"思想者"，因为这个阶段的读者会从故事中寻求关于生命的意义的见解。青少年读者"寻求真实的可以模仿的榜样"，在更深层次上，故事帮助他们评判"自己生活中各种所谓真相"。

大学读者中语言文学专业的读者，阿普尔亚德称其为"解读者"。身处这个角色中的读者"将文学作为系统的知识看待，认为它有其特有的探究问题的准则和论证的原则……（这类读者）系统地学习文学，学会分析文学作品，了解文学发展的历史，甚至掌握了文学批评的理论"。

最后是**实用主义读者**。大部分读者最终都成为阿普尔亚德所说的"实用主义读者"。体验过以上角色后，人们在生活和工作中根据需求选择合适的角色。

阿普尔亚德的理论有助于我们发现阅读的深层动机。每个班里的学生千差万别，他们之所以能坐在一起，只是因为年龄相近。对于这些成长中的读者，我们满足他们需求的方法之一就是为他们提供机会，尽可能使他们在阅读中获得的体验与所在年龄段相匹配。

从认同到探索：镜子文本和窗户文本

我希望我在课堂上使用的文学作品对学生的发展有意义。但即使是两部主题相似的作品，因学生对人物、故事背景和写作语言的熟悉程度不同，他们对于两部作品的认同程度也会不同。读者如果能够较为容易地与故事中的主要人物（学龄读者的主要关注点就是主人公）产生认同感，与那些在阅读中总是需要去探索陌生领域的读者相比，前者的阅读过程会更轻松一些。我也希望能在教学大纲中将这两种阅读体验都囊括进来，不过理想的状态是从熟悉程度较高的文本开始阅读，逐渐向熟悉程度较低的文本推进。

虽然班上的学生各不相同，但我发现，一个集体会逐渐形成自己独特的品位。我发现，借用"镜子"和"窗户"这两个概念来挑选文本，可以与学生集体产生互动并影响其文化。有些学者认为，一份优质的文学教学大纲应既为学生提供"镜子"，也为学生提供"窗户"。

镜子文本反映学生的生活

整本书阅读教学大纲中，某些文本能让学生从中看到自己并与之产生直接关联，这种教学大纲被比作镜子。学生在阅读文学作品时，至少某些时候，作品中的人物和他们有着相同的肤色，住的地方对他们来说似曾相识，也和他们有着同样的烦恼和困难。

学生应该感到自己在阅读课上是受欢迎的，教学大纲对他们来说是有吸引力的。这不仅仅只是理念，也应该体现在实际操作中。对于不太喜欢阅读的学生，给他们读一些文本中熟悉的内容能消除他们与文本之间的"隔阂"。像泰耶这样的学生，他们心里暗暗觉得学校布置的阅读任务和自己的生活毫无关联。对于泰耶这样的学生，如果你让他们读的书里面的人物或者矛盾冲突与他们的生活有直接关联，就可以将逃避阅读的他们拉回阅读中。

所以，至关重要的一点是，在一学年的整本书阅读之初，需要选择一本对于尽可能多的学生有"镜子"作用的书。

窗户文本拓展学生的视野

同时，一份优质的整本书阅读教学大纲要为学生提供"窗户"，通过这些"窗户"，学生能够看到与自己所熟悉的世界完全不同的生活、历史背景、地理位置。在呈现这些不同的时候，文学作品又向读者揭示，人生的考验和磨难普遍存在。我们惊讶地发现，当初看起来完全陌生的人物的处境又与我们的如此相通。

阅读窗户文本颇具挑战性，因为阅读中有太多的信息向读者扑面而来，他们需要消化。读者如果对故事背景和人物都熟悉，理解的主要障碍就只有故事情节；读者如果对故事背景和人物都不熟悉，则需要带着这种陌生的感觉进入故事的虚拟世界。虽然最后这一切都有回报，但过程是艰难的。所以重要的一点是，在打开窗户进入一个陌生的文学世界之前，学生需要在阅读中建立起信心。

在窗户里看见我们自己的投影

埃莉诺·埃斯特斯的《一百条裙子》对我的七年级学生来说是一扇窗户，窗户外面是一个不熟悉的世界。这本书写于 50 多年前，故事发生在美国辛辛那提市一个白人社区：旺达来自波兰，她每天都穿同一条裙子，一群学生嘲笑她。后来，旺达离开了那里。刚开始，很多学生认为自己不会喜欢这本书——书的封面和语言他们都不熟悉，书中的故事和他们的生活也没有什么关联。

但实际上，大家很快就被故事吸引。在讨论中，他们将故事里发生的事与学校里发生的事联系起来。巧合的是，就在几个月前，很多学生都目睹或者参与嘲笑一位新来的女生拉克尔（不是我们班的），这位新生是整栋楼里唯一的白人学生。一天，她走了，据说转去了别的学校。下面是这段讨论的记录，在讨论中学生将两者联系了起来。

玛丽：咱们学校就有这么一例——拉克尔。她走了，因为大家取笑她。

亚当：还有佩德罗。

玛丽：我以前也取笑佩德罗。老师在通过这本书告诉我们他是因为什么走的。我也记得那个白人女孩拉克尔。

莉莉安娜：但是，他们两个人自己也不好。他们做的一些事情让人不喜欢。

拉西克：旺达没有，她没有做过让人讨厌的坏事。

玛丽：这点旺达和他们不同。

文学作品一开始是通向陌生世界的窗户，后来变成了映照学生自己世界的镜子，引发了批判性思考和反思。这个例子说明，伟大的文学作品经得起时间的考验。中篇小说对这些七年级学生来说也是不错的选择，他们对中篇小说的阅读比较得心应手。至此，学生已经信任我为他们选书，也对自己有信心，相信自己有能力进入并分析文学世界。

汝之镜子，彼之窗户

任何一个班，不管选择的是哪一本书，总会有些部分对有些学生来说是镜子，而对另一些学生来说是窗户。例如，对一个男女生混合的班级来说，选择任何一本书，主人公的性别就不可能对全班同学来说都是镜子。所以，选择用作整本书阅读的书时，我尽量交替选择不同性别的主人公的，而且在全年的教学大纲中，我也会尽量平衡主人公的性别。在某一本书的学习中，我也会用补充阅读素材的方法平衡主人公的性别。最后，我还有一个办法（一年中可以安排一次），把全班同学按照性别分成两组，阅读两部不同的作品（但主题相同），作品的主人公与每组的学生性别一样。

要确认一部作品对学生来说更像镜子还是更像窗户，除了主人公的性别，我还需要了解其他方面。而其他方面并不像主人公性别这么明显，为此我必须了解学生的生活，了解学校之外的学生。例如，他们生活的社区是什么样的？在校外他们做些什么？他们有什么样的文化背景？有时候我能发现一些全班学生都熟悉的元素，为选书提供依据：为母语是英语的班级选一本故事发生在美国布鲁克林的小说，或者为母语非英语的班级选一本关于新移民的小说。有时候，班上学生差异太大，很难找到共同点，但学生的校外生活仍然是一个可以考虑的方面。哪些学生更容易对书中的人物产生认同心理？读这本书对哪些学生来说比较有挑战性？在权衡这些因素的时候，我会优先考虑班上阅读存在较大困难的学生，在学年之初，优先选择这些学生较为认同的作品。

协调镜子文本和窗户文本

在我现在的学校，从窗户文本到镜子文本的转变更为复杂，因为学生的背景（包括文化背景和社会背景）差异很大。在同一座城市，某本书对一些学生来说是镜子文本，而对另一些学生来说是窗户文本。例如，《芒果街上的小屋》对来自布鲁克林日落公园（这是一个拉丁裔社区）的学生来说像一面镜子，他们对故事的背景很熟悉，感觉故事就好像发生在自己的社区一样（我任教的第一所学校在纽约东哈莱姆，那里的学生对这本书有相同的感受）。而对来自布鲁克林公园坡和卡罗尔花园（这里是白人聚居区，较为富裕）的学生来说，这本书则像一扇窗户，帮助读者通往另一个世界，虽然这两个地方离日落公园只有几个街区。对此，有几种方式来协调。

首先，八年级语文课的目标在很大程度上就是让学生跨越差异、寻求理解。所以，《芒果街上的小屋》这本书给我们提供了一个机会。通过讨论和创意写作（见第五章），学生可以认识到人与人之间的差异。

其次，《芒果街上的小屋》这本书的故事发生地与我们所有人都相关。所以，在某种程度上，这本书对每一名学生来说都是镜子文本。与此形成鲜明对比的是我们后来阅读的《巧克力战争》。《巧克力战争》的故事发生在美国辛辛那提市一个大学预科男校，就这一点来说，这本书是窗户文本。

再次，《芒果街上的小屋》的内容和结构对每一名学生来说都具有挑战性，但来自日落公园的学生在理解作者视角这方面更有优势。而在其他方面，与来自公园坡的学生相比，来自日落公园的学生就没什么优势，这反而在班上创造了一种微妙但积极的平衡。

了解学生的阅读水平：建立信心，增加难度

在我任教的 3 所学校里，学生阅读水平相差较大一直是整本书阅读教学中最大的挑战。所以，我做的第一件事就是了解学生的阅读能力以及他们在阅读中存在的困难。在开始这一小节前，我首先要声明的是，我所在的领域有很多读写能力评估方面的专家，我在这里提供的了解学生阅读水平的方法均参考了他们的经验和研究成果，不过，在整本书阅读课的教学过程中，我结合自己的经验对这些方法进行了高度提炼。

了解每位读者背后的故事

我通过正式评估和非正式评估相结合的方式来搜集学生阅读方面的信息。在评估中，我的目标不仅仅是给每名学生确定一个阅读等级。虽然阅读等级可以告诉我学生对某一文本可能会有怎样的反应，但就像泰耶给我的启发那样，实际情况复杂得多。尤其是对阅读能力较低的高年级学生来说，有许多背后的故事需要我去发掘。到高年级，学生对自己的阅读能力有了一定认识，包括能做什么和不能做什么，在哪些方面有信心，又在哪些方面心存疑虑，以及怎么应对失败和被误解。了解了这些背后的故事，再加上学生需要掌握的某些技能，我就常常能发掘出他们的潜能。

以正式评估为起点

在学年之初，我使用了多种方法对学生的阅读水平进行正式评估，包括：日常学习情况记录，定性阅读量表（QRI）评估，哥伦比亚大学教育学院读写项目的分级阅读评估（与丰塔斯和平内尔创立的分级阅读测评体系相对应），诊断性阅读评估（DRA）。使用这些评估方法得出的数据就像为每名学生画了一幅肖像，也像为整个班级画了一幅肖像，从而为我选择阅读素材提供信息。

但对我而言，这些正式评估对我最有帮助的是评估过程本身。这些方法都需要我和学生坐下来，一起待20分钟，学生朗读，我边观察边记录，然后提出一系列分级的问题，并分析学生的反应。通过与学生互动，我对每名学生都有了更深的了解，尤其是阅读有困难的学生。这些正式评估方法促使我问一些问题，这些问题在非正式评估中我可能都不会想到去问。我对每名学生的关注以及在评估中学生不可避免地显示出来的脆弱有助于我和学生建立一种信任关系。在评估过程中，有一点很重要：我需要一直用鼓励和支持的语气让学生明白，他们的才智并不由他们的阅读能力定义。在了解和询问学生，以便将来为他们提供帮助的时候，我会避免居高临下的态度；在学生朗读的时候，我会保持一种感兴趣并始终关注的态度。

从评估中得到的数据比从那些标准化阅读测验中得到的数据有用得多，因为通过这些评估，我可以看出哪些学生可以自主阅读，哪些学生给予一些辅助就能阅读。标准化考试一成不变地给出一些选择题，要求在规定的时间内完成，得到的数据远没有这么具体——在规定的时间内从多个选项中找到正确答案并不是阅读技巧。除非问题和答案都非常简单，否则我们测验的不是在真实的情境中阅读和推理的综合能力。这两项能力的评估方法并不完全相同，我不想在一次评估中把它们都包含

> 关于如何对大量学生进行评估，参见曼蒂·威特的《阅读无极限：培养终身自主阅读能力的教学策略》（Witter, 2013）的第一章。

进来。

正式评估的缺点是它相当耗时。除非你有很多空闲的课堂时间，或者班级人数很少，否则很难在课堂上完成全班学生的评估。在有些学校，我可以把学生从别的课上逐一叫出来评估，或者利用学生的自习时间，甚至是放学后的时间。有时候是几位老师一起对整个年级的学生进行评估，这样可以更快地搜集数据，但缺点是我不能亲自对每一名学生逐一进行评估。如果你是一位新老师，之前从来没有对全班学生进行过这类评估，我建议你尽量找时间至少做一次。这种评估的经历使我受益匪浅，在后来这些年的非正式评估或谈话中，无须经过完整的正式评估，我就知道要观察学生什么，知道针对某名学生要问什么类型的问题。对于正式评估耗时这一缺点，有个折中的办法：可以先通过标准化考试得到一些诊断性数据，或者对全班学生进行评估，找出最需要帮助的学生，然后只对这些学生进行正式评估。

了解学生的阅读兴趣

为了将每名学生的专长和需求结合起来，我将正式的能力评估与对学生阅读兴趣和阅读习惯的了解结合起来。学生表现出来的阅读水平会因为对文本的兴趣不同而产生相当大的波动。面对不感兴趣的文本，学生会产生心理负担，觉得阅读有困难；而学生如果对文本感兴趣，则动力比较大，对文本的期待比较高，那么阅读负担就会减轻，阅读就会变得容易。

知道什么样的阅读素材学生感兴趣并且熟悉，这有助于我更好地预测学生对具有挑战性的文本的反应。在学年之初就开展的自主阅读中，在调查学生的阅读兴趣并与学生进行大量交谈（图 2.1）之后，我了解了我的学生在阅读上的好恶。

> 关于如何了解学生的阅读兴趣，如何围绕师生的阅读生活发展师生间的关系，请参考唐娜琳·米勒在《书语者》中给出的观点和方法。

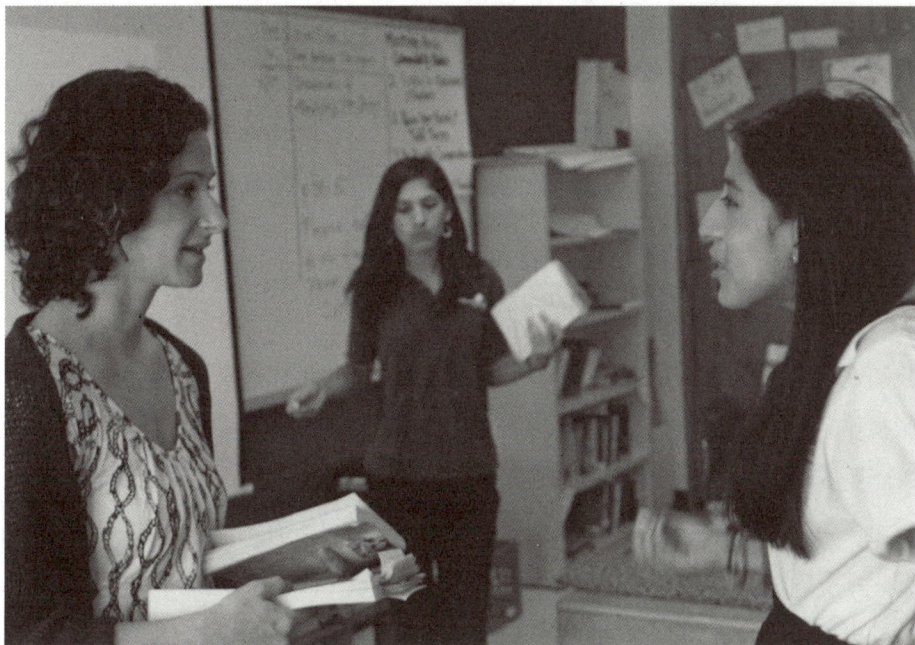

图 2.1　我在跟学生谈论阅读

通过非正式评估指导学生的阅读行为

一学年中，我对学生的阅读进行了大量非正式评估。学生在课堂上进行自主阅读时，我会轻声与单个学生交谈，以轻松随意的语气询问他故事是怎样的，他有什么看法。我还会让学生朗读其中的一部分，然后我们就此进行讨论。我通过学生朗读的流利程度和交谈来评估他们对文本的理解和批判性思考。

在学年之初，我也给全班读故事或者讲故事，我通过学生的反应来判断他们批判性思维能力的发展并做好记录。在他们进行自主阅读时，我也会留心他们这方面的能力。当老师讨论学生的阅读能力时，我最不喜欢他们笼统地说学生"缺乏批判性思维能力"，因为这也可能是因为学生阅读时不够投入，或者是对文本的理解不够。当然，有时候我发现学生确实没有对故事进行批判性思考的习惯，不论是听故事时还是阅读故事时。在第三章、第五章和第七章，我将分享一些培养学生批判性思考习惯的方法。

我会留意在课堂活动中或者学校里学生之间关于阅读的交流；我会寻找在走廊上边走边读书或者在上课时躲在桌子下面"偷偷"阅读的学生，并且会与他们交谈；我也寻找蛛丝马迹来了解学生回家后的阅读习惯，并且通过调查和访谈问他们一些问题。通过这些方式我对学生有了很多了解！

近两年，我开始允许学生使用平板电脑或者电子阅读器进行自主阅读。这让我知道了一种对我来说新的文体——同人小说，即借用原有漫画、动画、小说和影视作品中的人物、故事情节等创作的小说。我有一部分学生就沉迷于阅读一本关于英国流行乐男子组合"单向组合"（One Direction）的同人小说。同人小说的质量良莠不齐，学生告诉我："有些同人小说比较差，可有些却真的很棒，用词讲究，细节传神。"学生的话激起了我的兴趣，引发了我的思考：读同人小说是不是一种更真实和贴近学生生活的方式，可以鼓励学生评价不同作者的写作技巧？

> 我强烈推荐凯琳·比尔斯的《如果孩子不会阅读：老师能做什么》（Beers, 2002），这本书有助于老师分析和判断学生个体的阅读需求，以及回应这些需求。

此外，我还注意到两位社会背景截然不同的学生，他俩都喜欢读图像小说，每天都会在上课前交流对最新图像小说的感想。也就是说，图像小说这种新形式的书也是学生私下会阅读、交流的。

应对真实性评价数据

我偏爱真实性评价，因为这种评价有助于我从各个方面了解作为读者的学生个体，同时又能聚焦他在具体环境中的某种能力。本书接下来的章节里描述的大部分活动都属于形成性评价活动，这些活动通过多种方式为我提供学生阅读方面的信息，为我的教学决策提供指导。

接下来的一章，对于如何引导学生运用字面思维、推理思维和批判性思维这 3 种思维方式在便利贴上记录阅读感想，我分享了我的做法。在全年对学生阅读能力进行的评估中，便利贴是重要的工具。我分享了评价学生便利贴笔记的标准以及我对学生给出反馈的方式。我基于对学生笔记的观察设计了迷你课题，第三章和第七章对此有描述。我也利用这些迷你课题对学生阅读时的所思所想进行形成性评价，不过这项工作还需要一些社会层面的协助。最后，我通过记录学生参与讨论时发表的见解和研究他们的笔记来对学生的阅读进行评价。我准备让学生在说理性文章中讨论的问题也从其中产生。说理性文章的写作为我提供了机会，让我以书面的形式来评价学生在阅读中对 3 种思维方式的运用。

所有的这些真实性评价有助于我掌握学生的阅读进度，让我在选择下一部作品时能够预测每名学生的反应。在这个过程中，我不断思考的是，学生已经逐渐具备哪些能力，他们的兴趣是如何逐渐拓展的，有哪些方面对他们来说是挑战；谁已经准备好迎接更大的挑战，谁还需要在目前的水平上增加一些阅读和思考。

帮助学生构建缺失的故事体验

在我们继续从阅读水平这个角度讨论之前，让我们暂时转向阿普尔亚德的读者发展理论。基于学生在不同发展阶段的特点，他将学生的阅读水平与学生在阅读中扮演的角色对应起来，这为评价学生的阅读水平提供了一个新的视角。

阿普尔亚德认为，读者接纳每一个角色的能力——从游戏者到作为主人公的读者，到思想者，到解读者，再到实用主义读者——有赖于他们对前一个角色的理解。这就对语文老师提出了一些挑战，因为我们的教育体系要求学生在上大学之前就能以解读者的角色进行阅读。这个要求对学生的阅读发展有什么意义？阿普尔亚德提醒老师，要让学生自行进入更高一级的角色，不要拔苗助长。

作为八年级老师，我看着学生开始发展出解读文学作品的能力，开始接纳实用主义读者角色的某些方面。我牢记阿普尔亚德的理论，时常提醒自己，纵然是现在这个阶段，也要引导学生走向阅读和分析的更高层次，实用主义读者之前的游戏者、作为主人公的读者、思想者等这些角色仍然非常重要，是学生必须要经历的。

那么，学生在早期阶段如果跳过了某个角色，缺失了这段经历，会发生什么呢？我认为，很多学生，尤其是那些能够解码文字但对所读内容理解有困难的学生，缺失了重要的故事体验。这些体验包括读故事或者听故事的体验，接触各种文化中的神话故事、民间传说以及童话中的基本情节（这些基本情节会在各种文学作品中以不同的形式反复出现）的体验，想象自己置身于故事所创造的世界之中以及自己是故事的主人公的体验。有些学生没有扮演过听故事者或者读故事者这样的角色，所以在遇到故事性文本时，他们就缺乏参照标准，无法与文本产生互动。接受再多的技能指导都无法帮助学生获得聆听、阅读故事的体验以及生活在故事中的体验。

不过，根据我的经验，年龄大一些的孩子如果缺失这种体验，还是能够弥补的。他们的认知、社交能力以及情感的发展都领先于缺失的阅读角色的，也就是说，他们明白现实世界与虚幻世界之间的差异——青少年对周围世界的复杂和冲突已经有了意识。他们需要将自己从生活经历中获得的理解（包括对电影和电视中故事的理解）与阅读行为和文学世界联系起来。

为帮助学生产生这种关联，我在教学大纲中加入了民间传说和绘本，无论他们处于哪个年龄段，我都会在课堂上为他们朗读。我看到学生沉浸在故事中，他们被带回童年。有些学生把民间传说改编成戏剧，并且创作出新的跌宕起伏的情节——就像幼儿那样扮演着游戏者的角色。在我们讨论故事的时候，学生又自然而然地切换到了青少年读者所扮演的思想者的角色。

根据学生的需求，我有时会在一学年的开始花一些时间让学生自主阅读民间传说。通过审视不同国家的民间传说中相似的故事结构和主题，学生能够比较不同版本的故事的构成要素，发现文学作品共有的模式，为将来的阅读建立参照点。对于阅读有困难的学生，无论他们处于哪个年龄段，我都建议使用这个方法，它可以给学生带来惊人的进步。

一个班学生之间的差异往往很大，我可以为学习有困难的学生修改整体的教学大纲，从而为他们提供更多的帮助；也可以专门为他们制订一套平行的教学方案。我会在第八章介绍这些方法。

非渐进式成长

我逐渐认识到，学生整体阅读水平的提高过程比我们想象的更灵活、更难预料。阅读技能和阅读感知力隐藏在学生体内，对阅读有困难的学生而言，课堂上或者书中合适的"化学物质"就会让情况发生转变。其中一个巨大的影响因素就是学生的阅读动机，对于喜欢的作品，他们心甘情愿投入其中并付出努力。另一个巨大的影响因素就是时间。就像一个婴儿，他不会在规定的时间内以规定的速度学会行走，一位阅读有困难的读者也不会在一年的时间里以可预测的速度逐渐变成一位成熟的读者。

我还记得我的学生约瑟芬。她 7 岁的时候从海地来到美国，这之前她在海地只是断断续续地上过学，还没有用她的母语克里奥尔语学会阅读。她是我遇到的阅读困难最大的学生之一。她在七年级——是重读七年级——时来到我班上。在这一年里，她非常努力，但进步缓慢。然而到八年级的时候，她的"阅读之花"骤然绽放。她阅读时在每一页都用便利贴记录自己的所思所想，并努力控制自己的阅读进度。另外，她还参加了一个阅读辅导班，辅导班针对的是阅读有困难的较大年龄学生，以帮助他们提高语音意识和阅读流利度。辅导班采用威尔逊阅读指导法，每周有两次课堂辅导。约瑟芬在辅导班的学习效果很好。

虽然现在约瑟芬在阅读上仍然比较落后，并不能理解读到的每一个字，但是我放在她面前的几乎每一本书，她都能看懂。我记得有一天，约瑟芬最好的朋友（她不在我的班上）走到我面前跟我说："萨克斯老师，约瑟芬是怎么啦？昨晚她到我家来看电影，可自始至终她都不肯放下那本贴满便利贴的书！"约瑟芬读完了那本 300 页的书，和其他同学一起参与了讨论并自信地发表了自己的看法。读完这本书她比班上其他学生付出了更多努力，但她希望和别的同学一样阅读和参与讨论。强烈的动机，有力的支持，以及充裕的成长时间，这些是约瑟芬阅读能力提升的关键因素。

　　作为老师，我们需要有更广的视角，在选书时要考虑学生在某个时段迅速成长的可能性，也要考虑他们循序渐进的或隐性的成长。

使阅读体验相互关联：将主题和结构相同的作品放在一起

　　在作品的选择上，我克服个人品位局限的另一个方式是，选择一系列主题相同的作品，这样有助于优化学生对故事的体验，同时提升学生的阅读流利度。

　　马德琳·雷（Ray，2003）在班克街教育学院上儿童文学课时，建议语文老师在设计教学大纲时，以作品主题或者结构为纲。在课程中，马德琳做了如下陈述。

　　　　阅读课的一个主要目标是为学生提供机会，让他们接触各种相似的作品主题（如公平）和文学概念（如出现在每一部作品中的重复）。学生会逐步认识到，文学作品的主题或概念会在新的场景中、以新的形式一再出现。这样，老师就为学生建立了一个库，这个库会被学生带入对新故事的体验之中。于是，学生就能够将这些旧知识与随机出现的新内容联系起来，从而使"小说是一些已知的基本故事情节和形式的排列组合"这一观念在学生的意识中得到进一步强化。这种认识是建构主义学习过程的一部分，它为儿童赋能，使他们对听到的、读到的、将来在各种载体遇到的故事具有掌控能力。

　　马德琳指出，成熟的读者——我们希望所有学生都能成为这样的读者——对各类故事都有较多的体验，曾就自己喜欢的某类文体进行过深入阅读。不过，她在书中这样写道："很少阅读或者从来没有阅读过小说的儿童就没有机会获得这种体验，而这种体验是阅读复杂文本所需要的。成熟的、阅读经验丰富的读者则在过往的阅读经历中获得了这种体验，并且这种体验在读相似主题、相似结构的书中被反复加强。"

选择一系列主题相关的书

我将一学年的整本书阅读课设计为连贯性的系列课程，这样学生在阅读中会形成一种整体的体验；每一本书都有其独立的意义，但合起来又是一个整体。对于每一本书，我问自己，它如何与本学年学生阅读的其他书（包括故事书、诗集等）、报刊上的文章以及观看的电影产生关联？它在前面作品的基础上增加了什么？给学生带来了哪些新的话题或背景？

我在教七年级过渡期语言课的时候，学年最开始我们阅读的是世界各地的"灰姑娘类"故事，从格林童话里的《灰姑娘》（*Cinderella*）开始。灰姑娘类故事的核心要点是：主人公失去了父母，伴随而来的是他们对自己的未来感到不知所措。故事中，主人公必须要经历考验和克服困难，保持人格的完整，才能理解自己与世界的关系。然后，我们还阅读了 3 部小说，每部小说中都有一位主人公以这样那样的方式（字面上的或者是隐喻的）失去了父亲或者母亲，经历了困境并付出努力后，得到成长。

我们接着阅读了罗尔德·达尔的小说《女巫》（*The Witches*）。故事里的小男孩是个孤儿，由祖母抚养。一个爱吃小孩的巫婆把他变成了一只老鼠，他必须用自己的聪明才智战胜巫婆才能变回原来的样子。再后来阅读的是杰拉尔德·豪斯曼和优通·海因兹创作的《雅各布的梯子》（*The Jacob Ladder*）。故事发生在牙买加的农村，主人公托尔的父亲被施了奥比巫术（西印度群岛的一种巫术），离开了家，托尔在没有父亲照顾的情况下长大。最后阅读的是莎伦·弗莱克的《我的肤色》。故事中主人公玛丽卡的父亲去世了，母亲因为悲痛而无法正常生活，她把全部的精力都用来给玛丽卡缝制衣服。穿着这样手工缝制的衣服，玛丽卡遭到了同学们的嘲笑。为了不被人嘲笑和孤立，玛丽卡从学校霸凌她的人那里借衣服穿。我的学生在阅读这本小说时注意到了故事里关于衣服的这些情节设置来自《灰姑娘》。要找回自我，玛丽卡必须反抗霸凌者。作思想斗争的时候，对父亲的回忆给予了玛丽卡力量。

这些小说本身并非有意识地模仿灰姑娘的故事，只是因为，所有文学作品都相互关联，同样的模式会一再地在作品里重复出现。我们阅读的每个故事都在某种程度上比前一个故事更为复杂，而学生之前的阅读经历支持着他们理解下一个故事，解读文本中隐含的意义。到学年末的时候，学生能清晰地找到灰姑娘类故事的关键要素，并创作出自己版本的灰姑娘故事。

在现在这个学校给八年级学生设计的教学大纲中，我重点关注的是人物在不同背景中的身份认同以及成长主题的结构框架。学年前半部分的重点是人物在某个特定背景中的身份，后半部分的重点是压迫与反抗以及它们对人物身份的影响，这两部分在人物的成长之旅中得到融合。

下面我将一一展开论述，解释如何从一本书推进到下一本。我与同事合作，花了多年时间多次试用和修改，最后才总结提炼出了目前应用于教学的各种活动。我在这里列出了不同主题下开展的教学活动（针对阅读活动，我只列出每次学习中用到的主要文本，除此之外，每一次学习还有其他的补充素材）。

- 主题是"集体中的身份"，教学活动是阅读《一百条裙子》。书中提到了"离开集体"，不过并不是对作品的主人公而言的。故事里的旺达被集体排斥，后来离开了学校，引发全班同学深深的思考。在这本书的学习中，我引入了压迫者、受害者、反抗者、旁观者以及牺牲者等角色的概念。
- 主题是"身份及其对家庭和邻里关系的影响"，教学活动是阅读《芒果街上的小屋》。这本书的主人公埃斯佩朗莎渴望有个和现在芒果街上的这个家不一样的家。在故事的结尾，她有了一个新家，离开了芒果街，但写作让她又回到了过去。
- 主题是"在两个不同的世界中构建身份"，教学活动是阅读《我就是要挑战这世界》。阿诺生活、成长于印第安人保留地，但他又在保留地之外的白人学校上学。他必须在内心调和这两个世界。

● 主题是"新闻文体学习"，教学活动是组织学生对学校附近的街区进行调查，阅读新闻专题文章；指导学生做访谈，开展问卷调查，从多个角度探索同一个事件。学生阅读新闻专题文章并进行探究式学习，然后自己写专题文章。很多我们学习过的主题成了学生专题文章讨论的主题。

● 主题是"身份与家庭，自我选择与家庭、种族及文化之间的矛盾对身份的影响"，教学活动是阅读《谁的家庭都不会改变》。在这本书中，姐姐艾玛想成为一名律师，弟弟威利想成为一名舞蹈演员。而他们的父母，以及在某种程度上，整个社会都拒绝给予他们支持和机会来帮他们实现理想。压迫与反抗也是这本小说的主题。

● 主题是"压迫下的身份"，教学活动是阅读《巧克力战争》。这本书的主人公杰里就读的男子预科学校里有一个名叫"守夜人"的秘密社团，这个社团操纵和控制着学生们。杰里决定悄悄地反抗，也做好了面对后果的准备。

● 主题是"身份与成长之旅"，教学活动（仅针对读书俱乐部的学生）是阅读《耳朵、眼睛和手臂》《牧羊少年奇幻之旅》《播种者的寓言》《在黑暗的某地》和《拆船工》。

> 泰里·勒塞纳的《阶梯阅读》为4~12年级学生提供了优质的书目，它对我们选择合适的、与阶梯阅读相关的书籍很有帮助。

通过补充素材增加整本书阅读的深度和广度

以上提到的书彼此都有联系。除此之外，在每本书的学习中，我还基于主题或结构，额外选择了一些学习素材，目的是帮助学生获得更丰富的阅读体验，使他们能够：

▶ 加深对书中某些概念的理解；

▶ 将书中的某些内容与现实生活或历史联系起来；

▶ 比较不同作者对相同概念的不同视角；

▶ 观察不同作者如何以不同方式使用相同的工具或结构要素；

▶ 了解作者的生活背景；

▶ 阅读评论家对作品内容或文体的评论，并将其与自己的评论进行对比。

　　补充素材包括报刊文章、诗歌、演讲稿、短篇小说、访谈录、图像小说以及电影。对于较快完成阅读的学生，我也为他们额外选择了书，我跟学生说这是"探索者机会"（第八章有更多关于探索者机会的描述）。不能提前完成阅读的学生也可以在下一轮自主阅读中申请探索者机会，阅读我为他们额外选择的书，并且有很多次他们真的提前完成了阅读。

　　在带着学生学习每一本书时，我都在思考，整本书阅读如何与其他科目的学习产生关联，并做到这一点不显得勉强。通常来说，整本书阅读课会与社会科学课程产生关联。例如我们阅读的《我就是要挑战这世界》，故事发生在美国印第安人保留地，学生就是在历史课上了解了美国西进运动（也称"血泪之路"）。

　　又如有一天我们讨论的《谁的家庭都不会改变》。书中的姐弟俩一个喜欢法律，一个喜欢舞蹈，学生由此谈到某方面的才能是否是天生的，展开了关于"天赋还是努力"的辩论。那段时间学生正在科学课中学习关于基因特征的内容，恰好可以在讨论中应用这方面的知识。这是我计划之外的精彩插曲。之后我找到一篇文章，让学生进一步阅读关于天赋和努力的内容。

与《共同核心州立标准》的关联

　　将整本书阅读与课外阅读推荐书目关联起来，老师能借此帮助学生达到"大学和职业准备锚定标准"关于阅读的第 9 条要求："通过分析相同主题或话题的两篇或以上文本，构建关于作品写作方法的知识体系，比较不同作者所用方法的异同。"

让学生主动发现联系

我在选择作品时，希望学生能找到作品间的关联并对此形成理性认识，但我希望是学生通过自身的阅读自己来发现，而不是由我展示给他们。有一天，我八年级的班上正在对《芒果街上的小屋》进行第二轮讨论，大家讨论的话题是作者希斯内罗丝写这本书的目的。学生当时还有一项创意写作任务，我要求他们以生动的语言描述一个地方，真实的或者想象中的都可以。从下面这段讨论中可以明显看出，学生将二者联系了起来。

> 凯蒂斯：我认为这本书告诉我们的道理是"永远不说不可能"。或者说，即使你不富有，也永远不要说你不可能拥有自己的房子，因为说不定就有了。
>
> 乔弗里：人要敢于做梦。
>
> 维克多：也许她是想写写自己的家庭。
>
> 亚松森：我想也许她写这本书的时候还是个孩子。她描写得这么细致，让人身临其境。
>
> 乔弗里：嘿，这和我们的写作有关啊！就像老师刚才说的，写作时要设定场景，就是要想象自己正身临其境。
>
> 亚松森：乔弗里说得对。
>
> 曼纽尔：我猜，这都是老师计划好的吧？
>
> 亚松森：通常我们读的每一本小说都是由一个个场景组成的。

我的学生逐渐习惯在各种文本间建立联系，在阅读和写作间建立联系。这是因为，就像曼纽尔猜想的那样，我是故意这样做的！例如，在八年级整本书阅读课中，在我们学习作者如何运用文学要素来构建场景的时候，学生就是这么建立联系的。不过，我会让学生自己来发现这些联系，而不会在学年或者课程的开始就提出这是关键问题，我希望学生拥有自己发现这些联系的激动体验。我选择的书、布置的作业，都是尽量使可能性最大化，让学生能在不同文学体验中发现相互之间的联系。在上面的讨论中，亚松森认识到"每一本小说都是由一个个场景组成的"，就证明她对文学作品产生了概念性思维。

从学生的讨论、评论里，从他们的便利贴笔记和他们写的文章里，我发现他们的抽象思维能力和在文学关联方面的意识逐渐增强。发现关联也让学生很有成就感。比起老师先入为主直接讲出关联，更好的方法是老师创造条件帮助学生自己发现。

一个学年里，为学生选择类似主题的书并按照其复杂程度循序渐进，还能帮助学生欣赏他们自己可能不会主动选择来阅读的书。这样，学生在享受阅读的同时，也在将现在阅读的书和之前阅读的书进行联系和比较，从而加深对文学主题和文学世界的理解。

评估作品的优劣：挖掘其可用于学习的文学特征

一本书能否用于整本书阅读课，我考虑的最后一个因素是书的写作质量。基于此，我会问自己以下问题。

- ▶ 这本书在写作方面的优点是什么？
- ▶ 书中的哪些文学要素作者运用得特别好？
- ▶ 这本书在文学的形式要素方面给学生提供了哪些学习机会？

《芒果街上的小屋》这本书采用第一人称叙述，由多个短篇构成。作者希斯内罗丝在这本书中用语言营造场景氛围的能力很强，值得学习。这本书也为学生学习如何确定作品的主题提供了机会，因为其中的多个短篇就是以主题为纲连接在一起并推动故事发展的。但这本书没有为学生研究故事情节的设定或者人物性格的发展提供机会。相反，《谁的家庭都不会改变》则在人物性格的发展、故事情节的设定等方面很有特色，但在场景设置和象征手法的运用方面却没有那么强。

从作品的结构和逻辑进行评估有助于我对学生未来学习的重点做合适的规划。在整本书阅读中，学生基于自己对文本的理解进行讨论，而我对作品的评估则能帮助我正确地预测学生的读后感。我有时还对便利贴笔记以及一些附加的迷你课程（minilesson）和合作型迷你课题（第三章和第七章对此有更多描述）提出特殊要求，通过这种方法来引导学生关注作品的某些文学要素。

同样的文学要素存在于每一部作品里，有些要素虽然不是重点，但我们也不能忘记它们。例如，在我们整本书阅读课学习的第一部作品中，场景是学习重点，但在后面的其他作品的学习中，学生也时常聊起关于场景的话题。评估每一部作品可以确保我在一个学年里为学生提供丰富的文学体验，到学年末，我希望学生能熟练地观察和评价文本中的一系列文学要素。因此，这一学年中，学生需要熟悉这些要素，并且之后还有多次学习这些要素的机会。

整个学年选书的过程

在整个学年中，我在选书过程中始终都从 5 个角度来考量，这个 5 个角度是：学生的发展，学生的认同程度，书的阅读难度，主题的关联性，作品的文学特征。无论你是刚打算尝试整本书阅读教学法，还是在为一学年的整本书阅读课做计划，下文提出的建议都会有所帮助。

开学前（或打算尝试整本书阅读教学法的任何时候）

- 重温学生的发展特点，选择一个对此年龄段学生的发展有意义的主题。这个主题应该较为宽泛，在各种题材的文学作品中较为常见。对于八年级学生，我会选择"身份"这个主题。对于七年级学生，在多个选项中，我会选择"归属感"

或"差异"。此外，对于六年级学生，我推荐"友谊"或"信任"；对于九年级学生，我推荐"成长"。

- 了解适合这个年龄段的学生的文学作品。为了给教室图书角和整本书阅读课找书，这些年来，我在班克街儿童书店花了大量时间。这家书店的店员知识丰富，店里的青少年文学书品类丰富。为了给学生搜寻有趣的阅读素材，我也会去其他书店的青少年图书区转悠，还会上网搜集信息。大量高质量的儿童文学作品和青少年文学作品没有进入学校。如今，儿童文学和青少年文学蓬勃发展，有大量作品问世，但要找到最好的、最合适的作品，需要花很多时间。

- 找到和你的教学主题相关的书。要考虑学生阅读水平的差异、书中主人公性别的平衡，以及给学生提供"镜子"和"窗户"的机会。确保在做决定之前阅读全部备选书籍。并不是每一部青少年小说都适合课堂教学。你一定要做足准备，不要让你的学生失望。

- 了解可以通过哪些途径来获取书籍。去跟学校的相关负责人聊聊，了解一下学校的购书流程。有些学校没有公布购书流程，但这并不意味着学校没有购书经费。找对人并适时跟进，你也许能成功。想好如何解释为什么需要在教室里设立图书角来支持学生的自主阅读，以及为什么全班一起读书时有些书需要人手一册。大量研究表明，阅读时长与学业成绩有很强的相关性。

- 如果学校不能购买这些书，那么你要想办法至少弄到那些必须人手一册的书。有些机构会为学校捐书，你也可以去试试。你还可以鼓励学生自己想办法。如果你所在的社区有一个不错的图书馆，你可以和图书管理员交朋友，并把学生带去图书馆。对于高年级学生，你可以给他们布置一项家庭作业：办一张借书卡，借一本书。

学年之初

- 以学生自主阅读开启新的学年，在这个过程中，要允许学生自己选书。在新学年开始的这段时间，你需要了解学生的阅读兴趣、阅读习惯和阅读水平。可以请学生填一份调查问卷，了解他们喜欢读什么书以及对于阅读的看法。你也可以和学生分享你正在读的书。提供机会让学生交流阅读感想，这种机会我称之为"结构化机会"，即有明确目标、结构和形式的机会。

- 评估学生的阅读水平。选择一个合适的方法。至少，在学年开始的几周时间里，单独和某些学生谈谈——在其他学生阅读的时候，或者其他时候。让学生给你朗读他自主阅读的作品的内容，然后让他告诉你刚才读的内容讲了什么。问学生几个问题，问题要运用 3 个层面的思维：字面思维、推理思维和批判性思维。准备一些难度不同的书，如果学生自主阅读的书明显太难，那就给他一本容易些的，让他阅读第一页的前一半，读完后再读一遍。如果他自主阅读的书太简单，那就让他读一本难些的。你需要做记录。

- 给学生讲故事或者为他们朗读。可以挑选一系列类似的民间故事、一篇短篇小说和一系列高质量的绘本，在第一轮自主阅读中朗读给学生听。这些阅读素材应该在主题或者结构上与你们将要读的第一本书相关，或者与全年的主题相关。让学生谈谈对这些故事的感想，不要提前设置问题（第三章对此有更多描述）。

进行第一轮整本书阅读时

- 挑选一本引人入胜的、容易读的书。如果书的内容符合学生的发展特点，写作质量高，那么即使这本书对有些学生来说太简单也没关系。这本书里的人物最好能让班上大部分学生觉得自己与之有关联。书的开头应该吸引人，能使不太愿意阅读的学生沉浸其中。第一轮整本书阅读最好是全班学生都读同一本书（不像后来有的时候会把学生分成两个或两个以上的阅读小组，不同的小组读不同的书）。

- 确定一个突出的文学要素。通过发掘作品的优点（问问自己，这部作品哪方面特别突出）并结合对学生的了解，为整本书阅读课确定一个突出的文学要素。通常，学年之初，比较适合以人物塑造为重点，这是一个重要又容易展开的文学要素。如果学生之前已经在人物性格、人物关系等方面有过许多学习经历，那就可以将更具挑战性的文学要素或文学技巧作为重点。在阅读过程中，设计一些活动来吸引学生将注意力集中到这些文学要素上（活动方面的建议参见第七章）。

- 提前做好准备，为需要帮助的学生提供支持，包括提供音频材料等。和同事谈一谈，看有谁能够为阅读有困难的学生提供帮助。如果你的学校提供课后辅导服务，那就和辅导老师谈一谈整本书阅读（第八章有更多内容，可以帮助你应对学生之间的差异）。

- 如果可能，为很快就读完第一本书的学生选择额外的书，也就是说，为他们提供探索者机会。你要预先估计提前完成阅读任务的学生的数量。额外的书可以是同一位作者的其他作品，也可以是与这本书主题或结构相关的文本（这方面的做法请参考第九章）。

- 为课内学习选择补充素材，包括非虚构文章或者与这本书相关的文章节选。尽量加入一些需要调用视觉的内容——电影、图像小说，以及照片、绘画作品、卡通图片；也可以加入诗歌或者短篇小说。

完成第一轮整本书阅读后

- 整本书阅读中所读的书，下一本应该比上一本更复杂，更有挑战性。这意味着，将要阅读的书可能比上一本更长、故事情节更曲折，或者有更多不熟悉的词汇，但也不能在阅读难度上有大的跳跃，否则会把学生吓退。下一本书应该在上一本书主题的基础上再加入一些新的主题或者情境。

- 根据学生阅读水平的差异，可以把学生分为两个阅读小组，两个小组阅读的书主题相关，但难度不同。每名学生至少要阅读这两本书里的一本，也可以两本都读。常常有学生把两本书都浏览一下，选择其中一本阅读（除非是按照性别分组的时候，那样学生往往会直接挑选主人公性别和自己性别相同的那本）。学生通常自行选择适合自己的书阅读。如果我不赞成学生的选择，我会私下建议学生再考虑一下；或者任由学生做出选择，不提供任何建议。有时候学生的选择虽然不恰当，但结果仍然很好，令人惊讶；也有些时候，学生从这次选择中吸取了教训。

- 如果可能，分组阅读结束后再选择一本书全班一起读。如果为全班学生找到一本适合的书太难，那就试试图像小说，可以将图像小说配上相关的电影，这样可以让全班学生获得共同的故事体验。

总结和反思时

- 搜集学生在作品内容和阅读挑战性方面的反馈。对于每一轮整本书阅读，思考哪些方面有效，哪些方面需要改进，并思考书的选择与此有何联系。思考你是否还会使用同一本书在相似的班级进行教学。与同事交流你的所思所想。再一次从5个角度来评估这本书，这5个角度是：学生的发展，学生的认同程度，书的阅读难度，主题的关联性，作品的文学特征。
- 调整作品的选择，以便更好地服务学生。也许是时候考虑挑战一下学生，选择一本情节更曲折、学生对故事背景不熟悉的长篇或者短篇小说。也许你想试试将整本书阅读的方法运用到非虚构作品的学习中。如果你太快开始学习更有挑战性的作品或学生无法产生联系的文本，那么你也许可以找一些学生更容易接受的文本来重新安排教学进度，或者使用一部相关的电影作为学生的垫脚石，来降低挑战的难度。

如果学生在整本书阅读上取得了成果，那么尽情表扬他们吧！如果有学生开始了更有挑战性的文本的学习，请指出他们的进步。要让学生知道，这是他们自己努力的结果，所有的功劳都是他们自己的。

真实的感想和笔记
3 个层面的思考，3 个层面的回应

"在学生阅读的时候，他们在做什么？"

我还记得我当老师的第一年和一位同事的聊天。那位同事是一位语文老师，同时她也是一位读写指导老师。因为第二天她会去我的课堂听课，所以我提前和她讲了我的课程设计。

在介绍课程安排时我告诉她："我会给学生时间让他们阅读。"

"很好，"她说，"那么，在学生阅读的时候，他们在做什么？"

我很茫然——我不是说了吗?! 在阅读啊!

我还是耐心地尝试回答她:"嗯,他们在阅读。"我也知道这个回答好像不太能令她满意。

"是的,他们在阅读,不过他们阅读的时候你让他们注意哪些东西?"她追问道。

"嗯⋯⋯"我不知道该如何回答这个问题。我备课时没有想到要学生特别关注什么。我希望学生自行去故事里发现自己觉得精彩的、神秘的或者恐怖的东西。我希望故事的魔法在学生身上起作用。我希望学生记下有趣的点、困惑的点,希望他们提出自己的疑问、形成自己的观点。但是,我不会引导学生去做那些对阅读来说并不自然的事情,不希望给他们的阅读增加阻力。我希望学生做的就是阅读!

和这位同事的对话就止于此,没有再深入。我接受了她的建议,让学生阅读时在笔记本上"写下作品中人物的动机"。但我对这种做法并不认同,这是将陈腐的学究式的做法凌驾于学生自己对文学作品的体验之上。

时至今日,我不希望学生把对文学作品的阅读和回应看成是某种技巧。在读书生涯中,学生一直在学习各种工具和策略,以便成为更好的读者。这其中有些工具和策略是有效的,但所有这些加起来却常常误导学生,让他们以为阅读或者谈文学感想是一件复杂的事情,没有老师的指导和提问就无法很好地完成。一些已经爱上阅读的学生可能会得出结论:学校里不可能有真正的阅读。

同时,我也逐渐意识到——花了很长时间我才敢承认——引导学生在阅读中形成主动思考的习惯,会让他们受益匪浅。在朝这个方向努力的过程中,我得到了同事的帮助,也找到了各种方法。这些方法一方面要尊重学生(无论他们的阅读水平如何)对文学体验和感想表达的天然兴趣,另一方面又要足够灵活,能提升学生的批判性思维能力。

马德琳著名的"三层面思考"课

在班克街教育学院儿童文学课的第一次课上,马德琳·雷给学生讲了一个故事——她最爱讲的那个故事,她让学生只管放松地听。这给听课的那些研究生带来了全新的体验。讲完故事后,这节课接下来马德琳就以这个故事为中心展开讲解她所称的"三层面思考"的建构主义理念。在这一理念下,学生通过学习能有意识地运用三个层面的思维来反馈自己对故事的感想,这三个层面的思维是字面思维、推理思维和批判性思维。这一教学方法立即风靡纽约市的中小学,有很多老师来观摩马德琳的课,这一方法也被我许多同事用于社会科学课。我在整本书阅读教学中一直贯彻"三层面思考"模式,以此为基础培养学生在阅读中主动思考的习惯。在下面的内容中,我讲述了我在自己班上"三层面思考"课的过程。我曾用过好几个不同的民间故事作为例子来讲"三层面思考"课,不过有很长一段时间,我一直用的都是《以撒与宝藏》(*Isaac and the Treasure*)这个故事。这是一个犹太民间故事,故事中一位农民反复梦见很远的地方有一堆宝藏。他跟随梦的指引去寻找宝藏,却没有在梦中的那个地方找到宝藏。不过,偶然获得的信息引导他回到了自己的家里,在这里他找到了宝藏。故事的最后,这位一夜暴富的农民用宝藏修了一座教堂。这是一个经典故事,很多文化中都有,也出现在大量小说和电影中。

在我的课堂上,《以撒与宝藏》有两个用途。其一,趁这个机会我在课程开始就告诉学生我是哪个民族的,对我们这个学生文化背景多元化的班级来说,我认为这很有必要。其二,这是一个有关成长的故事。在我们整个学年的学习中,"成长"这个主题多次出现。我们的整个学习历程也与此相似,所以我在课程开始就埋下伏笔。所有的文学作品,尤其是经典的成长故事,故事的首尾都相互呼应,我也希望我的课程能揭示这一特点。

讲故事

我上这堂课的地点是在教室里特别设置的"讨论区"：在教室的前面，3 条长凳摆成"U"字形，中间铺上地毯（见第六章"零与整"）。学生就座后，我就开始讲："我要给你们讲一个故事，这个故事是我大学毕业后在波兰旅行时听到的，我们家移居美国之前就住在波兰。我听到这个故事的时候正在以撒教堂里，这座教堂是波兰第二次世界大战后还完好的为数不多的几座犹太教堂之一。"

"你是犹太人？"每一次都有学生这样问。

"是的。"我会停顿一下等学生继续提问。有时候学生会有很多问题，我通常回答一两个，然后告诉他们课后我乐于回答更多的问题。

"现在开始讲故事。在我讲故事的时候，我希望你们尽管放松地听。因为我是凭着记忆来讲这个故事的，不太容易，所以请大家把评论和问题留到故事讲完了再提，在我讲述的过程中尽量不要打断我。我会留些时间让大家讨论。大家还有问题吗？"

"我们能坐在地上听吗？"常常有学生这么问。

"可以，只要你们在故事讲完后回到长凳上。"于是，有几名学生挪到了地毯上。

"我能闭上眼睛听吗？"也常常有学生这么问。

"可以，只要你别睡着了。"我答道。

然后，我又问大家："有没有人能解释一下为什么不能在课堂上睡觉？"对中学生来说，这种关于课堂纪律的问题似乎很好笑，答案也很明显，可他们有时候还是会明知故犯。于是，我又花了一些时间强调其实这种可笑的行为并不是不可能出现，我请他们考虑一下后果，以此来打消他们试一试的冲动。通过这样的方式我让学生知道，他们的滑稽行为（其中一半的动机是想让老师手足无措）并不会让我感到惊讶。

接下来，我开始讲故事："很久以前，在茂密的森林旁边有个小村庄，村子里有个人叫以撒。"在我讲故事的过程中，我看到，随着故事的推进，即使是最不爱听讲的学生也好奇地睁大了眼睛。我发现，当故事里有些语言表述重复出现时，学生会跟着我一起说，比如当故事里反复出现"穿过森林，翻过一座山，跨过两条河，桥下埋着惊人的宝藏，黄金、钻石、红宝石，还有珍珠和世界上其他所有能找得到的珍贵珠宝"，大家会跟着我一起说。因为情节简单，每一名学生都能在听的时候理解这个故事，并且大家似乎比较喜欢这个故事。

> 对任何年龄段的学生来说，讲故事都是下雨天最好的活动。当别的老师需要我临时代课或者临时要加一节课的时候，我总是用来讲故事。这么多年来，我虽然要花不少时间来记住好多民间故事，可回报是丰厚的。

每次讲完故事后，都有学生问："还能给我们再讲一个吗？"

记录学生听故事后自然的反应

故事讲完后，我会拿出画好了格子的纸板或者打开笔记本电脑上的Word文档。

"我现在想听听你们的感想。"我说，"你们是怎么想的？故事里什么引起了你们的注意？你们记住了哪些内容？对你们来说哪些内容很特别？"

这个时候我让学生先不要提问，提问的环节在后面。然后，学生就举手谈自己的感想。我在不同的班级尝试过这么做，有的是优等生班，有的是母语为非英语的过渡班，有的班学生之间差异特别大，还有的班是由不爱与人交流的特殊学生组成的。但只要有好故事，学生就不缺感想。

"以撒追随自己的梦想，于是找到了宝藏。"

"守桥人也应该追随自己的梦想！"

"守桥人很自私。"

"我就知道故事的结尾会是这样的。"

……

我忠实地记下学生的每条感想，不评论，也不引导讨论的方向。学生所有的感想都是有效的。每一条感想我都编上号，确保至少有 10 条。当然，一般的情况是大家的感想太多了，我不得不叫停。（到这里，课程已经进行了 30 分钟。考虑到一节课时间有限，下一部分可能得留到第二天。本章后面会介绍时间的安排。）

感想归类

下一步的目标是让学生根据自己的思维方式将他们的各种感想归入 3 个类别：字面感想、推理性感想和批判性感想。我告诉学生："这节课我们将学习 3 种思维方式，以及如何归纳自己的所思所想。"

我首先问："请看我列出的大家的感想，哪些是故事直接呈现出来的？哪些是文本里面有的，类似于事实？"与此同时，我将展板（展板 3.1）上"字面感想"的定义展示给学生，这样学生就能通过视觉刺激更好地理解这个术语。我发现，这种用展板展示的方式会马上吸引学生的注意力，同时也是给学生发送一个微妙的信号，让他们觉得这个术语将来会一直有用，不是出现一次就可以抛到脑后的。这种视觉上的提示有助于吸引学生的注意力并增强学生的记忆。

展板 3.1　3 种感想

▶ **字面感想**：你的想法在文本中直接陈述了，类似于文本中的事实。

▶ **推理性感想**：你的想法没有在文本中直接陈述，但文本中提供了证据；在文本中有暗示，或隐藏在文本中。

▶ **批判性感想**：与文本相关的你原创性的想法、观点、联想或批判性问题。

我把第一条感想读出来："'以撒追随自己的梦想，于是找到了宝藏。'"然后提问："这是字面感想吗？"

"是的。"一名学生回答，"因为故事里直接说了他跟随梦的指引去寻找宝藏，并且他找到了宝藏，这是事实。所以，答案是'是的'。"

另一名学生反对："但是文本里没说他找到宝藏是因为他的梦的指引。"

第三名学生说："对，文本没有说原因是什么，只说他跟随梦的指引，这是对的；然后他找到了宝藏，对的。所以这也是字面感想，对吗？"

学生争论的问题很多样，很有价值。他们争论的问题常常没有一个明确的答案。事实上，是否有明确的答案并不重要，重要的是给学生机会，让他们用证据支撑自己的观点。

"别的同学是怎么想的？"我督促大家思考，"是字面感想吗？"大家最终达成一致意见，认为这条感想是字面感想，于是我在这条感想后面写下大大的"L"（代表"literal"，意思是"字面的"），这个"L"的颜色和展板上"字面感想"这几个字的颜色一致。我们继续浏览下面的感想，当大家辨认出另一条字面感想，我就在后面写上一个"L"。

"接下来，哪一条感想是故事里没有直接说，但暗示或者暗指了的？或者说，故事里有强有力的证据，但却没有明说。这需要思考一小会儿才能发现。"我接着说，"这种感想叫'推理性感想'。"同时我把展板上"推理性感想"对应的定义展示给大家。

接下来我把没有标"L"的感想读了一遍。通常，推理性感想和批判性感想之间会有灰色地带。

"'守桥人也应该追随自己的梦想！'"我把这条读出来，然后问学生，"这是推理性感想吗？"

一名学生回答："可能是，故事里暗示了。守桥人如果追随自己的梦想，他可能会变得富有。"

有几名学生举起手来，我叫了其中一名学生的名字。

"这是字面感想。守桥人如果追随自己的梦想，他可能会变得富有，这是事实。"

我又叫了另一名学生的名字。

"但文本里根本没有这么说。我认为这不是暗示，更像是一个观点，因为它是在告诉我们故事里的人物该怎么做。"这名学生说。

"对对对，"另一名学生附和，"你觉得守桥人应该追随他的梦想，但也许守桥人自己并不这么想。这只是你自己的观点。"第一名学生又把手举起来，我叫了他，让争论继续。

到这个节点，我给了大家一些提示："这是个观点，不过如果再仔细思考一下，其实整个故事似乎都在暗示，守桥人应该追随自己的梦想。"

"你们的观点都很棒！现在我要向大家展示第三种感想，这也许能帮助大家解决眼前这个问题。"然后我给大家展示了"批判性感想"的定义，"这种感想是你关于文本的原创性的想法、观点、联想或批判性问题，文本里没有直接表述，但与故事相关，这种想法来自读者，而不是文本。"然后我问学生有什么想法。

大部分学生都同意这段关于守桥人应该怎么做的说法是批判性感想，因为它是读者的观点，但还是有些学生不同意，认为它是推理性感想，因为整个故事都在暗示，守桥人应该追随自己的梦想。

我解释道："推理性感想在文本中有强有力的证据来支撑——这个强有力的证据就是，你几乎可以指向文本的某段文字，就是在这里作者给出了明显的暗示。不能是整篇文本。"趁此机会我告诉学生，对于整个故事产生的感想——总结出的寓意——被称为"解读"，"这种针对整篇文本的想法在语文学习中非常重要，我们认为这就是批判性感想，因为读者将很多方面的想法整合在一起，得到了一个关于整个故事的结论。"然后，我在这一条感想后面写了一个"C"（代表"critical"，意思是"批判性的"）。在接下来的讨论中，有些时候争论的双方互不相让，我只好在后面写上 I/C 或者 L/I（I 代表"inferential"，意思是"基于推理的"）。最后我们得到了展板 3.2 中的列表。

展板 3.2 学生听完故事后的感想（已归类）

1. 因为做了一个梦，这个人去寻宝。L

2. 守桥人对以撒说他很傻，居然觉得桥下埋了珠宝，还说他自己也做了同样的梦。L

3. 以撒意志坚定，决意找到宝藏。I

4. 以撒没有工作，他的妻子在家里带孩子。L

5. 以撒发财了。L

6. 民间故事我不喜欢的一点是，它总是将同样的话重复了一遍又一遍。C

7. 我喜欢这个故事。这里面有冒险，也很有趣。C

8. 他得翻过两座山。L

9. 他找到宝藏，不是因为自己的梦，而是因为别人的梦。L

10. 他是通过自己的梦才找到另外一个人，然后这个人告诉了他宝藏真正的
　　所在地。L

11. 他用钱建了一座犹太教堂，我觉得这很酷。C

12. 他想着别人，而不是只考虑自己。I

13. 守桥人做了同样的梦，但不是在同一个地点，我觉得这很诡异。C

14. 如果仔细想想，你会发现其实守桥人和以撒很像：他们都很穷，他们都
　　做了寻宝的梦。C

15. 关于做梦的事，我觉得守桥人在撒谎。C

16. 以撒认为那个"穷人"就是他自己。I

17. 故事里没有别的穷人。I/L

在这节课的总结里我强调，所有这些感想都是学生自己有感而发，老师没有提出任何问题。我还指出，通过大家的感想可以看出，大家在 3 个层面都有很自然的思考。我说："其实在日常生活中，我们对看到、听到、读到的东西，都在运用字面思维、推理思维和批判性思维进行分析，只是我们很多时候没有意识到而已。"（图 3.1）

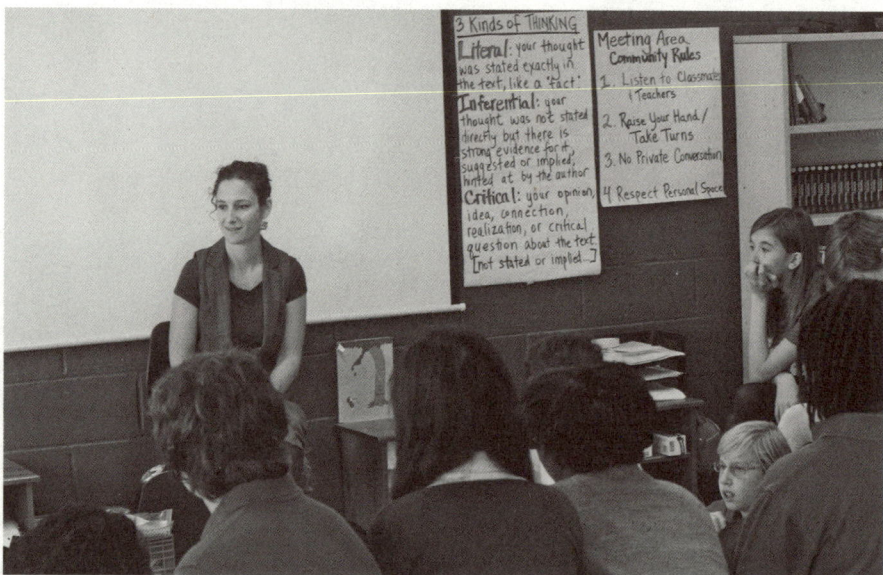

图 3.1　我和学生在讨论区谈阅读感想

　　我意识到，学生也许会问："有意识地思考有什么用呢？"我一直强调要让学生自己去探索问题，纵然只是一小会儿，而不是直接告诉他们老师是怎么想的。所以，这一次我还是直接问学生："为什么要审视我们自己的所思所想呢？阅读的时候有意识地思考又有什么好处呢？"学生总是能够给出一些很棒的想法。我会把他们的想法整理好贴到教室的墙上，贴在"3 种感想"的展板旁边，用以提示学生养成有意识地思考的好习惯。

第一次教学活动需要做的准备

1. 选择一个民间故事。你选择的这个故事需要在主题上或者结构上与整本书阅读课的其他内容有关联，也要出自学生的本土文化，或者与别的学科有关联。不过，只要是有趣的故事，就满足条件！

2. 学会凭记忆讲故事。先一部分一部分地记，然后练习。要控制好讲故事的时间。对于民间故事，修改一下措辞是可以的。这些民间故事口口相传，各种版本的具体表述都不一样。给学生讲故事与为学生朗读故事的效果不同，讲故事对学生来说是很新鲜的事情，算是给学生的一份礼物。故事讲完后，问问学生听故事的感觉怎么样。

3. 把上面提到的 3 种感想的定义写在可以长期张贴或悬挂的展板上。

如果想准备工作少一些，可以做一些小调整，可以换成朗读一本小说的开头，比如罗尔德·达尔的《女巫》或《芒果街上的小屋》的开篇小故事。诗歌不适合用来导入这一课。

关于阅读感想，老师要传递给学生的关键信息

完成了关于 3 种感想的课程之后，我引导学生在阅读时关注和记录自己的所思所想。在引导学生开启批判型读者的旅程时，我有两条特别关键的信息需要传递给学生：第一条，没有所谓的正确答案；第二条，真实想法最重要。

关键信息 1：没有所谓的正确答案

对于阅读，学生有种隐隐的压力——觉得自己的反应或者想法应该是怎样的。学生不该有这种外部压力。老师对学生来说是权威，给学生划分成绩等级（即使没有给出具体的分数），评选优秀学生，表扬学生，或者其他做法，都会给学生造成压力，影响学生的行为。虽然课堂上需要评出成绩等级，也需要表扬学生，但对这些表面上看起来完美无害的行为，我会仔细思考其带给学生的隐含意义。就像丹尼尔·平克在他的《驱动力》（Pink, 2009）中阐述的那样，当我们在压力下工作，想要符合外部的要求，我们的批判性思维能力就会下降，同样下降的是我们内在的驱动力。平克写道："控制的结果是服从，自主的结果是投入。"他还写道："对于常规性的任务……下属的服从通常也算有效……但那是过去。而对于具有 21 世纪标志性特征的任务，这样的策略就差强人意，甚至常常

收效甚微。解决复杂的问题需要探究的头脑，以及尝试寻找新的解决方案的意愿。"要成为批判型读者，学生需要发挥自主性，不断尝试才能成功。如果我们每一次都规定学生给出正确答案或者以某种形式来给出答案，那种需要批判性思维能力和冒险精神才能达到的境界学生就很难达到。

关键信息 2：真实想法最重要

同时，学生在学习上常常缺乏自主性，这也是我提出了第二条关键信息的理由：学生需要懂得，他们自己的想法是有价值的。在阅读课上，学生对文本的想法和真实的感受至关重要，这些想法和感受有如助燃剂，推动学生对作品进行讨论，帮助学生对作品做出独特解读。学生需要保持清醒，对作品要有自己的想法。学生必须聆听、关注和思考自己内心的反应，才能对文本做出真实的解读。当学生发现自己的大脑有着巨大的力量，他们可能会发生翻天覆地的改变。苏格拉底有句名言："未经审视的生活不值得过。"那么与此对应的，我们可以说，审视过的生活可能会更有目标感和成就感。

> **与《共同核心州立标准》的关联**
>
> 成为独立阅读者的重要的一点就是逐渐意识到自己对作品的感想，并借此扩展对作品的理解，从而对作品做出解读。这有助于学生达到"大学和职业准备锚定标准"关于阅读的第 10 条要求："独立且有效地阅读和理解复杂的文学文本和信息文本。"

我的故事：学会倾听自己的所思所想

我还记得在我的学习生涯中，这两条关键信息同时在我身上"觉醒"的时刻。我曾在布朗大学学了两年文学课程。我喜欢阅读文学作品，但却不太喜欢参与课堂讨论。我一直受到一种想法的制约，那就是，在课堂上要说一些"有智慧"的话，对作品要有"正确的"解读，而我永远不确定自己的想法是否有智慧、是否正确。我写论文时洋洋洒洒，但对自己的观点没有足够自信，所以，在表达对我认为重要的观点时，我总是表现得犹疑、踌躇，最终不知所云。我那时候这门课的得分通常是 B。偶尔我也会突然写出一篇很好的论文，得到一个 A，但我从来不知道我怎么就有了那个好的或正确的观点，秘诀在哪里，也不知道怎样才能让灵光再现。

在我大学三年级的时候，情况发生了变化。我越来越觉得，我所学的东西似乎与我的真实生活脱节了。我上的文学课涵盖了大量后现代文学批评的内容，这些文学批评都旨在解构社会各领域中的压迫，包括语言压迫。而我真实的生活是：住在郊区，生活幸福。真实的世界并不是我生活的那个世界，我日益强烈地希望了解那是个什么样的世界。

我不记得当时那一周我在学习哪一位后现代主义文学批评家的文章，也不记得在学习哪一本书。文章和书里的观点都非常有趣，但到了写周论文的时候，我犯难了。那篇文章和我读过的许多其他文章一样，深刻地批评了西方社会及其文学传统总是聚焦于精英阶层的声音，而忽略了其他人的声音。一方面，我也很想和那位批评家一样，跳上道德高地，针砭时弊；但另一方面，我不由得暗自犹疑，那位批评家使用的语言如此专业，他的文章中不乏难懂的术语，充满了文学领域精英学者才能理解的词汇。他确实表达了很重要的观点，不过是以一种最安静的方式：在学术界的一个小小角落发声。这令我感到愤怒，因为这样做不能使真实的世界发生任何改变。他文章中谈论的那个世界，那里的人——大人和小孩，可能永远也不会写下自己的故事。

我这次要写的论文不是学期论文，所以没那么重要，于是我决定冒险。我心想："豁出去了！"于是，我写下了自己的真实想法。我在论文中将那位批评家的观点和他用以与世界分享这些观点的表达方式区分开，我还说他是一个懦夫。我引用别的批评家的观点来支撑我的观点，但我尽量使用一种自然的、平常的语言来表达。我这么做冒险而冲动，但我说的是自己真实的想法，我不喜欢伪装。

第二周，论文发下来了，封面上赫然一个"A+"。论文后面还附上了教授打印出来的长达两页的评语，开篇第一句话是："终于看到了真实的阅读感受！"教授对我的观点很感兴趣，有些观点他同意，有些反对。教授对这篇论文给予的关注和肯定使我意识到了表达自己真实阅读感受的重要性，这一次，我知道自己为什么得高分，也知道怎样才能梅开二度。这不再是一个能否进行正确解读的问题，而是能否说出自己真实想法的问题。

在写这个学期后面的论文时，以及在课堂讨论中，我继续讲出自己的心里话。我明白了一名真正学习文学的学生是什么样子的，他不应该只是一个应声虫。我开始在阅读时更积极地做标记，在我觉得特别的地方画上星号，我也不知道为什么要这么做。我在书的空白处记录自己的想法。然后，在课堂上，在论文里，我根据这些想法来陈述我的观点。

在布朗大学学习文学的经历所给予我的能量远远超出课程本身给予我的能量，并改变了我的人生方向。在来到布朗大学之前，我曾在福克斯角的男孩女孩俱乐部举办过写作训练营。福克斯角是布朗大学附近的贫困社区，来参加我的写作训练营的都是社区里十来岁的女孩和她们的母亲。我开始在课堂上将阅读和讨论的内容与我的这段经历联系起来。在布朗大学上文学课的最后一天，我给同学们读了一首唯美而情感热烈的诗。这首诗的作者是我在课上介绍过的福克斯角社区的一位长者，收录这首诗的诗集是他自费出版的。诗歌讲述了作者在码头的工作和生活以及与外界脱离的苦闷，表达了对故乡佛得角群岛的热切思念。"看到了吗？"我说，"如果我们用心聆听，还能听到别的声音。"通过这门课，我不仅学会了如何做学生，还学会了聆听自己的心声——我意识到自己在这一生中要做什么，那就是帮助人们发出声音，让他们的声音被世界听到。

我之所以花这么多笔墨讲述这个故事，是因为它对我教授语文课的方法从各个层面都产生了影响。首先，它提醒我，即使是最优秀的学生，在学校里也有可能疏于训练自己的批判性思维能力。我们需要不断地告诉学生，我们会以开放的态度对待他们的观点，还会给予他们发声的空间，会对他们的声音给予足够的重视。其次，因为学生已经形成习惯，要改变这种习惯、激发学生内在的能量是需要时间的。同时我也明白，一旦学生内在的能量被激发，对文学作品的学习以及支持学习的各种行为都将有助于学生探索自己的核心信念，引导他们去追随这些信念，与其他人、其他地方、新的理念产生联系，然后在生活中采取行动。解锁这种潜能要求学生愿意聆听自己的真实想法，与自己的真实内心进行沟通。作为老师，我们要引导学生找到他们自己的专属钥匙。

通过练习强化学生记录思考过程的习惯

我给学生讲故事，然后问他们注意到了什么、有什么想法。学生会给出各式各样的反馈。如果故事本身吸引人，又适合学生，那么学生在听故事的过程中，老师就不需要提醒他们重点关注什么。学生会自然而然地说出自己的想法，就好像在课余时间他们讨论昨晚看过的有趣的或者搞笑的电视剧那样。"三层面思考"课能够让学生增强对自己想法和感受的意识。下一步，我希望学生开始关注自己的想法，并能够记下这些想法。

我的学生在阅读的过程中会用便利贴（图 3.2）记下自己的感想——不用在书页的空白处写写画画——就像在和文本对话，既自然又丰富。在我当老师的第一年里，我想，既然已经上了关于 3 种感想的课，那么学生就应该理解字面感想、推理性感想和批判性感想这 3 种感想的差异，应该就能在阅读时

图 3.2　学生用来做笔记的便利贴

运用不同的思维方式在便利贴上写下自己的想法。可是，虽然课前准备很充分，课程目标基本达成，但大部分学生仍然需要更多练习才能成功给自己的感想分类，以及养成将感想及其类别写下来的习惯。

我安排了两周时间在课堂上进行强化训练，让学生有时间把在便利贴上写笔记的技能运用到阅读中（图 3.3）。就像第二章中介绍的那样，几乎是每个学年一开始我就让学生进行自主阅读，让学生自己选择阅读的书。选择阅读素材本身是阅读习惯的重要部分，它是一个机会或者窗口，有以下作用：

▶ 让我可以评估学生的阅读兴趣和阅读能力；

▶ 通过让学生选择自己感兴趣的书，阅读成了一件令学生期待的事情；

▶ 将教学重点聚焦于培养学生做出反馈的习惯。

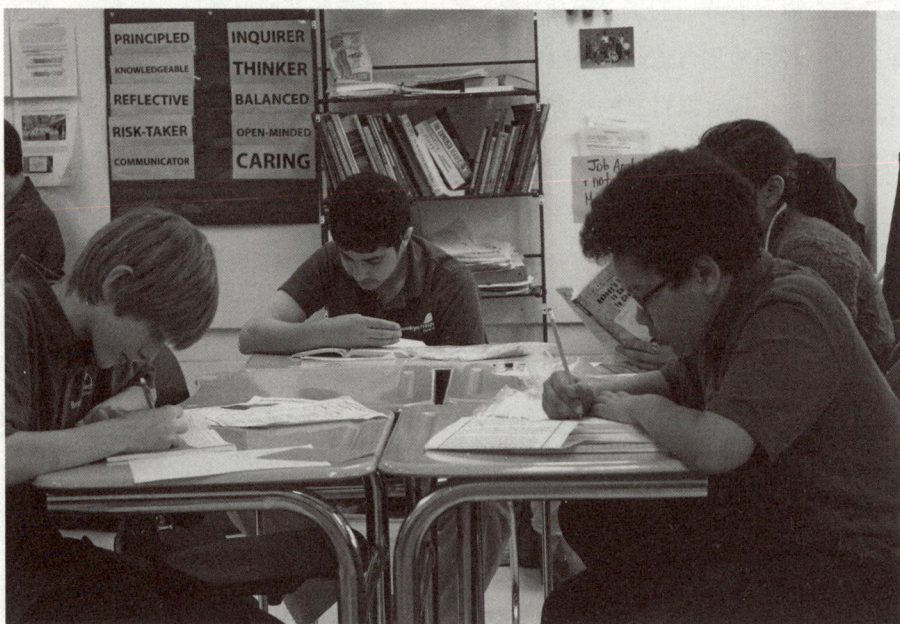

图 3.3　学生阅读并记录感想

为了让学生在自主阅读时养成记录感想的习惯，我需要确保在上课前所有学生已经选到了合适的书。展板 3.3 展示的是选书那一天我的教学安排。

学习了 3 种感想之后，我接着讲解如何把阅读感想写在便利贴上。我选择了一本引人入胜的小说，为学生朗读这本小说的第一页，然后向学生提问："如果你在读这本小说，你会在便利贴上写下什么呢？"接着，我把其中一名学生的建议写在便利贴上，并贴在这页上，贴的时候让它从书里露出一点点。做完示范后，我让学生从讨论区回到自己的座位，试着自己做一次。我建议学生每隔几页就写一些笔记，不过这也没有什么限制。有的学生喜欢写很多笔记，每一页都写；有的学生则不喜欢经常中断阅读。（第六章有更多关于学生写便利贴笔记方面的内容。）

我的教学安排并非一成不变。一节课里我能否带领学生完成对他们感想的分类也不一定，如果不能完成也不是问题，我可以将这项任务布置成家庭作业，也可以将它作为下节课的热身或者小组任务。而且，因为一节课的时长不同、讲故事的时长不同、学生分享感想的时长不同，我常常最后得把给感想归类推到下一节课。

表 3.1 列出了关于 3 种感想的两种课堂教学方案，都纳入了自主阅读。方案一是一次课就将讲授的部分全部完成，这个方案适用于一节课时间较长的情况，方案二则适用于一节课时间较短的情况。

表 3.1 关于 3 种感想的课堂教学方案

方案一：一次完成式	方案二：铺开式
第一天或模块一	**第一天或模块一**
·讲故事	·讲故事
·让学生分享感想	·让学生分享感想
·运用 3 种思维方式对学生的感想进行分类	·让学生自主阅读，让学生练习在便利贴上自由地记录阅读感想
第二天或模块二	**第二天或模块二**
·热身（可选）：针对昨天的故事，再增加两条感想，让学生试着分类；带领学生复习分类的结果	·运用 3 种思维方式对学生的感想进行分类
·说明：让学生试着在阅读的时候把感想写在便利贴上。告诉他们，目前无须考虑感想的分类	·让学生继续阅读并自由写下感想
·让学生自主阅读	·让学生对感想进行分类
·让学生对感想进行分类	

在接下来的两周左右的时间里，我重复以下过程，仅进行微调。

1. 朗读。朗读的材料会有变化，有时候是民间传说，更常选择的是书开头的部分，这也起到了向学生推荐这本书的作用。

2. 让学生写下感想——有时候只有几条。

3. 运用 3 种思维方式将（部分）感想分类。

4. 让学生自主阅读，或练习使用便利贴记录感想。

我的观点是，老师要提供充分的机会让学生分享对故事的感想，这有助于学生养成主动思考的习惯，也有助于学生拓宽产生感想的思路，然后老师要给学生时间让他们在阅读中强化这个习惯。我还会给学生机会，让学生与同伴或小组成员分享自己的感想，并让学生给自己便利贴上的感想分类，在感想旁边标上 L（字面感想）、I（推理性感想）或者 C（批判性感想）。不过，我不要求学生在阅读和写笔记的同时给感想分类。我不想让他们误以为每一种感想都需要达到一定的数量，并在这种心理暗示下产生感想。但同时，我鼓励学生变换所记录感想的类型，不要总是记录某一种感想。随着学生逐渐投入阅读，他们的字面感想、推理性感想和批判性感想都会自然增加。

对于整本书阅读，我希望学生不仅在学校里阅读，还要在家里阅读。我会给学生布置几页书的课后阅读任务，并要求他们在便利贴上记录感想，我会给这些便利贴笔记评级。第六章我会具体讨论便利贴笔记的评价和等级评估。

在学生阅读时，我则在教室里走动，检查学生阅读的书和写的笔记。因为第一次课我们已经基本养成了发表阅读感想的习惯，并较好地掌握了 3 种思维方式，所以对于没有记录感想的学生，我只提出建议，不做具体指导。我发现，大部分学生都能够较快地在自己的阅读笔记中记下 3 个层面的感想。在学年初的自主阅读环节，我认为自己的首要任务是了解班上哪些学生阅读较困难，帮助他们确立自己的目标，以及帮助他们找到达到目标的方法。这能让这些阅读较困难的学生对整本书阅读中读的第一本书更有准备。我同时还会留意那些如饥似渴阅读的学生，并努力了解他们的阅读过程。我会在第八章讨论在整本书阅读课中如何处理学生阅读水平之间的差异。

几天后，我会让全班学生一起来总结自己在便利贴上写下的笔记，将便利贴笔记的类型列出来，写在纸板上，贴在教室里，供大家阅读时参考。

对便利贴笔记内容的建议

- 你对人物的看法
- 关于人物性格的思考
- 你对人物的疑问
- 故事里重要的情节
- 你感到困惑的情节
- 你想知道的情节
- 故事与你的生活的联系
- 这个故事与其他书或电影中的故事的联系
- 你认为接下来会发生什么
- 你希望接下来发生什么
- 读完这个故事你是怎样的心情
- 你对作者的看法
- 你不认识的词
- 故事里你喜欢什么
- 故事里你不喜欢什么

怎样给问题分类？

大约一周之后，我们又回到提问这个概念以及 3 个层面的思考。毕竟，你对文本的疑问不一定能从文本中找到答案。我认为提问是对批判性思维能力的应用，但我们提出某些问题时并没有用到批判性思维。例如，你问"几点吃饭？"，这可能对你很重要，可是提出这个问题不需要理性思考。同样，"以撒住的那个村子叫什么名字？"这个问题可能也很重要，但这个问题能说明学生对文本进行了批判性思考吗？

　　一年秋天，马德琳·雷提出把提问从"三层面思考"课程中剔除。同年，我和同事在讨论考试题目的形式时，说到要让学生将纽约州英语语言艺术考试中出现的题目类型进行归类。这让我想到了 3 种类型的思维，也就是这个时候我幡然醒悟——不能剔除。当时我们摇摆不定，而现在来看，这是非常明显的，对文本的提问当然也可以从这 3 个层面进行归类。至于如何确定一个问题属于哪一类，关键是看其答案属于哪一类。

　　像"以撒住的那个村子叫什么名字？"这样的问题，它的答案属于文字层面的，所以这个问题可以

> 我喜欢教学生区分"暗示"和"推理"这两个词："作者做了**暗示**，所以读者进行了**推理**。"

归于文字层面的问题。推理层面的问题需要读者进行推理才能回答。所以，"为什么守桥人嘲笑以撒？"是一个推理性问题，因为问题的答案没有在文本中直接给出，但故事给出了暗示。

　　而批判性问题则需要进行批判性思考才能回答。"以撒一直不知道宝藏就在自己的房子里，这意味着什么？"这个问题需要我们从隐喻的角度思考。文本中没有给出直接的答案，也很难说文本的哪个部分暗示了这个答案。而且，回答这个问题，我们需要寻找论据来支撑观点。

　　讲授这方面内容时，我会再给学生讲一个民间故事，或者读一部文学作品中的部分内容，可能是《芒果街上的小屋》的一个短篇，也可能是托马斯·里维拉的《但是地球没有吞噬他》（*And the Earth Did Not Devour Him*）里的一部分。然后，我会让学生进行头脑风暴，对作品提出问题，我将问题写在纸板上，或者投影出来。我先告诉学生，我自己曾经犹豫不决，3 种类型的思维是否也可以用于问题的归类。然后，我会给学生 5~10 分钟，让学生讨论如何给问题归类。学生的结论通常和我的决定一致：问题也同样可以从字面思维、推理思维和批判性思维 3 个层面归类。一个问题属于哪一类，要看问题的答案是基于文本的字面陈述、文本中的暗示还是读者的观点。意见取得一致后，我们就来实践，看这样的归类是否可行，是否可以用以对大家通过头脑风暴提出的问题归类。毫无疑问，这些问题完美地归入这 3 个类别之中，于是学生掌握了归类问题

的系统方法。

运用"三层面思考"：为便利贴笔记助力

　　3 年前，我把"三层面思考"的方法介绍给了我的搭档丹尼尔·布林克 - 华盛顿，他当时是布鲁克林远景特许学校的特殊教育老师。当时这个方法已经在教学中运用，丹尼尔对这个方法很感兴趣，帮助我完善了它，促使我对它进一步思考。这一点也是我青睐整本书阅读的原因之一：总是有继续探索的空间。丹尼尔偶然注意到，有些学生的便利贴笔记内容丰富，他们翔实地记录了自己的想法；而有些学生的笔记则仅有只言片语，停留在文本表面。我们还注意到，有些学生写得比较长，他们在 3 种思维间很自然地交替转换，可能他们自己也无法对自己的笔记进行清晰分类。"从某种意义上来说，我们就是希望学生能够运用 3 种思维来记录感想"，丹尼尔在一次集体备课时这么说。

　　"嗯，我从没想到过这个。你建议我们让学生现在就尝试？"我问。他是这个意思。虽然我一直不愿意在学生记录感想时做这样那样的规定，但他的提议似乎值得一试。我并不是说要求学生必须这么做，可他们其实总是做好了迎接挑战的准备。我还想到，以后当我们开始引入说理性文章写作的时候，我们会帮助学生意识到，这 3 种思维在写作的过程中起到了多么关键的作用，它们就像学生向上攀登过程中的垫脚石。

　　所以，我们把挑战摆在学生面前，让他们在一条笔记中综合运用 3 种思维。

　　"有哪些同学因为在一条感想中运用了两种或两种以上的思维，所以不知道该怎样给自己的感想归类？"好几只手举起来。我请塔梅拉读一条她觉得运用了多种思维的感想。她读的是阅读弗吉尼亚·E. 沃尔夫的《没有橘子，就来颗柠檬吧》(*Make Lemonade*) 时写下的感想："为什么乔利不理拉沃恩？她说这是因为拉沃恩是她糟糕的过去的一部分。但这说不通，因为拉沃恩是让她迎接更美好未来的人！"

　　"哇！"我惊叹道，"首先我想问问大家，你们觉得塔梅拉的这条感想写得怎么样？这条感想好在哪里？"

好几只手举起来。

"她真的说得有道理。"埃尔文说。

"还有，她可以说是在解读作品。"玛丽亚补充道。

"我想知道'糟糕的过去'是什么。"另一个学生若有所思。

我很高兴学生对这条感想进行了深入思考，这让我认识到，说出自己的想法是有价值的，也让我更有信心面对教学生写便利贴笔记时遇到的挑战。我们一起分析塔梅拉的笔记，找出了其中的文字层面的笔记和推理层面的笔记——需要经过一番推理才能完成。

"现在我想给大家一个挑战。丹尼尔老师和我讨论过我们在阅读时的做法，我们想：大家能不能写一条笔记，里面包含对 3 种思维的运用呢？"

我给学生 10 分钟时间来完成这项任务，大部分学生都能够完成。我们发现有几种方法能自然地导向这 3 种思维。例如，先提出一个运用了批判性思维的问题，再尝试回答这个问题，学生给出的答案是一种有根据的猜测，然后给出原文中的证据。那么，在这一过程中，学生就运用了这 3 种思维。

我们把学生便利贴上的这一类笔记称为"能量贴笔记"。有一段时间我让学生每天晚上都试着写一条这样的能量贴笔记。其他的便利贴笔记则可以是任意形式的，我们称为"开放式心得笔记"。开放式心得笔记记录的是学生自然涌现的想法，可以运用 3 种思维中的任意一种来写，形式自由。我们还让学生练习辨别自己和别人的能量贴笔记中哪些属于文字层面，哪些属于推理层面，哪些属于批判性层面。

能量贴笔记示例

> 这个男孩真的很天真，他居然相信了港口小镇上碰到的那个人，把钱都给了他。他应该记住朋友的话："港口小镇上总是有很多小偷。"还有，他为什么相信碰到的每一个会说西班牙语的人？

右边这条笔记是一名学生针对保罗·柯艾略的《牧羊少年奇幻之旅》写的，其中的"这个男孩真的很天真"是推理层面的，因为文本中没有对此的直接陈述，不过有足够的证据证明这一点。"他应该记住朋友的话"是学生自己的观点，是运用批判性思维得出的；她还引用了原文作为证据支撑自己的观点。她用一个批判性问题作为笔记的结尾。（我鼓励她进一步推理或猜测，为"他为什么相信碰到的每一个会说西班牙语的人"这个问题找到答案。）

过一段时间后，我就无须特别强调要写能量贴笔记了，因为这段时间的练习已经让这种能力"贴"在学生身上了。学生的感想开始变得更有深度，有了更多的推理意识和批判性思考意识，并且进一步提高了推理能力和批判性思维能力，而在常规教学中，教授推理能力和批判性思维能力原本是极具挑战的一件事情。此后的整个八年级春季学期，我都没有专门要求学生写能量贴笔记，这是因为我不想在便利贴笔记上附加这么多的要求。不过，我一直强调提升思维的重要性和笔记中运用多种思维的重要性。我认为能量贴笔记的练习已经为学生提供了清晰的模式和明确的学习方法。

能量贴笔记的发明意义重大，它在整本书阅读中的使用也获得了成功。不过，短时间使用之后，这种笔记就让位给更多有助于学生发展的其他便利贴笔记，后面的这些便利贴笔记在形式上则有更具体的要求。

帮助学生提高写笔记的能力

一学年的学习中，对于阅读中用便利贴写笔记，学生越来越娴熟，他们能熟练地运用"三层面思考"方法记下感想。我八年级班上的学生写便利贴笔记已经有一年的时间了，这期间我观察到一些现象，这使我想进一步拓展学生通过笔记记录真实感想的练习。

- 我感觉有必要增加一点儿挑战，或在学习重点上做一些调整，从而避免让便利贴笔记成为一种重复性的任务。阅读的文本在变化，学生对文学也了解得越来越多，但学生写笔记的技能并不总能相应提高。我认为，对阅读有困难的读者来说，从一个新的角度来切入也许有助于他们更全面地理解文本。

- 我希望学生能在他们觉得恰当的地方运用文学术语。例如，艾莉在评价一个故事中两个人物之间的矛盾冲突时能够综合运用字面思维、推理思维和批判性思维，但她没有使用"冲突"这个词，虽然她知道这个词。即使学生懂得某个术语的概念，但如果学生没有独立运用它，那就意味着他们没有完全掌握它。

- 我希望学生在阅读时特别关注作品的语言。在目前这个阶段，学生有太多东西可以关注、可以评论，但学生主要还是被作品中的人物和情节所吸引，大部分学生在重读、讨论之前通常都不会花时间欣赏作品的语言。我希望对这个过程施加一点儿影响，让学生往语言这个方向靠近一些，但同时又不至于剥夺学生记录感想时自由的感觉。

凯利·加拉格尔在《阅读杀》中提出，老师需要在教学中找到"最佳平衡点"，既不要过度，也不要不足，因为这两者都可能导致学生远离阅读。虽然我很确定写形式自由的笔记是我教学的基本出发点，但我也发现，当学生能够熟练写笔记时，我们的"最佳平衡点"稍稍变化了。我和同事总结了多种形式的便利贴笔记，每一种形式都鼓励学生培养一种新的写笔记的习惯，或者仅仅是形成一种写笔记的意识。便利贴笔记形式创新有无限可能性，在学生掌握了 3 个层面的感想之后，这些创新能增加一点点的新鲜感。

如何避免被要求冲昏头脑？

帮助学生对阅读产生真实的感受、做出真实的回应对培养一个强大的读者至关重要。"你的感想无对错之分""你的真实感想最重要"这样的思想应贯穿于整本书阅读的整个过程，在这个过程中，增加对学生的要求则可能与这一思想背道而驰。但我们仍然有可能找到一个平衡点，一方面要给学生增加挑战，另一方面要给他们留一定的空间。下面我将分享我在整本书阅读教学中使用过的结构化笔记，但在此之前我先分享几点使用结构化笔记的建议，以免老师向学生提出过多的要求。

少量使用

　　关键的一点是，老师要在学生阅读的过程中，在某个合适的点，给其增加一些挑战，让学生的笔记结构性更强（这样的笔记叫作结构化笔记），让学生从阅读中收获更多；但同时又不能因此而分散学生的注意力，剥夺学生表达感想和做出回应的自由，不能反而使之成为负担。我要求学生每晚只写一两条这样有特别格式要求的笔记。每一类笔记我都规定了一个标记符号，要求学生在自己对应类型的笔记上标上这个符号。

在熟悉的概念上使用

　　作家约翰·加德纳曾提出过"小说的梦境"这个概念，而如果学生在阅读过程中需要付出太多脑力来完成附加任务，那么这种"小说的梦境"就会遭到破坏。头脑放松才能享受阅读过程，学生如果认知负荷超载，则不可能理解作品。如果学生对某些文学要素，如主题已经有了一定理解，那么老师让学生阅读一篇不熟悉的文本，然后引导学生在感想中注意"主题"这一文学要素，像这样的挑战从认知上来说对学生是合适的。但如果概念是新的，文本也是新的，学生在阅读过程中要将两者结合起来，那么这对脑力的要求过多，会破坏阅读过程。对听话的学生来说，他们虽然会继续阅读，但过程不再愉快，而其他学生则可能不再去思考所读内容，甚至完全停止阅读。

　　因此，老师要确保将学生认知挑战的难度保持在一个已知概念加一个未知故事这样的组合的水平。你如果需要学生将新概念运用到整本书中，那就在学生完成阅读后立即创造机会——比如通过讨论——趁着他们对故事还熟悉。又或者，你如果希望学生在阅读过程中运用这个概念，那就在迷你课题（第七章有描述）中进行，而不是在学生独自阅读的过程中进行。

格式要求的时间限制

一种特定类型的笔记，我仅在一本书的阅读中要求学生使用，不会在其他书的学习中继续要求学生使用。我也从不要求学生在自主阅读写笔记时使用这些格式。但一种笔记类型一旦介绍给学生，它就一直是一种备选工具，学生可以自行选择使用。有些学生写笔记时会有意识地使用这些格式，还有一些学生只是自然地将这些格式融入常规的笔记，而这正是我的真正目的。

寻求反馈、进行反思

对学生记录感想提出一些要求，这是件非常微妙的事情，结果可能是好的也可能是不好的，所以每次我都问自己："为什么一定要让学生在阅读的时候这样做？我是在试图控制他们的阅读体验吗？等学生阅读结束了再做这件事效果是不是一样的呢？"除了进行反思，同样重要的是听取学生的反馈，听听他们讲我的要求对他们阅读的影响。在全班一起进行整本书阅读的整个过程中，我经常寻求学生的反馈，有时候会根据学生的反馈调整我的要求。

开放式心得笔记

开放式心得笔记是基本的笔记类型，其格式自由，没有特定的要求。我用这个名称将其与结构化笔记区分开。在学年初的自主阅读环节以及第一轮整本书阅读中，我重点关注开放式心得笔记。对于八年级学生，因为他们在七年级已经使用便利贴写过开放式心得笔记，所以我可以在八年级的第一轮整本书阅读中引入新的笔记类型，在一定程度上也是为了区别"今年"和"去年"，这对学生也很重要。

七年级我们阅读的第二本书是丽贝卡·斯特德的《当你找到我》，表 3.2 展示了阅读这部小说时学生写便利贴笔记的指南。这里没有对格式提出要求，不过，我给了一些建议供学生在写笔记时借鉴。

表 3.2　写便利贴笔记的指南（以《当你找到我》为例）

笔记主题	建议
主要人物	分析书中的人物，尤其是米兰达和她的家人。当你遇到一个新的人物时，你需要问问自己： ·你对这个人物了解多少？他（她）的性格如何？ ·他（她）的行为如何？ ·他（她）怎样与别人沟通？ ·米兰达对这个人物感觉如何？为什么？
需要讨论的有趣的 / 令人好奇的细节（用蓝色便利贴记录）	在阅读过程中，将书中任何你觉得可以提出来一起讨论的部分或者你的想法用特别的形式记下来。用蓝色便利贴，使之较为突出，方便以后查找。
做出改变的人物	当书中的人物做出了改变，写下你的观察结果或疑问。
作者的写作技巧	关于作者的写作方式你注意到了什么？使用了哪些有趣的词语？叙事角度是否独特？作者在哪些方面做得好、哪些方面做得不那么好？对于作者的观点，你有何想法？作者有没有偏见？

结构化笔记

接下来介绍我总结的几类笔记——我将它们称为结构化笔记——以及我为每一类笔记规定的标记符号。这些标记符号有助于我在查看学生笔记时追踪他们对不同笔记格式的使用情况。

蓝色笔记（没有标记符号）

我通常在带学生阅读第二本书时加入所谓的蓝色笔记（颜色无所谓，指写笔记用的便利贴的颜色），到这个时候学生已经有过读完整本书后进行讨论的经历。我发给学生蓝色便利贴，让学生在上面记下自己特别想提出来讨论的观点或故事场景。我很少对这种笔记的数量提出要求，而是鼓励学生在阅读中搜集和记录有趣的想法，之后的讨论中他们会有机会分享自己的想法，这有助于学生交流。

语言类笔记（Lang.）

《芒果街上的小屋》这部小说中的语言特别丰富，使用了很多描述性语言和比喻性语言。因此，细品语言对理解和解读故事至关重要。我和丹尼尔希望学生在阅读时记录和体会作品生动、有趣的语言，为此我们创造了一种笔记，称之为"语言类笔记"。这种类型的笔记似乎很对有些学生的胃口，我也很开心能够引导他们去探究文学语言。展板 3.4 对这种笔记做出了说明。

展板 3.4　语言类笔记的说明

1. 注意那些特别突出，包含让你觉得生动、有趣或者动情的语言的句子。或重读一遍找一找这样的句子。

2. 把这样的句子抄在便利贴上。引用原文时加上引号，并在后面的括号中写下页码。

3. 解释你选择这句话的原因。你对此有怎样的感受或联想？

4. 对作者这句话你觉得有什么特别之处？是什么使这句话生动或者有趣？

语言类笔记示例

"在那之前，我是一个红气球，一个系在锚上的红气球。"（9）我觉得这句话和其他的句子不一样。没有谁能真的被系在锚上，她是在表达自己的感受。这是一个隐喻。这里的气球不是真的气球，是在表达她被牵制住了。她无法自由地做什么事情，因为她妹妹限制了她。

主题类笔记（TH）

在围绕《芒果街上的小屋》这部小说开展整本书阅读课之前的备课讨论中，我和丹尼尔一致认为，除了故事背景，这部小说中另一个重要的文学要素可能是主题。这部小说包含了多个短篇，要从整体上理解这部小说，读者需要在这些貌似没有紧密关联的短篇中发现贯穿其中的主题和模式。为此我们创造了主题类笔记，以帮助学生探究作品的主题。展板 3.5 对这种笔记做出了说明。

展板 3.5　主题类笔记的说明（以《芒果街上的小屋》为例）

读完一个短篇后：

1. 在便利贴上列出你认为的这个短篇所有可能的主题，比如希望、邻里关系、身份认同、压迫、友谊。

2. 列出所有的主题后，圈出你认为与这个短篇最相关的一个。

主题类笔记示例

家庭
身份认同
性别歧视

学生喜欢写这种笔记，因为写这种笔记虽然需要运用批判性思维，但不像写别的笔记那样需要写那么多字。在后面的整本书阅读中，虽然我不再要求学生写主题类笔记，但大部分学生仍在继续写。对于给学生的笔记提出格式要求，我内心有一些犹豫，而学生将主题类笔记作为工具主动运用的行为给我带来极大鼓舞。很多学生能够将这种行为内化，直接写下他们注意到的主题。这种转变恰恰就是我希望看到的：在自然的阅读过程中融入文学语言和文学概念。

冲突类笔记（CON）

在七年级的时候，学生通过学习已经可以识别文学作品中的冲突，并且能够区别内在冲突和外在冲突。在八年级的课程中，我们学习了 4 种经典的文学冲突：

> 曾有学生问："假如冲突——比如战争——发生在两群人之间，那是怎样的冲突呢？有社会之间的冲突吗？"这个问题对我来说还真是个挑战。我的回答是，在文学作品中，我们所说的冲突通常指书中人物所面临的冲突。即使主人公生活的社会与另一个社会之间爆发了战争，主人公也很可能处于人物与社会（另一个社会或他自己的社会，视情况而定）的冲突中。不过，在真实的世界里，当然有社会之间的冲突。

·人物之间的冲突；

·人物内心的冲突；

·人物与社会的冲突；

·人物与自然的冲突。

在阅读谢尔曼·阿莱克西的《我就是要挑战这世界》时，我们观察了多种层面的冲突，以及它们如何相互影响。为帮助学生预热，我们先观看了由阿莱克西的另一部作品改编的电影《烟火讯号》（*Smoke Signals*），以帮助学生积累背景知识。在观看电影时，我向学生介绍了 4 种经典的文学冲突，并设计了一项迷你课题，让学生在迷你课题中练习区分电影中的冲突（第七章有描述）。这种练习以及对冲突类型的熟悉为学生在阅读过程中运用这些概念打下了良好的基础，学生在运用时无须付出太多脑力。关于冲突类笔记的说明见展板 3.6。

展板 3.6　冲突类笔记的说明（以《我就是要挑战这世界》为例）

把你注意到的故事里的冲突在便利贴上写下来，并思考下面的问题。

1. 这是哪种冲突？

2. 故事中的人物想要什么？

3. 谁或者什么成了阻碍？

冲突类笔记示例

这一幕（见小说第 33 页）中的冲突属于人物之间的冲突。阿诺把课本朝老师扔过去。我猜他当时非常生气，因为自己的课本是二手的——他手头的二手课本上写着自己妈妈的名字。而老师 P 先生则为生活在保留地的印第安人的自我放弃而生气。P 先生喜欢阿诺，原谅了他朝自己扔课本的行为，因为阿诺没有放弃对美好生活的追求。

情感类笔记（Mood）

学生通常能够感知到文本表达的情感，却常常忘记这种情感是被创造出来的，作者使用的工具没有别的，就是文字。我让学生在阅读时注意作者描述情感时的措辞，这也为学生学习各种描述情感的词语创造了机会。我让学生在阅读时找出作品中包含强烈情感的部分，然后按照展板 3.7 的步骤完成笔记。

展板 3.7　情感类笔记的说明

1. 选择一段（或两段）带有明显情感（带给你某种感受）的文本。
2. 在便利贴上写下作者用来传达这种情感的 5 个词语或短语。
3. 给这种情感命名，写在便利贴底端。
4. 可选：再多写一些。

　　文学中的常见情感：心神不宁，开心，犹豫不决，混乱，平静，愤怒，冷漠，开朗，失望，充满希望，紧张，欢快，怡然自得，忧郁，精神振奋。

词汇 – 语境类笔记（V–C）

　　为帮助学生在阅读中通过上下文解码生词含义，我的同事克雷格·塞特鲁洛创造了一种笔记格式。我将这种格式运用到便利贴笔记中，形成了"词汇 - 语境类笔记"。关于这类笔记的说明见展板 3.8。

展板 3.8　词汇 – 语境类笔记的说明

1. 将包含生词的短语或句子抄写在便利贴上。
2. 将短语或句子中的生词圈出来。
3. 在句子中提示生词含义的线索下画线。
4. 写下你对生词含义的推测。
5. 用字典查这个生词的含义，将你查到的与你的推测进行对比。

词汇–语境类笔记示例

"她有着高高的颧骨，面色红润，看起来那样清纯、美丽。"

推测出的生词含义：人脸看起来的样子。

字典里关于"面色"的解释：脸上的气色。

我曾让七年级学生在自主阅读时使用这种格式写笔记，或者仅在阅读有大量生词的书时使用这种格式写笔记。因为我们也学习拉丁语词根和词缀的知识，学生其实很喜欢寻找线索来推测生词含义。如果一本书学生读起来一个晚上都没有遇到一个生词，学生可能会觉得没意思。这也表示这本书对学生来说也许过于简单。不过，只要学生有更多机会读到更具挑战性的书，读一些这样简单的书也未尝不可。

词汇 – 问题解决类笔记（V–P）

与我合作的特殊教育老师优素福·阿里想帮助学生运用多种策略推测生词含义。到八年级的时候，我的学生都已经学会根据上下文以及拉丁语词根和词缀来推测词义。我们请学生将自己解读生词时运用的方法列出来，他们的方法可以总结为 10 种策略。我们把这些策略打印出来贴在教室的墙上，然后设计了词汇 - 问题解决类笔记，让学生分享自己阅读中遇到生词时推测含义的过程（展板 3.9）。

展板 3.9　词汇 – 问题解决类笔记的说明

1. 在便利贴顶端写下这个生词。

2. 选择一种策略来推测这个词的含义。

3. 将策略写下来，并记录使用时的发现。

4. 写下另一种策略，并记录使用时的发现。

5. 运用已经获得的信息来推测这个生词的含义，解释你是怎样推测的。

6. 用词典查这个生词的含义，将你查到的与你的推测进行对比。

这种写笔记的方法只需要练习几次，就能对学生产生很大的影响。但用这种方法写笔记对学生要求比较高，过程也非常烦琐，很快就会让学生觉得是个负担。所以，我们在课堂上练习使用这种方法时，是与非虚构作品的学习合并进行的，并且也没有要求学生每天使用这种方法写笔记。

"说了什么"类笔记（SW）

阅读遇到困难或对某一部分内容感到费解时，我们自然涌现的想法是："这说的是什么？"我和优素福设计了"说了什么"类笔记，以帮助学生在遇到较难文本时运用多种策略，并让学生对这个过程增强意识。开始学习写这类笔记时，我们会与学生讨论，询问他们阅读时遇到复杂或较为费解的内容时通常怎么办，并记下了他们的说法。

学生在阅读时遇到复杂或较为费解的内容时会运用以下策略。

- 重读这一部分。
- 停一下，对这一部分的意义进行深度思考。
- 从上下文寻找线索。
- 找出最难理解的那几个词。
- 联系上下文理解生词含义。
- 用便利贴写笔记，记下是什么难以理解。
- 向别人寻求帮助。
- 朗读这一部分。
- 用词典查生词的含义。
- 上网查找相关资料。
- 重读这一部分前面的（几个）段落。
- 将生词替换成别的词。
- 查看书中的附录。
- 在脑海中想象事情发生的过程。
- 将文本的背景信息或者自己的生活经历与文本联系起来。
- 写下你已经理解和不太理解的地方。

与《共同核心州立标准》的关联

词汇－问题解决类笔记和"说了什么"类笔记中涉及的策略与"大学和职业准备锚定标准"关于阅读的第 1 条要求相吻合，这条要求是："通过精读文本来明确文本要表达的东西，并由此做出逻辑推理；在写作或口语表达中，引用相关文本作为证据来支撑从文本中得出的结论。"当学生开始学习更复杂的文本时，这种能力就显得至关重要，这也是《共同核心州立标准》特别强调的能力。

对这类笔记的说明见展板 3.10。

展板 3.10 "说了什么"类笔记的说明

1. 找到让你感到困惑或奇怪的部分。写下你最初的想法（用 SW 做标记）。

2. 选择并运用一种策略再次思考所读内容。可能的话，写下你所用的策略。

3. 写下你对这一部分的新想法和问题。

结构化笔记和开放式心得笔记的平衡

结构化笔记可以将学生的注意力引导到文本的某些方面，加深学生对文本的理解和体验。但是，最重要的还是纯粹的阅读体验，以及对文本做出的回应。学生如果不能放松地进入故事，就无法很好地理解故事；如果没有真实的体验和感想，就无法在此基础上很好地分析故事。没有"纯粹、放松地阅读"这一必要前提，结构化笔记也无法帮助学生进行深度阅读。写结构化笔记不能代替自由、真实地记录感想。我们应该将结构化笔记作为一种工具介绍给学生，在学生做好准备接受这一额外的挑战时，将其融入他们写笔记的习惯。

在结构化笔记和开放式心得笔记之间找到平衡点，并且这个平衡点是处于变动之中的，这是个挑战。我想，老师会在自己的课堂上找到各种办法来达到平衡。表 3.3 提供了一些建议，目的是在用结构化笔记影响和改变学生阅读习惯的同时，继续坚持以学生为中心的教学方法。

表 3.3　写结构化笔记的建议

不要让这些笔记成为学生阅读体验或反馈的主要焦点。	**要**询问学生的阅读感受并认真倾听，帮助学生在享受阅读和接受挑战之间找到平衡。
不要在学年开始的第一轮整本书阅读中或者全班大部分学生掌握开放式笔记的写法前让学生写结构化笔记。	**要**在学习下一本书或者自主阅读环节回到开放式心得笔记。如果学生无须任何提示就能将结构化笔记的要素融入开放式笔记，那就表明这种做法是成功的。
不要在一个新的文学要素出现时让学生写结构化笔记。 即使学生能够完成，每晚布置的结构化笔记也不要超过一条。	**要**在犯错后勇于承认错误。我曾经过于冒进，在一本书的学习中要求学生同时对 4 种不同的文学要素做出回应。很多学生感到茫然，于是就完全不按照指示进行。后来我意识到当时过于心急，于是向学生做了说明，并调整了教学安排。

走了一大圈又回到起点：开放式心得笔记

我的目标是，到学年末，学生能够将学过的关于文学要素的知识消化吸收，并将其融入自己的开放式心得笔记之中。进入春季学期，我不再对结构化笔记做出要求，我跟学生说："你们的笔记可以全部都是开放式心得笔记，但我期待看到你们在写笔记时能够结合我们今年学过的文学要素方面的知识。你们在对所读内容进行评论时，其实就是很自然地在这样做，不过我希望你们这样做的时候能运用文学要素的术语。例如，你如果对作品的话题进行评论，那就用'主题'这个术语。"我让学生在写笔记的时候把用到的术语圈出来，这样我检查学生笔记的时候就能注意到。

在春季学期最后一个月的整本书阅读课上，我回顾了之前介绍给学生的所有笔记类型，让学生在分析作者对各种文学要素的运用时将其作为参考。各种笔记只是一种参考，而不是必需的。我的理想状态是，学生能找到自己写笔记的方法来记录作者对文学要素和语言的运用。在评价学生的笔记时，我的标准又增加了一条，我现在不仅关注学生在记录感想时是否运用了字面思维、推理思维和批判性思维，还关注学生是否对作者的文学要素和语言的运用有明确的评价。

零与整

整本书阅读课概述

当我在描述整本书阅读的概念以及介绍处于中心位置的讨论环节时，我听到其他老师提出的最为迫切的问题就是："学生在课堂上阅读的时候，你在做什么？"我会在本书的第二部分描述这个过程中各个层面的工作，不过在这里，我要对整本书阅读从开始到结束的过程做一个概述。表 3.4 展示了学习一本 210 页的书的日程安排。学生每天要阅读 15 页，每周 5 天。对于日程安排中的大多数教学活动，后文有简单的说明。

表 3.4　学习一本书的日程安排示例

	周一	周二	周三	周四	周五
第一周	导入	启动仪式；阅读	小组心得笔记练习；阅读	全班阅读体验分享；阅读	介绍能为学生提供探索者机会的书籍；结对阅读；同伴笔记互评
第二周	阅读；分组开展迷你课题	阅读；分组开展迷你课题	阅读进度检查；结对阅读或者自主阅读	阅读；拓展阅读	阅读；拓展阅读
第三周	阅读；针对补充材料进行讨论	阅读；阅读中的创意写作	场景表演	阅读	阅读完成，开始讨论
第四周	讨论；读后创意写作	讨论；读后创意写作	讨论；读后创意写作	读后说理性写作	作文分享

导入

有时候，在开始学习一本书之前，我会预先为学生提供一些关于将要阅读的书的背景知识。例如，阅读《芒果街上的小屋》前，我们学习的文学要素的重点是场景，于是在开始阅读前，我会先给学生朗读（或让学生自己朗读）雷·布拉德伯里的《火星编年史》(*Martian Chronicles*)这本书的开头（这一部分有生动的描写），然后让学生进行创意写作，描写一个真实的或者想象中的场景。又如，阅读《巧克力战争》前，我们学习了一些背景知识，让学生为阅读这本书做好了准备，同时也对故事中压迫与沉默的主题有了一定了解。我不会向学生明确揭示导入所用的文本与将要阅读的书之间的关联，因为我想给学生创造机会，让学生自己去发现这些联系。

启动仪式

在每一轮整本书阅读开始之前，我都有一个启动仪式。这个启动仪式最早是马德琳·雷的一名学生诺亚·鲁宾创立的。我的启动仪式包括给每名学生发一个自封袋，然后宣布开始阅读这本书。袋子里装有学生阅读这本书时需要用到的所有东西，包括即将开始阅读的这本书、阅读日程表、阅读指南、便利贴、书签以及其他物品；袋子里还有我写给学生的一封信，信里对书做了简单介绍，也对学生提出了期望。袋子分发下去之后，我和学生一起读这封信，一起看阅读日程表和阅读指南。随后我宣布开始阅读。第六章对此有详细描述。

阅读

整本书阅读一旦开始，我会在课堂上给学生留大量时间进行阅读：有时候我让学生独自阅读，有时候我会安排学生结对阅读；有时候全班一起朗读书中的某些部分，有时候分小组朗读。我发现，要推动学生阅读，每周至少要安排 3 次课堂阅读。如果课堂上大部分时间需要用来完成别的任务，那么我会让学生上课后先自主阅读 10 分钟（更多阅读时间方面的内容请参考第六章）。在学生阅读的时候，我和学生逐一交谈，观察他们的阅读习惯，查看他们的便利贴笔记。

小组心得笔记练习

整本书阅读开始的第三天，我喜欢让学生从前一晚阅读的内容中选择一小节来朗读（全班学生一起朗读，或者由我来朗读），并且练习写心得笔记。然后学生分享各自的心得笔记。我会在笔记本电脑上建一个文件夹，将学生分享的笔记放到这个文件夹里，然后投影给学生看。在这个过程中，我通常不提问，也不规定笔记的内容。不过，我会总结和引导学生注意笔记的基本类型。如果我们正在学习记结构化笔记，我总结笔记类型的方法是请学生"帮助我"一步步跟随说明来完成笔记——在整本书阅读的开始阶段，对此我至少会再练习两次，然后再给学生时间阅读。

全班阅读体验分享

在整本书阅读中，每周有几天我会安排 5~10 分钟组织全班学生分享阅读体验。在这段时间里，学生会分享阅读的精彩部分、阅读的整体感想、阅读中的困惑与问题。有时候学生共有的问题会引导我们一起重读书中的某一小段，或对某个人物产生的强烈反应会引导大家就书中的某些内容展开即兴讨论。不过，我会对讨论的时间和内容做出限制，这时候讨论的目的是让学生感到自己是集体的一部分，虽然学生经常是独自阅读的。

开展迷你课题

通常到第二周的时候，我们会用 2~3 天的时间来开展一项迷你课题。通过评估学生的阅读笔记，我能发现全体学生的需求或部分学生的需求，然后设计一些合作式课题来呼应学生的这些需求。我设计这些课题的目的是帮助学生在阅读过程中理解和进行批判性思考，也可以帮助学生探究作者对某一文学要素的运用，这也是我们学习的重点。开展迷你课题的这几天里，我会在每节课的开始给学生时间让他们自主阅读。关于迷你课题，第七章有详细描述。

阅读进度检查

我每天都会对学生的阅读进度和笔记进行抽查，必要的时候会在课后跟进学生的学习情况或者家庭的支持情况。当学习进行到中期，如果忙得过来，我会每周在课堂上对学生的阅读进度进行一次快速检查，或者通过查看学生的书来检查阅读进度，然后给每名学生评一个等级。我还会利用这个机会对学生的笔记给出一两条评价——哪方面做得比较好，哪方面需要提高或需要再加一点儿挑战，或对某一条笔记的内容做出反馈。

拓展阅读

在课堂阅读中，我会再补充一些学习素材，这些素材与学生正在阅读的书在主题、内容或结构上有关联。我们可能会花一天时间阅读和讨论一篇文章，来帮助学生理解书的写作背景；我们可能会阅读和讨论一首诗——主题与这本书相关；我们还可能会看一部电影——与这本书有着相似的故事线；我还会利用这个机会给学生介绍诸如"道德困境"的概念，这个概念之后会在这本书里出现（但我现在不告诉学生）。

阅读中的创意写作

在课堂阅读中，我们常常进行创意写作，包括给作品中的人物写信、写诗，用作品中人物的口吻写独白等。在这些活动中，学生侧重模仿原著的写作风格或结构。我利用这些机会来教授写作知识，如对话的断句。学生一读完书，在讨论的过程中或是讨论之后，我常常就会从不同的目的出发，马上让学生改写书里的某些片段（细节见第五章）。学生之间通常会分享自己的成果，给出或者接受建议。

讨论

学生完成整本书阅读之后，我们就开始针对全书展开讨论。我将在下一章对此进行详细描述。我最少会安排 3 次讨论。我倾向于每次花半节课时间让学生讨论，也就是说，另外半节课时间学生在安静地进行能够独立完成的任务——通常是与所读作品有关的创意写作。讨论之后的家庭作业则基于小组讨论产生的话题。

读后写作

讨论通往写作。写作可以是创意写作，也可以是说理性写作。说理性写作基于讨论中争论或产生的问题，这些问题可能仅与所读作品有关，也有可能揭示了所读作品与我们读过的补充素材之间的联系。有时候我会规划写作过程：我先设计一节迷你课程讲解说理性写作，接着给学生留时间写一份写作提纲，然后学生之间会交流写作的一些想法。还有些时候，我会在课堂上让学生在规定时间内进行说理性写作（都是基于学生自己的想法和对作品提出的问题）。有时候这样的课堂内的说理性文章学生会写好几稿，有时候则只写一稿，用作形成性评价的依据。

写作都是基于我们学习过的书里的要素进行的。例如，在阅读《芒果街上的小屋》之后，学生会基于这本由短篇组成的小说创作自己的短篇故事集。学习了关于成长主题的小说之后，学生则开始写自己的成长故事。学习了路易丝·菲茨休的《谁的家庭都不会改变》，学生则尝试从不同角度改写一些场景。

04

围绕整本书展开的讨论
畅所欲言

"你可以畅所欲言，想说什么就说什么。"

我想所有的老师可能都熟悉这种感觉：为一节课花了很长时间准备，真正开始上课的时候，身体和心理上都会有一种轻微的紧张感。我们会默默地问自己："能行吗？"因为我们真的有过准备充分却翻车的经历——出现这样的情况，部分原因是我们在备课的时候就预设学生会做出某种特定的反应。备课是上好课的基础，可是我们也许没有意识到，我们的课在很大程度上依赖于学生之前的学习体验以及学生的反应。如果学生的反应没有达到我们的预期，甚至与我们的预期背道而驰，我们就觉得这节课失败了。

不要忘记，教学不是老师对学生的单向行为，而是老师与学生的互动。我深信不疑的一点是，老师一定要培养学生的批判性思维能力；学生必须明白，在阅读中诚实地表达自己的感想在教学过程中是必不可少的。如果老师总是预设了学生的反应，那么学生就会去揣度：老师现在想要我说什么呢？这就使得学生很少有机会去发展自己的思想，而有自己的思想恰恰是优秀的学生和优秀的公民必备的素质。老师如果做出预设，那就掉进了一个常见的陷阱，扮演了我称之为"主要的思考者"的角色。

如果老师的思想处于控制地位，那么可以预见，课堂最终会变得无趣。学生如果想夺回课堂控制权，对抗这种无趣，可能就会想："如果我说一些老师不想听的话，那会怎么样呢？"换句话说，学生开始想办法推翻老师那种似乎一眼可预见的课堂教学，从而满足自身发展的需要，锻炼自主思考和解决问题的能力。与此同时，老师在课堂上感觉自己被从权力的宝座上拉了下来。当学生想要不一样的学习模式时，老师费尽心力备的课就被晾到一边。将课程的设置和学生的需求对应起来是教学中最大也是最有价值的挑战之一。

完成阅读后进行的讨论是我们整本书阅读课的核心，讨论的时光也一直是我教学生涯中最有成就感的时刻。我营造讨论氛围，其他的就交给学生。我不给学生规定必须要讨论的话题，我也不规定学生到某个阶段一定要达到什么一致的观点或对文本有什么程度的解读。我也学会不为讨论而紧张、焦虑，因为这里不存在翻车的情况。当学生意识到自己可以畅所欲言，神奇的事情就会发生。这时候，时间似乎停止，我们几乎忘记自己身处学校，唯一的遗憾是铃声响起、讨论必须告一段落。

讨论概述

　　阅读日程表上的截止日期一到，学生读完整本书，讨论就开始了。我们的讨论通常是全班学生分成两组，一组学生围成一个圈，和我坐在一起讨论；另外一组学生则安静地完成其他相关的独立任务。如果有特殊教育老师和我合作上课，那么特殊教育老师则同时组织另外一组的讨论。在这种以学生为中心的讨论中，要探索文本、对文本进行批判性解读需要不少时间。最好每组进行 3 轮讨论，在每一轮讨论中，讨论的深度都在之前的基础上有所深化。

　　我第一年教授整本书阅读课时，学生第一天的讨论非常精彩；但在第二天的讨论中，大家都无话可说了。从那以后，我想了一些办法，让讨论能够持续好几节课。我之所以这样做，目的是给学生时间来深度理解，同时也让学生在讨论中逐渐学会使用文学语言。如何让学生在一周时间里保持讨论的热情？下面是我使用的一些技巧。

- 每天晚上我都把当天讨论时记录的内容整理并打印出来，第二天发给学生，用以回顾前一天的讨论。
- 让学生重读他们讨论过的某些章节或段落。
- 当晚布置的家庭作业基于学生的讨论或课堂写作，这样能激发学生进一步讨论作品的某个方面。
- 让学生基于讨论的内容参与学习任务的规划。

　　记录学生的讨论内容有助于推动讨论的进行。学生看到自己说过的话以书面的形式出现会感到很新奇，而且这些记录会成为第二天讨论的话题。一天的讨论结束之后，我会整理讨论记录并打印出来。打印的同时，我会在可以用于第二天进一步具体讨论的记录旁边打上星号或者做个说明。学生那些仅表达观点却没有文中证据支撑的评论，或者两名学生对立的观点，我会做个记号，这些可能是下一节讨论课讨论的内容。如果讨论中学生对某个场景、人物或情节有困惑，我也会做个记号，下次讨论可以从这里继续开始。还有，如果学生对作品的内容、文学要素和作者的写作技巧有所发现，我也会趁机介绍对应的文学术语，像铺垫、人物塑造等。虽然讨论时我一直在场，但有时候，直到后来翻看讨论记录时，我才能找到下一次讨论的突破口并标记出来。这些记录也会成为我评估学生讨论表现和文学分析能力的依据。

虽然对于讨论哪些话题我有自己的想法，但我将决定每天讨论方向的权利赋予学生。到了讨论时间，我将学生召集到一起，给每名学生发一份打印出来的上一次课的讨论记录，然后让大家浏览这些记录，在自己想要评论或者质疑的内容旁边画个星号或者问号。有时候我给学生分发小号便利贴，让他们把评论写在便利贴上。大家都读完讨论记录后，我就开始让每位同学轮流发表自己的看法。有些时候，我们在讨论课的开始则是分享大家对家庭作业中的问题的回答。以上这些方法都能引发学生的热烈讨论。

这些年来，我注意到讨论分 3 个阶段（表 4.1）。在第一个阶段，学生常表达他们对整本书的直觉反应、观点和问题，并将有争议的人物或场景找出来，他们有很多话要说。和第一阶段相比，第二阶段我们则找到方法深入挖掘文本——学生回到文本，重读相关的章节或段落，为自己的观点寻找证据。而正是第一阶段的讨论让大家注意到了这些值得仔细推敲的观点。通过重看讨论记录，学生总能找到愿意继续讨论的话题；如果没有，那么我会指出讨论记录中的某些点，并提出问题。

到第三阶段，我们通常已经分析了书中的关键要素：人物、冲突、情节、主题等。我发现学生常常也能够从故事中跳出来，仔细思考作者的视角、写作意图以及写作技巧。

3 个阶段的讨论并非每次都这么整齐划一地推进，讨论会因学生的不同、文本的不同、我提供的支持不同以及其他因素不同而不同，不是一定按照这个过程进行。

表 4.1　讨论的 3 个阶段

	关注的重点	练习的技能
第一阶段： 表达真实的、表层的感想	学生分享自己对作品的直觉反应，对人物以及精彩的或有争议的片段的鲜明观点；主要为表层的讨论，其中也夹杂对于问题的批判性思考和争论	表达对作品的真实感想，质疑，联想，推理，发表观点，接纳不同观点，轮流发言
第二阶段： 基于证据进行分析	对于第一次讨论提出的问题，我们进一步深入探索，从书中寻找证据、一起重读某些章节或段落、进一步讨论并提出新的问题	重读，引用证据支撑观点，基于证据质疑或重新审视观点，精读，分析语言，运用文学术语
第三阶段： 对作品进行批判性理解	学生从故事中跳出来思考作者在书中创造的角色，评价作者写作技巧的优劣，讨论在当今世界中这本书的意义，以及讨论其他相关的文学作品或电影	基于证据得出结论，分析作者的写作技巧，推测作者的写作意图和作品的目标读者，将作品的不同部分联系起来，将作品的主题与世界性问题联系起来，进行批判性思考

发起讨论

在讨论《雅各布的梯子》这本书时，开场白我是这样说的："同学们上午好，今天我们开始讨论杰拉尔德·豪斯曼和优通·海因兹的《雅各布的梯子》这本小说。全班同学分成 A 组和 B 组，每组 12 名成员，成员名单在这个板子上。A 组的同学今天和我一起讨论，在教室西侧；B 组的同学则在东侧，安静地完成我布置的任务。"然后，我的教学助手（是从主动申请的学生中挑选出来的）把作业分发给 B 组的同学。

"A 组，请把教室西侧的桌子拼起来，把你们的椅子也搬过来围成一个圈。大家来讨论的时候记得带上《雅各布的梯子》这本书。B 组，如果有什么问题，请现在提出来，等 A 组讨论开始后，你们就需要保持安静，独立完成自己的任务。"我在 B 组同学周围转了一圈，让他们都坐下来，然后回答他们的问题。布

《雅各布的梯子》的故事发生在牙买加的农村，主人公托尔的父亲在香蕉船上工作，是镇上一位很有影响力的人物。在每年的琼科努舞会（jonkonnu dance）上，托尔的父亲都扮演重要的"魔王"角色。托尔的父亲被施了奥比巫术，离开了家。失去父亲的托尔必须承担养家的重任，他辍学了。不过，他在社区图书馆管理员的指导下开始学习历史。他还成为琼科努舞会的财务主管，负责搜集和管理观众抛过来的硬币。故事的最后，托尔爬上了藤蔓做的"雅各布的梯子"，从海滩攀上了陡峭的悬崖。托尔对父亲的矛盾心理贯穿全书，但最终他的问题没有得到解决。故事的后记中说，托尔的父亲身上的巫术被解除了，搬到了城里，但再也没有回家。

置给他们的需要安静完成的创意写作作业都是他们比较熟悉的，比如去掉作品中的一个人物、增加一个人物以及为这本书写一个姊妹篇的开头等（第五章有更多关于此类写作任务的描述）。等到讨论结束，我们就把大家创作的作品都张贴在墙上进行展示，大家相互阅读，留下暖心的反馈和修改建议。周末的时候大家就对稿子进行修改。

到阅读截止日期时，A组有两名学生、B组有一名学生还没有读完全书，需要把书带回家继续阅读。后面我会再次检查这3名学生是否完成，我们的规矩是必须完成全书阅读才能参加讨论。第二天，其中一名学生杰拉尔德把书展示给我看，书上从头到尾都有便利贴笔记，他已经读完了。

"我已经读完了，"他说，"我能参加讨论了吧？"

"可以！"我说，"去找个座位吧。"

我又走向戴安娜。

她说："我还差15页就读完了。"

"好，那就在自己的座位上继续读，如果这节课之内读完，就可以加入我们的讨论。"

"我昨晚一直读到凌晨两点，终于读完了！"泰在教室的那头大声说。

"泰，我很高兴你读完了，"我边说边向他走过去，"你在B组，所以你明天参加讨论。写笔记了吗？"他低头看看书："没有。"

"那你知道今晚要做什么啦。"我说，"现在做刚才布置的任务吧。"

几分钟后，两个组都安顿下来。我在讨论组这边的桌子前坐下，我的桌上是我们要读的书和笔记本电脑（或者是笔记本和笔）。我通常选择坐在靠墙的位置，这样可以看到整个教室的情况。

必须围成一圈

讨论组可大可小，依教室的空间和班级的人数而定。对讨论空间的物理设计首先考虑功能，其次考虑形式。如果是一起讨论，那么小组成员需要较长时间的协作，最好的形式是大家围成一圈。之所以采用围成一圈这种形式，是因为小组成员相互看得到，能清楚地听到彼此的发言，对于长时间的学生驱动型讨论来说，这种形式有很大的优势。如果分排坐，或者分成更小的组，学生容易分心，容易从讨论的重点游离——这样的话，老师就成了视觉的焦点，老师是多个分散小组的黏合剂——这就很难成为由学生驱动的讨论。我亲眼见过在有些老师的课堂上，学生分排坐或者分成几个小组坐，讨论进行得都很艰难，最后不得不改成了围成圈的方式。围成圈的方式对学生和老师来说都更轻松，可以消除物理障碍，方便对话。

在教室里让学生围坐成一圈有好几种形成。有时候我会让学生在教室前面的讨论区进行讨论，同学们坐在长凳上，围成一个圈。我也曾经让学生在讨论区的地毯上围坐成一圈。无论坐在哪个地方，我都让学生相互之间靠得比较紧，肩挨肩地坐着。这样不管谁说话，其他人都能听得很清楚。

如果教室里没有空间可以设置讨论区，那么我建议在教室的一边把部分课桌围成一圈，其他的课桌则排列在圆圈之外。或者还有一种方法，那就是在教室的一边把椅子围成一圈，不用桌子。

而且，全班一起讨论也是可能的。对于较短的文本，如图像小说《安雅的幽灵》（*Anya's Ghost*），或较短的电影，如《烟火讯号》，我组织过全班一起讨论——我让全班学生都坐在讨论区进行讨论。如果没有讨论区，那就需要把课桌围成一个大圈。

"半班组"讨论安排

也可以把全班学生平均分成两组，每次一组学生参与讨论。这么做的主要优点是每个人有更多的发言时间。这样的话，学生个体的参与程度和体验的质量都更高，讨论组成员相互之间也更亲密，有一种集体的归属感。虽然全班一起讨论我也有很好的体验，但讨论组小一点儿的话，灵活性更好。如果组员少，每个人都能各抒己见，讨论会更深入，话题也更广；学生也能得到我更多的关注，不会有谁被忽视。学生的参与度越高，管理的难度越小。

但半班组讨论的方式有一个需要解决的问题：如何安排和管理另外半个班。我参加工作后任教的第一所学校，一节课是 90 分钟，我就让一组讨论 30 分钟，然后换另一组。我会以这种模式连续进行 3 天。现在的学校是 52 分钟一节课，我的安排是今天这一组，明天另一组。为了让每组都能参与多次讨论，我将整周的课堂时间都用来讨论。周一到周四，A 组和 B 组轮流讨论；周五总结时，我会和每组碰头总结 20 分钟。

全班分成两组讨论也可以由两位老师带领，每位老师带领一组，同时在同一个教室或者不同的教室进行讨论。可能的话，分别在不同的教室进行更好，这样大家不会相互干扰。在我的团队合作教学（CTT）课堂上，会有一位特殊教育教师和我搭档；或者有时候有实习老师与我合作，我们两个人每人负责一组。如果没有特殊教育老师与我合作，我会在学校教语文的同事里寻找有空闲时间的老师。如果他们有兴趣并有时间提前读完这本书，那这种方式就真的非常好。

没有帮手的时候，另一组没有参与讨论的学生，我也会让他们有事做，我把布置给他们的任务称为"安静的任务"。我给这项任务取这么一个名字，表达了我对学生的期望，效果很明显。我跟这一组——安静组——的学生说："我需要大家保持安静，这样讨论组同学的发言大家就能听到。后面就会轮到咱们组，那个组的同学也同样会保持安静。"大家似乎理解这一点——实际上，他们常常旁听讨论。有的老师会采用教学上的"鱼缸法"（fishbowl method），让安静组旁听讨论组的发言，并给出反馈。

我给安静组布置的任务是学生能独立完成的，只需我很少的指导或者根本不需要我的指导。我会让学生根据我的评语修改自己的写作作业，也会给学生布置完成单词练习册之类的任务。不过，我最喜欢布置的任务是让学生基于这本书写一篇短篇小说（第五章有描述）。这样的作业学生很有热情去完成。这一组的同学安静地完成作业的行为会在两组之间营造一种互助的氛围。

我会回答安静组同学提出的问题，确保每名学生都理解了作业内容，然后就离开安静组，加入讨论组并组织大家进行讨论。

讨论课：从轮流发言开始

在讨论《雅各布的梯子》时的轮流发言阶段，我告诉学生："还是和以往一样，开始还是轮流发言，每位同学发言一次。"我这么做是让每名学生都能"破冰"（消除与他人的隔阂），并且对讨论有所贡献。"关于这本书，你可以畅所欲言，想说什么就说什么——你喜欢的、不喜欢的，你想评论的人物，书中你最喜欢的部分、最不喜欢的部分，令你费解的地方，你便利贴上的评论，或者别的同学发言时你的感想。我们进行完这一轮发言之后，就开始开放式讨论，谁都可以发言，并对别人的发言进行回应。如果愿意，你可以选择合适的开篇语。记住，要遵守班级纪律。"说完，我给每一位小组成员发了一份开篇语的列表（展板4.1）。

展板 4.1　讨论时可以用到的开篇语

▶ 我赞成你说的……

▶ 我不同意你说的……

▶ 我们能不能谈谈……

> ▶ 我有一个问题，是关于……
>
> ▶ 作者做得好的一个方面是……
>
> ▶ 我不太明白你的意思，刚才你说……
>
> ▶ 对于你刚才的观点，能举个例子说明吗？
>
> ▶ 我们可以看看第 × 页……
>
> ▶ 这让我想起了……

在讨论课上需要遵守的纪律：

1. 聆听老师和同学的发言。

2. 举手发言或轮到你再发言。

3. 不与同学私下交谈。

4. 尊重个人空间。

讨论中学生所有的发言我都会记录下来。我记录的方式就像录音稿的转写，前面是学生的名字，后面是他们的发言，用作以后参考。（附录 1 展示了多轮讨论后学生的全部发言。）学生似乎很喜欢这种对自己和自己的发言给予重视的感觉。这也有助于学生一个一个轮流发言，因为我用笔记本电脑一次只能记录一个人的发言。我用自己习惯的方式速写（表 4.2），在之后的整理中再转成可读的记录。有时候学生边发言我边把记录投影到白板上，这样学生就能实时看到文本。如果我用手写的方式记录，学生虽然知道我在记录他们的发言，但是不能亲眼看到我写的是什么，即使能看到，恐怕我这么快记录下来的内容他们也无法看清。

在围绕《雅各布的梯子》一书讨论时，奥列弗首先发言："有个地方我似乎明白又似乎不明白。有时潘妈妈出来对大约翰大喊大叫，而他正在穿裤子，我不明白为什么。这个细节对整个故事线有帮助吗？还是仅仅为了搞笑？"

表 4.2 做讨论记录的速写示例

词语	缩写
人物（character）	ch
有趣的（Interesting）	int.
任何名字，包括人物的名字（比如托尔）和学生的名字	第一次写全名，后面只要可能就只写首字母（比如 T）或者前两个字母
因为（because）	bc
作者的名字	作者名字的首字母
困惑（confused）	con
有时候（sometimes）	s/t

阿利亚说："我觉得这本书很有趣，因为它和别的书不同，我也很喜欢书中人物的奋斗故事。一开始托尔没有上学，但后来他变得喜欢阅读。他过去穷，但等他年老了，我不知道他是否会变得富有，但他比年轻的时候会拥有更多。"

内莉说："我觉得这本书还行。"

我在这时候插了句话："请再解释一下，为什么只是'还行'？"对于这本书，学生可以畅所欲言，但是他们的评论应该有实质内容，能为进一步讨论提供可能的话题。

"我认为书都应该有皆大欢喜的结尾，而这本书的结尾总体上来说是悲伤的，只有一点点欢乐的成分。我不喜欢这本书的结尾。"内莉说。

伊塔利亚说："我不明白为什么椰汁汤能让大约翰暂时留下来。也许是因为潘妈妈和他达成了某种协议，比如'如果你……我就每天给你煮汤'。那潘妈妈为什么要大约翰留下来呢？"

"我也想过这个问题，不过我现在想明白了。我认为，随着故事的发展，托尔在精神上越来越成熟。"里安妮说。

"我为托尔难过，他没有爸爸照顾。书的结尾有点儿不尽如人意，因为托尔的爸爸没有回来，我原本以为他会回来的。"多米尼克说。

"托尔爬上梯子这一部分我觉得不够令人信服。他总是在说那条香蕉船上的人多么高大、多么强壮，可最后他就爬上去了，好像很容易似的。我不太明白书名为什么叫《雅克布的梯子》，整本书都和梯子没太大关系。"西蒙说。

轮流发言继续，讨论组里的 12 名学生每个人都对这本书发表了观点。除非自己愿意，他们不需要回答别人的问题或者回应别人的发言。通过第一轮的发言，我们建起了一座话题库，将来如果有需要，我们可以从这座话题库里寻找讨论的话题。每一条发言都为全组提供了可以探索的领域。如果有哪名学生不怎么说话，我就会说："让我们回到 ××× 在一开始说的……你能把这一点再解释一下吗？"

在轮流发言刚开始时，就有几名学生举手要回应同学的发言，我会提醒他们等到这一轮的轮流发言结束后再说。他们可以把想法记录在便利贴上免得忘记。轮流发言环节特别重要，因为它为讨论定下了基调，让每个人都成为讨论中活跃的一分子，也让不愿意发言的学生迅速"破冰"。

老师的作用：诱导学生真实的想法

第一轮讨论中最后一名学生发言结束后，我会宣布："现在进入开放式讨论阶段，每个人都可以对别人的发言进行回应。"6 名学生举起手来。我点名叫其中一名学生发言，自由讨论就此开始（我现在的主要角色是主持人和书记员）。我认识的一位老师的做法是让一名学生在笔记本电脑上做记录——这个主意很好，不过，我到现在都没有尝试过。虽然是学生贡献了讨论的主要内容，但组织讨论还是需要一些技巧的。如何让讨论有源源不竭的话题？如何应对讨论中出现的共性问题？对于这些问题，在下面的小节中我粗略介绍了我运用的一些策略。

打破沉默

大部分情况下，学生会自然地开始讨论，我只需让他们开始，不用多说什么。但也有极少数时候，在轮流发言结束后会有一阵沉默。这种情况下，我就看看我的讨论记录，挑出一条可能诱发进一步讨论或争论的发言。我会问学生："里安妮在发言中说，随着故事的发展，托尔在精神上越来越成熟，大家怎么看？还有内莉说，她不喜欢故事的结尾。"第一轮轮流发言中有太多内容能够推动讨论继续下去。

这个时候如果需要我发言，那么我的问题或者引导应该是基于学生之前的发言，这一点很关键。这会给学生传递一个信号，那就是他们的感想、观点、问题对于讨论都是很重要的。刚开始比较沉默的学生担心自己的观点不够成熟，或者不相信我会根据他们的发言来形成我的观点。要让这些学生明白自己真的就是掌控讨论方向的人，并且最终明白他们并不一定需要老师才能理解和解读文学作品，这有时候需要一些时间。老师的作用是为学生探究自己的想法提供空间、给予鼓励。

当学生说不喜欢某本书

我之前肯定地告诉学生，对于我们学习的这本书，学生可以畅所欲言，想说什么就说什么，有时学生就想验证一下我是不是说话算话，就说他们有多不喜欢这本书。有时候他们这么说与这本书无关，而是为了看我的反应。也有时候这是学生真实的想法，不管我是否赞同，这种想法也应该有一席之地。

对于这样的说法，我常常以一种平静的口吻说："能不能再讲一讲，是哪些方面你不喜欢？"

学生可能回答："哪个方面都不喜欢。"

我再进一步："噢，那就讲一讲你特别不喜欢的部分或者人物。"在等学生回应的时候，可以有短暂的沉默。如果我感觉学生可能需要更多时间，我就会说："你继续找找那个部分，等找到了我们再来讨论。别忘了，如果你愿意，也可以给我们读读你在便利贴上写的笔记。"这样做的目的是为讨论制造一些话题，同时也向学生表明：老师是否赞同你的观点并不重要，重要的是你要清晰地表达观点并引用证据来支撑自己的观点。

有时候一些学生刚开始并不喜欢这本书，最后却非常喜欢讨论它，因为在讨论中他们可以条分缕析地解剖自己对作品的复杂感受。在小组其他成员的帮助下，他们可以弄明白作者在哪些方面取得了成功，哪些方面做得不够好，也可以更加清晰地表达自己的阅读偏好。

　　还有些学生会带着某种看法参与讨论，到讨论结束时则有了完全不同的看法。在我们讨论《当你找到我》的时候，讨论的第一天，卡拉说："这本书一般。开头不错，但结尾莫名其妙，这就让这本书比较无趣。"第二天讨论开始的时候，她却说："我想说的是，经过讨论，我对这本书有了不同的看法。我开始喜欢这本书了，也理解了书的结尾。现在我反而觉得书的开头更无趣，就像马库斯说的那样。不过，我在家庭作业中写的是，这本书获奖（这本书获得了2010年纽伯瑞儿童文学奖）是实至名归。这都是因为讨论启发了我。"

　　第一天的讨论课上，我们要一起重读书上的某些部分，特别是书的结尾，目的是唤醒学生对故事内容的记忆。前一天晚上布置的家庭作业的问题是："你觉得这本书配得上它获的奖吗？为什么？"有时候学生不喜欢一本书，原因可能是不理解或者对某些内容有困惑，而并不是每名学生都意识到了这一点。如果对于卡拉的想法我表现出不悦，或者卡拉不能自由地说出自己的想法，我们可能就失去了一个宝贵的学习机会。

如果学生说得太多或太少

　　老师还要做好准备应对的一种情况是，有些学生话特别多，比较啰唆，不考虑自己的发言是否有价值，不梳理自己的想法，想到什么就说什么。有可能最后这组的讨论都以这样的情况结束。尤其棘手的是，小组里一半学生侃侃而谈，而另一半不愿意说话。对于这种情况，我的应对方法是做出规定：一次发言只能表达一个观点。我告诉学生，在发言之前想好要表达什么观点，并用简练的语言表达（这是个好机会，可以向学生讲解"简练"的意思）。15秒钟应该足够发表一个观点。

　　我鼓励学生在讨论的时候使用开篇语（可以从列表中选择），对一个话题持续讨论一阵子，而不是每个人都自说自话，只想着自己的方向，或者在之前同学的发言基础上随机选择讨论话题——这会让大家晕头转向，不愿意开口的同学更找不到切入点。

如果有一名学生在讨论中滔滔不绝、发言时间过长，我会借用马德琳·雷在大学研讨会上说过的一句有神奇效果的话"其他人对此有什么看法？"来"打断"他。有时候，如果有一个特别重要或者特别有争议的话题出现，我会再次回到轮流发言模式："对这个问题，让我们进行简练的轮流发言，听听每个人的想法。"或者说："让我们继续就这个问题谈一谈，请还没有发言的同学先说。"我请对这个话题已经表达过观点的学生把举起的手放下，然后我等待一下，让对此还没有发表观点的学生主动加入讨论。这一稍显突兀的停顿和等待向学生传递了一个重要信息：在这里，每个人的声音都很重要。一旦学生多练习一下讨论的艺术，他们就开始理解为什么每个人都要参与讨论，开始自我管理，能够在讨论中为别人留出时间，就像我们在大学和工作后参加的研讨会上发言那样。

调整讨论模式

有时候讨论朝着一个重要的发现奔去，但达不到突破的那个点，或者在一个观点上来回反复，无法深入。发生这种情况往往是因为只有几名学生在发言。我发现我自己总是想走捷径，直接告诉学生一直在纠缠的是什么问题，或者用一个有指向性的问题给他们提示。而另一种做法则可能让学生更有收获，那就是调整讨论模式，让学生和坐在身边的同学讨论一下当下的话题。

例如，在讨论《芒果街上的小屋》时，我们重读了这本书的结尾，学生对于作者对主人公埃斯佩朗莎提出的一些建议感到难以理解。学生对故事结尾埃斯佩朗莎后面生活的交代感到困惑，因为作者只是点到为止，没有直接说明。尽管重读了结尾，但学生还是不理解，有几名活跃的学生再次提出同样的问题，其他学生则继续沉默。我请学生和身边的伙伴聊 30 秒钟，谈谈自己觉得发生了什么。我竖起耳朵听他们谈话。然后，我随便请了一名学生来发言，因为每一名学生都思考了这个问题。我通常是点名让在讨论中一直沉默的学生来说一说，也常常发现新的声音会推动讨论从卡壳的地方突破。

给学生扔一根绳子

虽然在讨论时我的主要角色是主持人、书记员，以及学习习惯的引导者，比如引导学生引述文本作为证据（后面马上会介绍这个），但我也得承认，我自己也是读者，也有自己对文学作品的体验。我记得高中的一位语文老师，她要求我们读莎士比亚的《麦克白》（Macbeth）。我记得我们在讨论这部戏剧时她全程微笑的样子，就好像她在保守一个秘密似的。对于学生的任何感想，她都说："噢，很有趣，是不是？"她是一位新手老师，很明显，她希望我们对这篇复杂而有争议的戏剧有我们自己的解读，但我对她的反应非常迷惑。我们在某个层面的理解上止步不前，但不知道什么原因，她就是不肯施以援手，不给在迷惑的泥潭里挣扎的我们扔去一根绳子。

因为这一段记忆，我偶尔会告诉学生我自己的感悟，或者提出一些以学生的成熟程度和阅读经验想不到的问题。当然，我尽量不这么做，要让学生明白这不是通常会出现的情况，而是特例。在学生对文学作品的体验上，老师永远不应处于主导地位，但仍然可以在恰当的时候提供帮助。

重读和寻找证据的工具

在轮流发言阶段，很多想法被抛出来，这就像是很多的"点"，这些"点"就会连成"线"。最有价值的"线"上常常充满争论，因为一旦出现争论，就提供了回头精读的机会。我们在《雅各布的梯子》的第一轮讨论中就出现了这样的情况。西蒙说："托尔爬上梯子这一部分我觉得不够令人信服。他总是在说那条香蕉船上的人多么高大、多么强壮，可最后他就爬上去了，好像很容易似的。我不太明白书名为什么叫《雅克布的梯子》，整本书都和梯子没太大关系。"

自由讨论环节一开始，朱莉娅就针对这一点提出了她的看法："我反而觉得书名很好，雅各布的梯子是托尔需要克服的障碍。整本书就是围绕他遇到的障碍展开的。"

沙克原说："关于书名，我同意西蒙的观点。如果这本书就是在说雅各布的梯子，那它就应该贯穿始终。可是这本书却没有，它一直在说托尔和他的家人。书里托尔确实说了他要攀爬雅各布的梯子，可是说得太晚，梯子不能成为全书的重点。"

宝拉接着说："书读到最后我都对托尔的未来不清楚。他在攀爬雅各布的梯子的过程中有了那样的精神体验，这会在他的生命中一直存在吗？这对这本书很重要吗？"

玛雅说："我真的不喜欢他爬上梯子的那一段。他在梦游吗？这是真实的吗？就像西蒙说的，书里一会儿说他比较弱爬不上去，一会儿又说他爬上去了。我希望结尾大约翰能回来，而不是书里写的这样。"

阿娜顺着这条线继续："关于雅各布的梯子，我更同意西蒙和玛雅的说法。托尔一会儿说'噢，天哪，太难爬了'什么什么的，然后突然他就爬上去了。我觉得有点儿莫名其妙，托尔说爬梯子很难，但香蕉船上的那些人都在爬，又好像很容易的样子。"

比安卡说："我同意朱莉娅的观点。我觉得这对托尔来说不容易，就像在平时的生活里那样，做那样的大事对他来说不容易。"

卢卡说："但是，香蕉船上的人是一天工作结束后来爬梯子——这时候他们非常累了。所以，托尔和这些香蕉船上的人体力差不多。这不是那么不现实。"

多米尼克不愿意读书，对课堂活动也不是很积极，这时候他也加入进来："我不同意西蒙以及所有人关于雅各布的梯子的说法，因为最后当托尔在爬的时候，香蕉船上的其他人也说确实很难爬。托尔还滑了一跤。他说到顶的时候非常累，没有说什么容易。"

宝拉继续说："我觉得两种观点似乎都有道理。对于他能有那么强的体力爬上去这一点，我有些疑惑。但是，在做一件事情时，如果你坚信自己做不到，那你就做不到；但如果你坚信自己能做到，你就能做到。"

"我不同意多米尼克的说法，"西蒙做出回应，"我不认为作者把攀爬雅各布的梯子描写得很难。托尔滑下来一次，但就一次而已；梯子滑不是很大的问题。"

到这里，我感觉进行文本分析的时机已经比较成熟了，于是问大家："有没有谁能找到这一部分，我们一起来看一看？"

这时里卡多换了一个话题："为什么大约翰喝了椰汁汤最终还是离开了？"有几名学生回答了这个问题，他们围绕这个汤是真的还是象征意义的，以及大约翰为什么离开进行了简短的交谈。

然后，比安卡说："我找到了这一页。我正在读这里，听起来很紧张。110 页和 111 页就是他爬梯子的地方。"

"大家都翻到 110 页，顺着往下读。"我让大家翻到这一页。我稍等了一下，等每个人都翻开书。

比安卡开始读这一部分。"似乎比我想要到的地方还要高……直达天际。"她停下来说，"这不完全和他的体力有关。他就是雅各布，圣经里的雅各布。封面上，"她指着书的封面，"他瘦骨嶙峋，看起来不像是个强壮的孩子。但是，他有信仰，这就是为什么他能爬上去。"

西蒙加入进来："回到开头的那部分——'我像在梦境中一样往上走……10，20，30。'这听起来不像很难。'我停下来喘了口气。'你在哪儿都能喘口气。"

比安卡接上来："书上说，'我转过头，睁开眼。我背后是碧蓝的海，我头顶是碧蓝的天空。'好像他终于到了某个地方。"

露西拉说："我同意西蒙的说法，但我认为托尔就是写这本书的人，所以我觉得他其实可以加入更多的细节。但同时，想想我过去经历的事，现在也很难把当时自己的感受表达得很准确，我认为作者已经写得很不错了。"

"雅克布的梯子可能是一个象征，它存在于托尔的生活中。他必须爬得更高，越来越高，然后他才能获得幸福。"宝拉说。

玛雅接着说："我觉得宝拉说得对——这本书是关于面对困难的。但感觉作者收尾很仓促，就好像这本书只能写120页一样。"

"我赞成。"比安卡说。

讨论到这里时，我想是时候帮助学生了解这本书独特的写作背景了，毫无疑问这对他们的阅读体验很重要。所以，我说："让我们看看封面上的两位作者。有人指出，优通·海因兹就是托尔，那么另一位作者呢？"

"也许是托尔告诉他一切，然后另外那个人就把它写了下来。"朱莉娅说。

"我觉得是托尔写的。"露西拉说。

"对于故事的结尾，我觉得需要深入挖掘来理解，需要重读。"玛雅总结道。

以上是七年级学生的一段讨论（不是整节课的讨论），我只给了极少的指导，好几件重要的事情非常自然地发生了。争论围绕这本书的高潮展开，这个高潮就是：主人公托尔爬上了雅各布的梯子——乡下一架用藤蔓做的直上悬崖的梯子。西蒙在轮流发言中最开始的说法是，他认为这本书中关于托尔爬上梯子这一部分不够令人信服，这就引发了两个问题：有关爬上梯子这个时刻的意义，以及作者这个地方的写作是否成功。这些争论完全基于学生真正的阅读感想，创造了机会让大家重读书中对应的部分，结果就是学生回过头对小说的高潮进行精读，而这完全由学生的兴趣在推动。（我在讨论的第二天引入了"高潮"这个术语。）在精读的过程中，学生形成了自己的观点，并从文中引用证据支撑自己的观点。他们知道"梯子"运用了文学上的象征手法。最后，学生开始理解为什么作者要在小说的结尾设置托尔攀爬雅各布的梯子这个情节，同时对作者的写作技巧做出了评价。

在传统的阅读课上，学生也能获得同样的能力、学会同样的概念、同样能够理解作品，但达到这个目标的路径不一样。我的学生通过他们诚实的感想把大家带到了目的地，也通过——就像玛雅形容的那样——"深入挖掘来理解"。

这节课的讨论所达到的分析高度，有时候要2节甚至3节课才能达到。在西蒙敏锐地指出作者在高潮部分写作的不足之后，这组学生似乎至少在讨论的前两个阶段进展得相当快。然后，多米尼克也接着指出其不足。西蒙是一位相当成熟的读者。他最初的评价是托尔爬上梯子他觉得不够令人信服，这表明他意识到有人，也就是作者在试图说服什么。西蒙的话可能引发讨论也可能不会，这里多亏了多米尼克——一个不愿意读书的读者——接上了这个话题，并用证据支撑了自己的观点。然后，其他学生也开始对这个话题产生兴趣并一直围绕这个话题进行讨论。讨论持续了较长时间，引发了大家对这部分内容的精读，并开始分析作者的写作意图和作品的不足。讨论发展得这么快的情况似乎不太常见，但在这种开放式讨论中，发生令人侧目的事情其实相当常见。我不认为这是非同寻常的例外情况，这其实也给我上了一课，让我不要低估学生，不要在讨论的过程和内容上有太多规定。

　　整体而言，第一天的讨论，我让其顺势而发，只是从大方向上来引导学生参与讨论。到讨论的第二天，我强调要从文本中寻找证据来支撑自己的观点。要做到这一点，一个更有效的方法是问学生具体的问题，比如"谁能找到文本的哪个部分讲的就是乔伊这个意思？"，而不是泛泛地提醒大家"记得寻找证据支撑自己的观点"。我发现还有一个方法有助于此，那就是第一天讨论之后回顾讨论记录，找出几条能够引导大家重读文本的发言。

将学生提出的问题用作家庭作业题目

　　讨论课结束前 5 分钟，我宣布："今天的讨论到此为止。"我恨不能充分利用一节课的每一分钟，可是如果最后一分钟才停止讨论，我也实在不想看到那种学生在教室里慌乱地收拾书包、把桌椅摆回去的混乱场面。课后，我会给学生发家庭作业纸，纸上面给学生留了答题空间。

　　"基于我们的讨论，你们认为什么样的问题是有趣的呢？"我问。

　　"我知道。"沙克原说，"比如这个问题——'你喜欢这个故事的结尾吗？为什么？'。"

　　我回答说："听起来不错。还有没有别的看法？"沙克原的问题不错，因为很多学生对这个问题感兴趣，引用了丰富的证据。不管是对积极参与讨论的学生还是持观望态度的学生，这个问题都可以给他们一个机会，让他们以另外一种形式来表达自己的想法。

里安妮提出了一个观点："'你觉得托尔在故事的结尾有什么改变？'这个问题怎么样？"里安妮想用这个问题让大家回到她最初的那个疑问，我很欣赏这种做法。我们在课堂上没有对她这个问题展开深入讨论，但我认为，我们的讨论有一些就指向这个问题的答案。不过，学生还需要回顾整个故事才能完整回答这个问题。可能有的学生更愿意回答这个新问题，而不是继续停留在今天的争论上。

"两个问题都很好。从这两个问题中选择一个你更感兴趣的，把你的答案写在作业纸上对应的空白处。我的要求是写一段话，不过，你想写多少都行。"

"我能在电脑上完成然后打印出来吗？"西蒙问。

"可以，如果你愿意，可以打印。"

"能用电子邮件发给你吗？"玛雅问。

"我希望是打印出来明天带到班上来讨论。如果你没有打印机，那就用电子邮件发给我，留言让我打印。"我回答。

讨论课的家庭作业具体是什么要依据讨论情况而定，我通常要求学生至少写一段评论、感想或一篇创意小作文。家庭作业可以同时达成多项目标：可以让学生在课后继续讨论；在讨论中不爱说话的学生可以把自己的感想写下来第二天分享给大家；通过这种书面作业对作品内容进行再消化，有些学生能够从中受益。对于这种书面作业，有些学生可能会写得很长——有的学生甚至写下了一篇完整的文章。

有时候在讨论的第二天，我用家庭作业的题目来促使学生对作者的写作意图进行分析。例如，如果有人提出不喜欢某个人物，就有可能有学生建议家庭作业的题目是"你喜欢×××这个人物吗？为什么？"因为我们其实对此已经做了深入的讨论，所以我可能会建议把题目调整一下，改成"为什么作者创造这么一个令人讨厌的人物？"，大家通常都愿意接受这增加的一点点挑战。

这一天后面的时间，我就花时间整理讨论记录，这样的话，第二天学生就可以拿去看。

学习周期

在学生对小说及其形式要素有了观察和发现之后，你可以趁机向学生介绍一些词汇，用以描述他们的观察和发现。学习周期是劳森、亚伯拉罕和雷纳（Lawson et al.，1989）为教授科学概念提出的教学理论，它包括 3 个阶段。第一个阶段是探索阶段，在这个阶段，学生对读到的新信息进行探索和回应。这些回应通往发现真相的大门——不是老师去发现，而是学生去发现。第二个阶段是术语介绍阶段，在这个阶段，老师为学生介绍与探索阶段的发现相关的术语。第三个阶段是概念运用阶段，在这个阶段，学生将学到的概念运用起来，比如运用到自己的写作中，或者是新文本的阅读中。

介绍文学术语的时机

我把讨论当作一个跳板，以此为起点向学生介绍文学术语，用以解释他们的发现并为其命名。在讨论前，我不提前决定介绍哪个术语，而是在讨论过程中找机会在真实的场景中为学生介绍相关术语。

我会查看讨论记录，寻找介绍术语的机会。我注意到，"高潮"这个词可以用来给今天的讨论命名，那么明天我将给学生讲解这个词。之后，全班还将一起更为正式地学习故事情节的拱形结构，并在许多文本中一次次学习这种结构。让学生提前了解"高潮"这个词的好处是，学生可以看到这一个文本中的现象具有广泛的意义。文学术语是用来给文学世界中规律出现的模式命名的，而他们刚刚发现了一个。

讨论中有新发现的时候，学生会有一种惊喜的感觉，这时候教授术语比直接教授会更好。例如，在讨论《芒果街上的小屋》时，我们常常重读其中的《三姐妹》这个短篇，因为学生觉得其中的内容有些费解，甚至在书中有些突兀。在这个短篇里，埃斯佩朗莎在去看一个夭折的小孩时遇到了三姐妹。故事的基调并不明朗。这三姐妹研究埃斯佩朗莎的手掌，她们说的话很奇怪，仿佛她们可以预测未来。

学生会评论三姐妹的奇怪之处。她们有魔法吗？她们也许是女巫。还有学生说："她们就像命运三女神！"我的学生（或者说，纽约州大部分学生）在六年级读了古希腊神话，很多学生对这几个人物记忆犹新。有些学生读过莎士比亚的《麦克白》，将这三姐妹和其中的女巫联系起来。我看到了他们恍然大悟的表情，这个故事让他们想起了过去学习的知识，他们连连说："噢、噢、噢，对、对、对！命运三女神！怎么又是她们？"然后，我请一名学生来讲述古希腊神话中命运三女神的故事。

"她们可以织网，可以通过切断一根线来决定人的生死。"之后有别的学生又补充了一些细节。有些学生对古希腊神话非常熟悉，能提供很多信息。实际上，雷克·莱尔顿的"波西·杰克逊"系列将古希腊神话与现代青少年的生活巧妙地融合在一起，深受青少年喜爱，大量青少年成为古希腊神话的粉丝。我可能会让学生当场在电脑上搜索这方面的资料，或者建议有兴趣的学生把相关的研究作为家庭作业。

然后，有学生注意到了书的封面。《芒果街上的小屋》最初的封面是3位女性举着做围巾的布料，像是在编织。一名学生大叫起来："是她们吗？"于是又来一轮"噢、噢、噢……"。于是我们讨论，这本书在这个时候提到命运三女神——虽然她们在书里只出现了一次——并且她们也出现在了封面上，作者的意图何在。

"你们在这里有一个巨大的发现！"我说，"作者这里的这种写法其实在文学上有专门的名称。当作者有意提到另外一个故事，无论是在作品中直接提到，还是像在《芒果街上的小屋》中这样间接提到，这个被提到的故事在文学中就叫作'典故'。"我把"典故"这个词写在白板上，以便学生对其拼写有印象，并说道："作者希望读者能将两个故事联系起来，就好像你们把这三姐妹和命运三女神联系起来一样。"

学生在一年的讨论中对很多术语有了感性认识。而且，针对文学术语，我早就制订了计划：在这一学年中，借助短一些的文本或者电影在合适的时机向全班学生专门讲授文学术语。这样的机会有很多。例如，之后我们将要阅读的《巧克力战争》中也引用了一个典故。故事中主人公的置物柜中贴了一条标语，上面写着"我敢惊扰这个世界吗？"——这是艾略特的长诗《普鲁弗洛克的情歌》（*The Love Song of J. Alfred Prufrock*）中的一句。这为我提供了一个讲授文学术语的好机会，因此我计划在带领学生阅读《巧克力战争》的过程中，让学生读这首诗并学习什么是"典故"，以便他们更好地理解作者的意图。

> **与《共同核心州立标准》的关联**
>
> 　　"大学和职业准备锚定标准"关于阅读的第 4 条明确指出，学生到八年级能够"根据上下文解读词语和短语的意义，包括其字面意义、内涵意义和比喻意义，并分析某个词是如何体现文意和作品基调的"。也就是说，八年级学生应能解读典故。提前知道书中哪里有重要的典故，并创造条件让学生自己去发现，这种在真实情境中讲授术语的方法才是真正的好方法。

在讨论中将现实世界和虚拟世界联系起来

　　整个这一章，我都强调学生要通过重读文本、联系上下文来回答自己的问题，强调要审视作品的语言，强调要找到证据来支撑自己的观点。但是，对文学作品的学习不仅仅意味着我们要与单一文本互动，或者完全活在文学世界中。我们在教室里讨论作品内容，对人物和他们的境遇发出感慨，这些是和现实世界以及我们自己的生活有关联的。通过分享对作品的感想，我们分享了很多自己的观点。人们普遍认为，文学作品可以提供一个安全的地方，让读者去探索有挑战性的事物。

　　在讨论中，有些时候学生会偏离文本讨论现实世界，这可以说是跑题了，可能导致讨论没有结果。但这种情况并不常见。对于这种情况，我通常会引导大家回到对文本的讨论中。但有时候，偏离正题讨论现实世界对学生来说也是一种宝贵的学习经历。因为时间有限，是否让这种关于现实世界的讨论继续，这个决定很难做。不过，对于是把学生带回对文本的讨论中还是让他们继续跑题，我凭直觉决定。

偶尔，偏离文本的一些感想会引发大家的讨论。这让学生明白，他们的生活经历对讨论来说是有价值的，文本和他们的生活是有关联的。这也是在用实例说明，我们的现实世界和作家创造的虚拟世界是有交集的。

文学对现实世界提出问题并做出解释。曾经跟我合作过的一位特殊教育老师丹尼尔·布林克-华盛顿（他现在教科学课）曾经这样对我说："我非常喜欢和你合作的原因之一是，在合作过程中，我可以思考每本书在内容方面提供的机遇和挑战，而不仅仅是写作技巧。不同的主题让我有机会挖掘学生感兴趣的东西，或者让学生接触陌生的东西——这些东西可能会带来挑战。接受挑战和战胜挑战的过程就是学习和成长的过程。你为八年级学生选择的书中涉及很多挑战，这些挑战是关于多样性、权力以及各种形式的冲突的。学生通过阅读这些书，就知道如何直面自己生活中的各种冲突，阅读对他们来说是宝贵的学习机会。"

阅读虚构作品就是在获取经验、形成观念，读者需要将这些经验和观念融入已有的经验体系，利用其来理解世界。整本书阅读课提供了这样的空间和机会，让学生直面和消化这些来自书本内外的经验。

提高学生讨论的自主性

最后我要说的是，我希望学生越来越熟练地掌控自己的讨论。进入秋季学期后，我开始放松对讨论的控制，让学生自己组织发言或者轮流发言，不用向我举手示意。我用讨论的形式让学生理解这样的方式。我问："大家举手然后我点名让同学发言，这样做的优点是什么？缺点又是什么？"大家说这样做的优点是发言秩序好一些，更容易保证一次只有一名学生发言。缺点是我在控制发言，这常常导致学生发言的时候总是看着我而不是看着教室里的同学们。

"那我们可不可以换个方式呢？"我问。我采纳了学生的建议。我们尝试了同学们轮流发言而不用举手的方式。然而，这样的方式我们只试验了很短的一段时间，结果是学生甲说的时候学生乙也在说，讨论不得不暂停。我们的解决办法是，一名学生发言结束后，由这名学生点名让下一名学生发言。我们还讨论怎样确保大家的发言机会比较均衡。有些同学会喊小组里面不举手的同学发言。例如，一名学生点名叫安吉发言："安吉，你怎么看？"因为安吉还没有发言。到下半学年，讨论的规矩已经建立起来，这种方式能培养学生的独立精神和集体意识。

学生也表达了对讨论中举手的烦恼。有时候等到被老师叫起来，讨论的话题已经变了，站起来说的并不是自己刚才想说的。我们希望讨论顺畅地进行下去。我的学生想到一个解决办法：不举手，而是用手势。学生伸出一根手指、两根手指或者三根手指，各有不同的含义。一根手指表示有一个非常简洁的观点要表达，是对刚才观点的直接回应。把伸出一根手指的几名学生叫起来发言的话，话题在几位发言者之间快速切换而不会改变。两根手指表示要对刚才的话题发表评论，但需要多一点儿时间阐释，因此讨论没有时间限制。三根手指的意思是学生会转换话题或者提出一个新的想法（虽然仍然和正在阅读的书相关或者和目前整体的活动相关）。如果讨论一直在同样的话题上兜圈子，那么伸出三根手指来转换讨论话题的做法是很受欢迎的。

由学生主导的讨论

在学年最后一本书的学习中，学生自己来安排讨论。他们要从 5 本书中选择一本，每一本书都是成长类小说。讨论分小组进行，每组由 4~8 名学生组成。

每组有一名学生是主持人（这通常是我的角色），一名学生在笔记本电脑上做记录，还有一名学生追踪大家参与讨论的情况。追踪参与讨论情况的学生在纸上画一个哈克尼斯圈（源自美国菲利普斯埃克塞特学院的哈克尼斯圆桌教学法），用图来展示讨论的进程。在哈克尼斯圈上写上每个人的名字，追踪者只需从第一位发言者画一条线到第二位发言者，然后到第三位，以此类推。从最终画出来的图可以看出谁发言次数多，谁发言次数少。

所有学生都熟悉讨论的流程，先是轮流发言，一个接一个发言，从文本里找证据，重读部分章节以加深理解。他们已经准备好在没有我参与的情况下自己讨论——虽然没有我参与，但还是有人组织。每组选出一名成员主持讨论，然后我和几位主持人分享我的一些主持技巧。我分享最多的是我常用来平衡发言者以及推动讨论向深层次发展的引导语。

- ▶ "对此其他同学怎么看？"
- ▶ "有没有哪位同学为此找出证据？"
- ▶ "我们好久没有听到×××说话了。你怎么看？"
- ▶ "让我们重读这一部分看看。"
- ▶ "让我们再来一遍，听听每一位同学对此的看法。"
- ▶ "你是否觉得作者是故意这么做的？"
- ▶ "作者为什么这么做？"

第一轮讨论结束后，我阅读每组的讨论记录并做出点评。我注意到了学生表现得非常不错的地方，也指出了书中有些内容大家还可以通过重读探索得更深入一些。第二轮讨论开始之前，我让学生反思第一轮讨论的情况，并为当天的讨论设定目标。

整体来说，学生已经将讨论的整个过程内化，大部分讨论组都能够组织基于文本的有意义的讨论，对此我很满意。不过，还有些讨论组需要我参与讨论一段时间，帮助他们将讨论保持在正确的轨道上。虽然有些讨论组在组织讨论的过程中遇到了一些挑战，但我认为这种经历很有价值，结果如何并不重要。这个方面我希望能更进一步，用短一些的文本，给学生更多的练习机会，并且时间也可以提前一些，不等到学期快结束的时候。我也希望给学生更多机会来主持讨论。

有人可能会问，既然我们整体的教学方法是以学生为中心，为什么由学生主导的讨论不在整本书阅读课中始终得到推行呢？我的回答是，组织讨论和参与讨论需要的是完全不同的能力。我会给学生大量机会在课堂上承担领导者的身份，因为对年轻人来说，领导力是需要培养的重要能力。但学生先要提高自身的文学分析能力，然后才能组织同学们有效地进行讨论。

零与整

使用整本书阅读教学法的新手老师的经验之谈

初入教坛，需要学习的知识之巨、之广，没有经历过的人完全无法理解。初次带领学生进行整本书阅读的经历帮助我厘清了许多教学上的问题，教学过程中也有无数令我惊喜的时刻。对没有经验的老师来说，使用整本书阅读教学法有什么特别的获益以及挑战呢？我与两位刚刚开始教学生涯、已经在使用整本书阅读教学法的老师进行了交谈。

■ ■ ■

莉莉安娜·里希特在美国斯塔滕岛的一所高需求学校教七年级语文。她班上的学生差异较大，不少学生的阅读水平处于平均水平之下。她还是新手老师时就开始进行整本书阅读教学，下面是她教学进入第二年的反思。

我：作为新手老师，在第一年的教学中，你带领学生进行整本书阅读过程中遇到过什么样的困难？

莉莉安娜：对于学生在写笔记时不愿意给自己增加挑战，我不知道该怎么做。我也没有充分示范如何运用3种思维方式对文本做出反应，没有带领学生进行足够的练习，导致学生混淆了字面感想、推理性感想和批判性感想。我班上的学生比较难管理，所以很难进行课堂讨论。我没能让学生在发言中展现真正的水平。这原本是个很好的机会，可以强化学生的口语表达以及对措辞的恰当使用，但我对学生表达想法的方式过于宽容，导致他们无法用语言清晰地表达他们的思想（他们的思想常常是比较复杂的）。

我：对于尝试这种教学方法的新手老师，你有什么经验可以分享？

莉莉安娜：这是个很好的教学方法，可以让学生对自己的学习负责。

要相信学生会提出你原本打算提出的问题，甚至还会提出更多。我一开始比较犹豫，想着要给学生"投喂"一些问题，以确保我们能触及作品的主题，以及达到《共同核心州立标准》的要求。但其实学生本能的好奇心和兴趣会自然地让他们提出这些问题，运用这些方法。当然，不是所有学生提出的问题对于文本的理解都很关键，也不是所有学生提出的问题都能将思考和理解推进到一个严谨而又有挑战性的高度，但有些学生能。这种由学生来提出问题的方式比由我来提出问题的方式更有优势。

提高学生口语和书面表达的复杂程度有一个很好的方法，那就是给出句子开头的词语。例如，可以让学生以"虽然"开头来写一条推理性感想。

确保学生坐成一圈，发言时面对着同学而不是老师。尽管简单的提醒也有用，但有时候我会离开大家坐的圆圈，远远地观察学生交谈。

我：对于一边实施这种教学方法一边进行传统课堂教学的新手老师，你觉得他们在哪些方面可能需要支持？

莉莉安娜：学生可能比我们想象的更需要示范（起码我的学生是这样）。还有，更频繁地收集学生的笔记并给予反馈和评分也许能够帮学生避免很多问题。在学年之初课程开始时就告知家长孩子的学习情况可能也有帮助。

我：除了能够带来挑战，有没有哪些时刻你认为整本书阅读教学法特别成功或者吸引人？

莉莉安娜：有时候学生运用批判性思维写的笔记一针见血，让人印象深刻。学生喜欢讨论；与在传统课堂相比，他们听讲也更专注。学生知道阅读结束后会有讨论，这让他们觉得整个阅读过程都不一样了。

学生的问题和评论常常是面向教室里其他同学的，而不仅仅是老师，他们会询问其他同学的看法。此外，在担任语文老师的第一年，在课堂上我不仅要尽量避免以老师为中心，同时要维持课堂秩序，通常我很难做到二者兼顾。而整本书阅读教学法可以让我二者兼顾——在学生讨论的时候，我既不是课堂的中心，又不需要维持课堂秩序。

■■■

梅雷迪思·拜尔斯，一位有两年教龄的老师（她和我同在布鲁克林远景特许学校任教），在她的九年级学生中启动了整本书阅读课。她的班是学术追踪班（academically tracked class），班上的学生种族差异和家庭状况差异都比较大，学生的阅读水平从中级到高级甚至天才级都有。

我：作为新手老师，在第一年的教学中，你带领学生进行整本书阅读的过程中遇到过什么样的困难？

梅雷迪思：对我来说，挑战一直是弄明白在学生进行阅读的 3 周里我该做什么。整本书阅读教学法很棒，它给了老师巨大的自由去探索，但也可能会让人不知所措，不知道该重点关注什么。我们对《麦田里的守望者》（Catcher in the Rye）的讨论让我记忆深刻。我还记得当时我不知道该从哪里开始。对于这本书，我有太多东西要说，但我又想尽量少说，让学生自己体验——你曾经告诉我如何在课堂上平衡师生的主导地位，这对我很有帮助。我们讨论了人物的复杂性，以及在美国"青少年"这个概念的出现和青少年文化的兴起，还精读了罗伯特·彭斯的诗《你要是在麦田里遇到了我》（Comin Thro the Rye）。那几周我过得有点儿胆战心惊，因为我必须弄清楚在不"放弃"的情况下我们可以做些什么。我希望学生尽可能多地自己体验这本书。

我：对于尝试这种教学方法的新手老师，你有什么经验可以分享？

梅雷迪思：我在这个过程中曾经遇到过挫折。我当时想看看：如果我一个星期不检查学生的便利贴笔记，他们会怎么样？到了阅读的截止日期，只有 4 名学生完成了便利贴笔记！他们都读了这本书，这从他们讨论的表现可以看出来，但只有很少几个人写了便利贴笔记！我和学生谈了这个问题，他们承认，虽然写便利贴笔记有助于获得更深的理解，但如果我不检查，他们就失去了这么做的动力。于是我们决定，在下一本书的学习中，我要更频繁地检查他们的便利贴笔记。我感谢学生对我说了真话，所以，现在这本书的学习我们有了一个更好的开始！

我：对于成绩好的学生，你有没有考虑过不要求他们在阅读时写便利贴笔记？写笔记对他们有用吗？

梅雷迪思：我认为写笔记有助于学生追踪自己的想法。我 10 岁的妹妹对于整本书阅读这样的方法感到很畏惧，因为她"记不住重要的部分"。而写笔记能帮助孩子减轻这种畏惧感，也能给他们机会来回顾书中发生的事情。此外，写笔记能让学生在一些关键信息旁留下记号，这样他们在讨论的时候就能很快找到相关段落，比我都快！

我：对于一边实施这种教学方法一边进行传统课堂教学的新手老师，你觉得他们在哪些方面可能需要支持？

梅雷迪思：我发现那些比较难管的学生，当他们做自己真正感兴趣的事情时，会非常投入、安静。如果学生读的书难度合适，又引人入胜，那么他们对整本书阅读的反馈会很好。学生在情感上是很敏感的，如果老师表现出对他们的信任，他们马上就能发现。新手老师在给予学生更多信任这方面的尝试应该得到鼓励和支持。

我：除了能够带来挑战，有没有哪些时刻你认为整本书阅读教学法特别成功或者吸引人？

梅雷迪思：让我感到很神奇的时刻是讨论的时候。学生总是那么热切地期待讨论，看到他们那么兴奋，我也感到很激动。学生的表现超出我的预期，让我很惊喜。每次讨论我都从学生那里学到了新东西。这句话我说了好多次，不是我有意重复，只是在每次讨论中，他们领会小说意义的能力都令我震惊。

有一组学生读了迈克尔·多里斯的《蓝水中的黄筏》（*A Yellow Raft in Blue Water*），这本书从 3 个不同的视角展开叙述。这一天，在刚开始的阅读时间里，一个学生对着我脱口而出："噢，天哪！这本书另外一部分是从妈妈的视角写的！

真有意思！"发现作者会转换叙述视角，他是那么激动。我很高兴他自己发现并理解了这种写作手法对作品的意义，也很高兴他自己体验了这个过程。他不需要我给他上一课，讲解叙事结构的意义。相反，他自己弄清楚了，并且他会在余下的时间里消化这一点。等到读完这本书，对于作者为什么要用这样的叙事结构，有什么意义，为什么重要，我期待他的感想。不过现在，我知道他自己在体验这本书，并且阅读过程中会有更多这样的小顿悟。这是用这种方法教学的美妙所在。

我真的很喜欢在九年级运用这种教学方法。我经常担心传统的教材可能太过时，不能引起学生的共鸣。整本书阅读的方法让我可以将传统作品和学生喜欢的当代作品结合起来。我也喜欢选择更具挑战性、更复杂的作品。

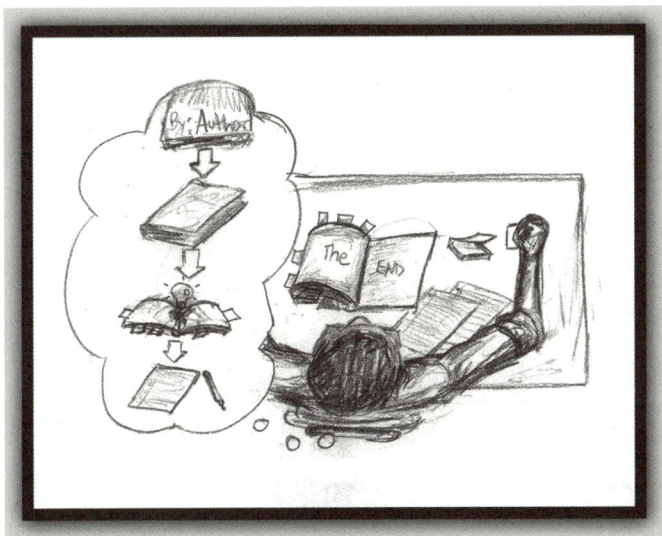

在阅读与写作间建立联系
善用写作冲动

"有时候就在餐桌上，我通过朋友们的反应来检验
我的故事是不是有趣。"

我曾有机会聆听苏珊·奥尔琳以及《兰花窃贼》（*The Orchid Thief*）和其他新闻类非虚构作品的作者谈写作，其中苏珊·奥尔琳有几句话深深地刻在我的记忆里，大意如下：

> 要写作，你先要有个好故事。你要有话可说。我总是给朋友们讲故事，有时候就在餐桌上，我通过朋友们的反应来检验我的故事是不是有趣。如果在餐桌上它还过了关，那就值得写。最初，你使用的语气就和你讲给朋友们听时的一样。之后再来雕琢，删删改改，以及打磨叙事节奏和语言。

我们经常要求学生就某个主题写点儿什么，此时学生就会费心费力地给出他们以为早就存在的正确答案。也就是说，他们写作的初衷不是写自己想说的话。学生对自己要说的话没有信心，不知道是否符合老师的预期。这种心理阻碍了他们的写作过程。很多成人也一样，因为有这种心理，从来没有在写作时聆听过自己内心的声音。整本书阅读课则消除了学生的这种压力，给他们鼓励，让他们讲出自己对书的想法，让他们把自己的想法变成书面文字。讨论中学生分享的想法是他们的真实想法。尽管说出真实想法可能需要冒点儿风险，但他们愿意这么做。讨论课为学生验证自己的想法提供了机会，在讨论课上学生对自己的想法进行深度思考，然后通过与其他同学讨论来确定自己想法的合理性。

讨论为学生后面的写作提供了丰富的素材。从说到写的过渡始于学生完成自己拟定的家庭作业题目（第四章有描述），这些题目让学生可以在课堂之外继续讨论中未完成的对话，并自行决定对话的走向，不过他们不是用嘴，而是用笔和纸。在写这样的阅读感想时，我要求学生至少写一段，但他们可以采用开放式笔记的形式，不必拘泥于特定的结构。（学生之前在其他课上已经学过多种写作方法，虽然这些方法可能对他们有帮助，但我希望他们这个时候不去理会这些方法，而只是单纯地探索自己对某个话题或作业中某个问题的真实想法。）

与《共同核心州立标准》的关联

通过一个话题探索其非正式的短文写作和正式的长文写作的结构，"大学和职业准备锚定标准"关于写作的第 10 条对学生技能的发展是这样要求的："针对不同的写作任务、写作目的和受众进行日常写作练习，包括在较长

> 的时间限制内写作（有时间进行研究、反思和修改）和在较短的时间限制内写作（在几小时或一两天内完成）。"

有时候这些家庭作业的题目源自学生的阅读感想，比如"书中谁是你最喜欢的人物？"这样的问题。随着教学的推进，第二节和第三节讨论课之后，学生能提出更多分析型问题，例如：

▶ "这个人物起到什么样的作用？"

▶ "这个人物发生了哪些变化？"

▶ "你认为作者写这本书的目的是什么？"

▶ "作者为什么以这样的方式结尾？"

像用"我不喜欢这个结尾"这样的表述开头的主观感想，在讨论中会引起大家的争论。大家会一起合作来回答这个问题：将书中的不同场景以及故事的多种要素联系起来考虑，将相关的内容挑出来精读，找出自己感想的源头所在。这个过程会引导学生思考作者的创作动机，从而让学生的感想更有深度。学生在一起讨论，说出自己的想法，这为之后写出对文学作品的感想减轻了负担。经过讨论，学生能够写出自己想表达的更为复杂的想法。

在自由讨论中提炼观点

合理的课程安排应该提供均等的机会，让学生既能发展发散性思维，也能发展收敛性思维。整本书阅读课中的讨论和课后写作鼓励学生解读文学作品，锻炼发散性思维——开放的、有创造性的、不受拘束的思维。出色的说理性文章往往以有趣的观点开篇，这是发散性思维的锻炼成果。根据我的经验，在学生表达感想时，允许他们自由地运用发散性思维（冒着犯错或出丑的风险）会让学生更有动力转向收敛性思维，最终形成一个明确的论点。

我常常发现，学生后期的写作主题与讨论中提炼的观点直接相关。我鼓励他们完成这种从说到写的转换，我会在两次讨论课之间创造机会让学生写作。在讨论《我就是要挑战这世界》时（图 5.1 展示了讨论的场景），杰利莎和大家分享了对书中阿诺说的"这么多的鬼……"这段话的感想。讨论中大家的发言如下。

杰利莎：关于作者写的这个故事……姐姐写了信后，他从来没有写过关于信的想法。我想作者是在努力让你来体会他的感受。就像他说的"这么多的鬼……"这句话，他不解释这句话表达了什么意思，你就得思考：他是什么意思呢？

阿米莉亚：这句话也让我印象深刻。我认为那些鬼既是象征意义上的，也是字面意义上的……家里 3 位成员死了，所以那就是字面意义的鬼。至于象征意义上……

我：象征意义上又是怎样的呢？

阿米莉亚：代表他的部落？

塞缪尔：最后一页有这么一句话："我希望他们能原谅我离开了印第安人保留地。"我想，鬼也许代表的是他的部落里的人。这有点儿像《芒果街上的小屋》，埃斯佩朗莎打算离开芒果街，因为那里的人和她的生活不再有关系。这两者有点儿联系，因为阿诺说他曾经去过雷尔登，发现了一个全新的世界。他的 3 位亲人死了，印第安人保留地成了一个让他感到悲伤、孤独的地方，他可能想离开。但因为罗迪，他又不想离开这里。他会想念罗迪。这就是为什么他说："我希望你能原谅我。"

约苏埃：我想鬼也许不是象征意义上的，只是字面意义上的。和死亡有关，尤金、妹妹、祖父，3 位真正亲近的人离世让他受不了。鬼象征着死亡。

图 5.1 学生在讨论中分享关于写作的想法

在后面的讨论中，我让学生想一个题目，用 5 分钟时间来写一篇小作文。那一天的整本书阅读课我们要上两节（也就是第二节讨论课和第三节讨论课），中间没有时间做课后作业，于是就用写一篇小作文来代替。阿米莉亚建议用"作者用'这么多的鬼'来表达什么想法？"这个问题作为第一个题目，除此之外还有其他 4 个题目。我让学生从中选择一个，用 5 分钟时间进行独立写作。

5 分钟时间过去后，我让大家告诉我选择的是哪个题目。阿米莉亚选了自己拟的题目。"选题目一的，到第一张桌子那边。"我让题目相同的学生聚在一起，这样他们可以分享写好的小作文，然后看看能否继续讨论几分钟。我给他们 5 分钟时间，而我则在每组里都待一会儿。全班只有阿米莉亚和杰利莎选择了题目一，她们聚在一起交流自己的想法。

经过 3 轮讨论以及一些像这样的开放式写作活动，我计划让学生用一节课时间在课堂上写作说理性文章。让学生写说理性文章的理想时间是讨论结束后。对于这种从说到写的转换，我的做法是从讨论记录中选取主要的话题或论据，通过转换措辞将它们变成说理性文章的题目。有时候我让学生也参与这个过程，和我一起拟定写作题目列表。学生可以从题目列表中选择自己最感兴趣的，也可以自拟题目。在写这样的文章时，学生是真的有话可说。学生写作是为了交流，但他们使用的形式往往很难让他们真正参与其中。展板 5.1 展示了我布置的写作任务。

展板 5.1　课内说理性写作任务单

围绕《我就是要挑战这世界》开展课内写作

写作要求

1. 从下面的题目列表中选择一个题目写一篇说理性文章。

2. 在写作过程中可以参考你们组的讨论记录。

3. 根据格式要求来写。

4. 写在活页纸上。

题目列表

关于《我就是要挑战这世界》，大家在讨论中提出了以下问题。请从中选择一个作为你的说理性文章的题目。

题目 1	随着情节的发展，阿诺和罗迪的友谊发生了怎样的变化？这个故事有什么寓意？从书中找出证据来支撑你的答案。
题目 2	酗酒对阿诺的生活有什么影响？从书中找出证据来支撑你的答案。
题目 3	《我就是要挑战这世界》是否有一个扣人心弦的结尾？为什么？从书中找出证据来支撑你的答案。
题目 4	阿诺是一个"兼职"印第安人还是"全职"印第安人？从书中找出证据来支撑你的答案。
题目 5	从书中选择一个次要人物（戈迪、泰德、玛丽、佩内洛普或其他人），思考下面的问题：你认为作者为什么要在书中设置这个人物？没有他（她）故事会有什么不同？从书中找出证据来支撑你的答案。
题目 6	书中提到刻板印象了吗？作者用对印第安人、白人以及其他人的刻板印象传递了什么信息？
题目 7	从书中选择一句重要的话，比如阿诺说的"这么多的鬼……"，或者罗迪说的"你是个旧时代的游牧民……"，思考下面的问题：这句话是什么意思？它与人物有什么关系？它对全书有什么意义？基于这句话写一篇说理性文章，或者基于你自己选择的句子来写一篇说理性文章。

写作大纲

文章应由 5 个段落构成。如果时间不够，你可以跳过第 4 段，直接写总结部分。

第 1 段：引入话题。用一句完整的话来回答问题。可以简单写写你为什么给出这个答案。

第 2 段：为答案提供第一条证据——从书中举一个例子。引用书中的话来解释你的意思。

第 3 段：为答案提供第二条证据——从书中举一个例子。引用书中的话来解释你的意思。

第 4 段：为答案提供第三条证据——从书中举一个例子。引用书中的话来解释你的意思。

第 5 段：对全文做总结。用"总而言之……"开头。重申你的观点（你对问题的回答），然后总结出 1~2 条想法。你的想法应该与我们的生活或者文学世界及我们学习的书有关联。

阿米莉亚选择了与"这么多的鬼……"这句话相关的问题作为写作题目，之前的讨论中她就此进行过探讨。以下是她写的五段式说理性文章。

《我就是要挑战这世界》的第 188 页，阿诺说："这么多的鬼……"我认为他指的既是字面意义上的鬼，也是象征意义上的鬼。

阿诺所指的字面意义上的鬼是他的祖母和尤金——一个榜样人物。他的妹妹当时还没有死。在第 188 页提到鬼之前，他说："是的，那个尤金，虽然酗酒但他是个积极的家伙，脸上中枪了，死了。"这时候，阿诺想的是尤金，想的是他怎么死的。所以，这里鬼是字面意义上的。

我认为阿诺也用象征意义上的鬼来指生活在保留地的印第安人。这里的人活着，但他们又不像真的活着。在保留地，他们没有希望，因为他们不认为自己会有好的将来。这就是为什么他们转而酗酒，就像我们在讨论中说的，"自我麻醉以减轻痛苦"。

在第192页，阿诺说："也许我身上燃起的希望是我母亲或父亲对我的希望。"这表明阿诺给了他父母希望，本来他们自从待在保留地起就永远失去了希望，转而开始酗酒。这让他们就像鬼一样。

总而言之，阿诺说的"这么多的鬼"，既指象征意义上的鬼，也指字面意义上的鬼。这些鬼存在于他的生活中，也存于别人的生活中。

阿米莉亚在写结论部分的时候时间不够了，所以有些论点还没有充分阐释清楚，但我们仍然可以清楚地看到，她抓住机会对"这么多的鬼"这句话进行了深度思考，完成了一篇传统格式的说理性文章，并且尝试将这句话及其意义与全书要探讨的重要问题联系起来。

与《共同核心州立标准》的关联

学生选择书中的某个段落，针对这一段落进行写作，这就是在精读文本。学生通常在讨论和阅读练习阶段精读文本。"大学和职业准备锚定标准"关于阅读的第4条要求学生能"根据上下文解读词语和短语的意义，包括其字面意义、内涵意义和比喻意义，并分析某个词是如何体现文意和作品基调的"。

学生将自己的所思所想以说理性文章的形式表达出来，在写说理性文章时要达到"大学和职业准备锚定标准"关于写作的第4条要求："写出清晰连贯的作品，文章的展开、组织和风格与写作任务、写作目的和受众相符。"

《共同核心州立标准》对短文的写作提出了要求，课内说理性文章写作就是老师创造机会进行这方面训练的一个很好的范例。"大学和职业准备锚定标准"关于写作的第10条要求是："针对不同的写作任务、写作目的和受众进行日常写作练习，包括在较长的时间限制内写作（有时间进行研究、反思和修改）和在较短的时间限制内写作（在几小时或一两天内完成）。"

有目的的说理性写作

老师布置说理性文章的写作任务时常常会设定一个真实的受众，比如，学生可以就本地或国家事务给政府官员写信。而文学研究者写作的受众是作家以及文学评论家等。我们的整本书阅读课，尤其是其中的讨论课打造了一个青少年文学批评家群体。学生活跃于这个群体中，接触到各种不同的观点和视角，锻炼自己的思维，对作品和作者进行评论，最终使自己的论证更具说服力。

> **与《共同核心州立标准》的关联**
>
> 在写说理性文章时，学生有时候很难找到一个真实的受众，他们会因为读者是老师而感到有压力，从而使写作受阻。讨论则给学生的观点提供了真实且投入的受众，使学生达到"大学和职业准备锚定标准"关于写作的第4条要求："写出清晰连贯的作品，文章的展开、组织和风格与写作任务、写作目的和受众相符。"

只要学生有话想说，老师就有机会培养他们陈述论点的技能，以及寻找和分析证据的技能。一般情况下，老师都是孤立地教授这些技能，却希望学生能够在新的语境中综合应用。问题是，如果学生没有真实的需求，他们就没有真正的动力来学习这些技能。（"这是我们州教育标准的要求"，或"这是要考的"，这样的说法对我的很多学生来说没有用。）等到最后在真实的语境中应用这些技能的时候，学生的写作风格变得机械单调。这种教学方法是典型的让学生"望而却步"的方法，而不是"心之所向"的方法（作为老师，我的任务是帮助学生找到他们心之所向的地方以及到达这个目的地的途径，我将在第八章具体介绍这部分内容）。

说理性文章的写作结构和讨厌的 5 个自然段

在写说理性文章时，我并不是坚持一定要用经典的五段式写作结构，专业作家不会真的使用这个结构，很多学生在大学的第一年要花大力气来摆脱这个刻在知识体系里的结构。我认为，五段式作文的主要问题在于，学生使用这个结构时不清楚其目的。老师在句子层面提出了过多的限制性规定，而学生对说理性文章的写作结构没有进行批判性思考，或者没有学习过其他文章的写作结构，然后错误地以为所有的说理性文章都应该是五段式的。

但是，使用五段式写作结构有利于组织论点。它也比较方便教学，因为很多学生来上我的课之前都对此比较熟悉。虽然我在教学生写作时也使用五段式写作结构，但我也一定会让学生接触其他的写作结构。例如，在学年开始，我会介绍记叙文（基于个人经历说明一个道理的作文）和议论文（基于一个观点的五段式作文），然后选一篇专题文章让学生学习其结构。

在议论文写作教学中，我跳过学生已经学习过的经典的逐句提出要求的格式，而只强调最重要的几个部分。

- 开头。包括一个主题或观点，可能还有吸引读者读下去的内容。
- 包含基于论据的论点、用以支撑自己论点的几个段落（2~4 个）。每个段落有各自的重点，并且应该包括对相关原文的分析。
- 结论。对论点进行总结，并将其与文学世界以及我们的生活联系起来。

学生之前较少有说理性文章的写作经验，所以我常常让他们先合作完成一项迷你课题——在一块大纸板上完成写作提纲。学生先确定一个论点，将其写在纸板顶端的长方形框里。我要求他们写出书名和作者。然后大家一起找出 3 条支撑论点的论据，将其列在论点下面。他们必须找出每条论据所对应的原文，并解释论据是如何支撑论点的。

一起合作完成写作提纲为学生提供了大量交流想法、做出反馈的机会。学生合作的时候我会在教室里走动，问些问题。当我发现有的组列出的论据不能有力地支撑论点时，我并不直接告诉他们，而是问："为什么选择这一条论据呢？它展示了什么？它对论点的论证有何帮助？"其实我在布置作业提要求时已经相当于问了这些问题，所以我在这里只是引导学生重新考虑一下他们的选择。有时候，即便他们的论据选择得很好，我也会问同样的问题，目的是鼓励他们进一步说明观点，并为自己的观点辩护。

一个学年里，我会在好几个节点向全班学生明确教授写作技能，比如在陈述观点（主题句）、写提纲、引用文本和分析论据这几个节点。在整本书阅读课中完成的作文可以用作教学素材，用来帮助学生巩固知识，帮助老师对学生的能力做出评价，以及为学生的其他写作技能提供反馈，虽然通常来说不是马上就对所有这些方面有用。我安排的写作时间长短不一，从一节课（有时候仅仅在一节课时间内就完成写作）到一周（有时候要用一周时间对文章进行精修）都有。写几稿也不一定，有时候学生只写一稿，有时候写两三稿。学生收到的反馈有的来自我，有的来自同学。我会给学生提供指南，让他们自己来评价同学的作品。我有105 名学生，即使写作不那么频繁，我也不可能每次都给出实质性的反馈。当然，学生写的文章我也不需要每次都给出反馈。

学生做文学批评家

讨论有益于写作的另一个方面是，与直接布置题目让学生写作相比，讨论能让学生进行更深入的思考。讨论常常引发学生对作者写作中各种选择的批评，这恰好是《共同核心州立标准》所要求的，也是很多老师费尽心力想要达到的。刚开始阅读一本书的时候，大部分学生很难自然地对作者的写作技巧提出批评，因为他们关注的是故事本身。但如果学生读完全书并和同伴进行了讨论，这种批评就会自然地产生。

当学生在讨论中对作者的写作技巧形成一些观点，他们就能在写作中更自信地将其表达出来，而通常真实地表达自己的观点对学生来说是有难度的。为了给学生教授写作技巧，有时候老师会给学生灌输一些观点，这就让学生误以为写作必须遵循特定的结构。其实，写作就是为了交流。

在给学生的一封信中，库尔特·冯内古特要求学生读15篇短篇故事，然后在学期论文中写出自己的感想。这封信收录在《库尔特·冯内古特：信件》（Wakefield，2012）中。信中他让学生根据自己是否满意给每一篇短篇故事评一个等级，从A到F。他让学生不用过多考虑学术方面，而是"像一个敏感的、对故事的优劣有一些本能感觉的普通人"来对作者的写作做出反馈。

下面是一名七年级学生的作文，他试图对《雅各布的梯子》中作者的选择进行批评，写作的口吻更接近聊天。

读了《雅各布的梯子》这本书，我发现我很喜欢作者用第一人称讲故事的方式。我这么说有两个原因。一是它对我来说比较新颖，而且也让这本书看起来更像是原创的。二是它能让我们真实地感受到托尔在想什么，以及20世纪60年代的牙买加是什么样子。

首先，我来解释一下为什么我说它新颖。我很喜欢读书。很多时候我读的书都是以第三人称写的。所以，当我开始读《雅各布的梯子》时，我很兴奋。这个故事可读性很强。例如，在写尤通在奥拉卡贝萨爬雅各布梯子这件事的时候，作者不是借用外部的描述，而是将这件事通过尤通的眼睛呈现出来，这让它更清晰、更精彩。这就是为什么我认为《雅各布的梯子》用第一人称写很新颖。

其次，我认为用第一人称讲故事能让我们真实地感受到托尔在想什么，以及20世纪60年代的牙买加是什么样子。我这么说有两个原因。第一，当托尔在思考时，我们能真切地知道他在想什么，而不是看到叙述者正正经经给出的描述。我们甚至能听出他说话的口音。第二，托尔在描写奥拉卡贝萨时，他呈现给读者的是他看到的。他看到的社区，有各种人，各种机遇，很好玩；还有他爱的人、讨厌的人和害怕的人。这感觉很真实，所以我真的喜欢。

总而言之，我喜欢《雅各布的梯子》里的第一人称叙事方式，有两个原因：一个是它对我来说很新颖，另外一个是它让我有真实的感受。

利用各种素材来写作

后来，我们开始综合各种来探讨作者传递了什么信息，以及他们是如何做到的。在整本书阅读课中，我们读了《巧克力战争》。这本书讲述的故事发生在 20 世纪 70 年代的一个天主教大学预科男校，关注了权力的变化以及影响其变化的因素，还有压迫者、反抗者、受害者、旁观者等角色。我们还观看了电影《摇摆狂潮》（Swing Kids）。这部电影讲的是发生在纳粹德国的故事，关注的是相似的主题，它的编剧是乔纳森·马克·费尔德曼。最后，我们读了雪莉·杰克逊的短篇小说《彩票》（The Lottery），它关注的是传统和权力结构。读得快的同学还可以获得探索者机会，阅读马库斯·苏萨克的《偷书贼》和威廉·戈尔丁的《蝇王》（Lord of the Flies），这两本书也对讨论权力结构有帮助。讨论中我们聚焦于《巧克力战争》，但学生会将它和其他作品进行比较。他们娴熟地比较人物、故事的寓意以及主题。

讨论了《巧克力战争》及其他作品之后，基于学生在讨论中做出的比较和建立的联系，我提出了一些可作为写作主题的问题，并且要求学生在回答这些问题时参考多篇文本。

与《共同核心州立标准》的关联

在每一轮整本书阅读中，我都会寻找一些补充素材，这些补充素材都和我们正在学习的书在主题上相关，这样能提供丰富的练习机会让学生达到《共同核心州立标准》中关于阅读的要求。

"大学和职业准备锚定标准"关于阅读的第 7 条要求："对以多种格式和在多种媒体上出现的内容，能够从图像和文字上进行整合和评价。"

"大学和职业准备锚定标准"关于阅读的第 9 条要求："通过分析相同主题或话题的两篇或以上文本，构建关于写作方法的知识体系，比较不同作者所用方法的异同。"

每个学年的学习进行到这里时，就临近学生参加纽约州英语语言艺术考试（面向 3~8 年级学生，每年一次）的日子了。所以，在学生写作时，我会给出更具体的指导，并给他们更多的练习机会，以帮助他们理解与写作主题有关的问题。不过，对这些问题的理解直接源于学生对以下话题的讨论。

话题 1： 比较《巧克力战争》和《彩票》（或《摇摆狂潮》）中作者传递的关于反抗压迫的信息有何异同。从文本中找到证据来支撑你的观点。

话题 2： 从《巧克力战争》和《彩票》（或《摇摆狂潮》）中各选择一个人物，在作文中讨论这两个人物在角色（如压迫者、反抗者、受害者、旁观者）上的不同和（或）相似之处。从文本中找到证据来支撑你的观点。

话题 3： 选择一个《巧克力战争》和《彩票》（或《摇摆狂潮》）中都有的主题，比较两篇文本中作者所传递的关于主题的信息有何异同。

下面这篇作文的作者是我的学生帕特里夏。她喜欢阅读，但在以书面形式表达自己的想法方面常常犯难。这里她选择的是话题 2，她打算对两个人物及其在故事中角色的转换进行复杂的比较。在整本书阅读中对作品的深度了解以及所读文本复杂程度的逐渐递增，让帕特里夏能够很自信地完成这篇论证性作文。因为她对自己的观点很自信，所以我对她的支持主要聚焦在帮助她思考作文的组织架构上——每一段应该表达什么？如何与文章主题建立联系？她的作文逻辑严密，结构合理。请注意，她意识到，要在论证过程中充分地表达自己的观点，她的作文需要不止 5 个自然段。

《摇摆狂潮》中的艾福德和《巧克力战争》中的杰瑞刚开始都是反抗者，但他们最后完全变了。《摇摆狂潮》是 1993 年上映的电影，表现了在纳粹强权的统治下，德国人民失去了很多东西，尤其是听音乐的自由。《巧克力战争》的作者是罗伯特·科米尔，故事发生在一个叫"三一学校"的高中。这所学校里有一个叫"守夜会"的学生组织，这个组织的成员在学校里横行霸道。我认为这本书告诉我们一个道理：有时候我们可能无法反抗权势。

《摇摆狂潮》中的艾福德是一个反抗者，有坚定的信仰。电影里，纳粹禁止玩摇摆乐，如果听到谁唱摇摆乐或看到谁跳摇摆舞就会镇压。艾福德不肯放弃摇摆乐。有一天，他边走边用录音机听摇摆乐，并跟着唱。一群纳粹青年摔碎了艾福德的录音机，并把他抓了起来。艾福德没有屈服，他激烈反抗，仍然听自己喜欢的音乐。证明艾福德反抗的另一个例子是，他明知纳粹不喜欢摇摆乐，知道被纳粹发现了会怎么样，但他仍然在摇摆乐俱乐部弹吉他，因为他就是喜爱摇摆乐。这就是我为什么说艾福德是反抗者。

虽然故事的开始艾福德是一个反抗者，但到故事的结尾，他的角色发生了改变，他的思想提升到了一个更高的高度。有一天，艾福德在摇摆乐俱乐部弹吉他，这时候，一个德国人让他弹一首德国歌曲。艾福德很生气，他拒绝了，并且对这个人说："我永远都不会弹奏德国歌曲。"然后，他离开了俱乐部。艾福德有一个朋友，是个纳粹，他和艾福德争论起来，并对艾福德说："小心一点儿，艾福德，接下来就轮到你了。"当天晚上，艾福德收拾好自己心爱的乐器回了家，然后在浴室里自杀了。至此，反抗者变成了牺牲者。艾福德心甘情愿为自己的信仰而死，同时也是为自己所热爱的东西而死。

《巧克力战争》中的杰瑞·雷诺一开始也是反抗者。三一学校的守夜会是一个霸凌组织，他们对其他孩子发号施令。学校的代理校长利昂因不可告人的秘密发起了义卖，要求每个学生至少要卖出50盒巧克力。守夜会的头儿阿奇让杰瑞抵制利昂，10天不卖巧克力。杰瑞照做了。在第118页，利昂和杰瑞间有段对话。利昂在检查学生卖了多少盒巧克力时，他喊杰瑞的语气像鞭子一样。杰瑞回答："不，我不卖巧克力。"后来阿奇又有点儿害怕，他召集大家开了个会，也邀请了杰瑞参加。在第172页你可以看到，阿奇给杰瑞分派任务，命令杰瑞第二天开始卖巧克力。但在第177页，杰瑞自言自语地说："我的名字是杰瑞·雷诺，我不卖巧克力。"

虽然杰瑞一开始是反抗者，但到结尾他的角色转变了，他成了受害者。在第213页，杰瑞被詹扎（一个守夜会成员）以及他的几个朋友打了，书上是这么写的："他们围着他，把他打趴在地上。他孤立无援。"然后，杰瑞和詹扎一对一地单挑，可是整个三一学校的学生都不站在杰瑞这边。后来，阿奇跳出来把杰瑞打趴下了，杰瑞差点儿被打死。第239页上说："医生说雷诺的下巴上可能会留下永久的疤痕，他可能也受了内伤。"在对抗守夜会失败、成了受害者之后，杰瑞对自己的行为进行了反思。

艾福德和杰瑞一开始都是反抗者，但是到了结尾都不再是了。杰瑞在后面对抗守夜会时，差点儿被打死。艾福德不后悔自己的反抗，愿意为自己的信仰而死。我认为这两部作品想告诉我们的是：不要在没有计划、没有人帮忙的情况下贸然行事。三思而后行，否则就要承担后果。

　　有些学生选择从两部或者三部作品中找出一个共同的主题，比较这些作品通过主题传递的信息。例如，一名学生选择的是《巧克力战争》和《彩票》中关于传统的主题，以及作者对于传统与压迫的关系的认识。到春季学期的时候，学生已经具备很强的分析单部文学作品的能力，因此他们有能力应对新的挑战——同时对两部作品进行分析，并基于它们之间精确的联系来提出论点。

整本书阅读课中的创意写作

创意写作一直是我的学生最喜欢的部分，对我来说也是。青少年有着丰富的想象力，需要空间也需要鼓励，来将想象力运用到写作上。阅读文学作品的沉浸式体验、通过讨论产生的对作者的敬仰之情和批评，都为学生的创意写作提供了一个跳板。

每年我在班上做调查时，学生都请求我给他们更多的创意写作机会。每年都有升入高中的学生回来告诉我，他们再也没有机会进行创意写作了，他们觉得我的创意写作课是最有趣的写作课。我很遗憾学生到高中不能继续学习创意写作

了。我坚定地认为，小说和诗歌的写作对培养作者的创作冲动、语言风格都至关重要。创意写作还能让学生有一种掌控感——在生活中，有太多的东西他们无法掌控。想象性写作具有疗愈的效果。这种写作体验还能延伸到写作之外，让学生以一种积极的方式体验校园生活。

我给学生布置的几乎所有的创意写作任务都和我们的整本书阅读有关联。下面列举了几种与学生所读书籍相关的创意写作方式。我通常基于正在学习的文学特征来布置写作作业。

> 在写作时间，我常常让学生在教室里找一个地方，一个可以想象自己独处的地方。我介绍过弗吉尼亚·E.沃尔夫的《一个自己的房间》（*A Room of One's Own*）。书中讲，作家需要有思考和写作的空间。我给学生30秒钟在教室里找一个地方，也可以待在自己的座位上，总之，找到一个"自己的空间"（图5.2）——我仿效了马德琳·雷和南希·托斯·坦格尔的做法。学生很喜欢这样做。有的老师可能会觉得这样课堂会有点儿乱，但学生喜欢尝试新鲜事物。

图 5.2 学生在"自己的空间"里写作

通过写作与人物建立联系

在整本书阅读课中，我布置的创意写作作业中有 3 项是关于聚焦人物的。

成为书中人物的笔友

在整本书阅读教学中，当学生对正在阅读的书还有新鲜感的时候，我喜欢给他们布置的作业是给书中的人物写一封信。这在时间上是处于整本书阅读的开始或者中间阶段。学生需要假装书中的人物是一个真实的人，写信和他谈论他生活中发生的事情。我鼓励学生对书中人物说过的某句话或做过的某件事情进行评论，结尾再对这个人物提几个问题。等到学生读完书，他们再假装自己是这个人物，给自己写一封回信。

这项和书中人物交笔友的作业能够让学生尽早地进入书中的世界。我把学生写给书中人物的信挂在教室里，从开始学习这本书一直到结束。这项作业也为我教授或带领学生复习一般信件的格式提供了机会，而后面那封回信则可以用来评估学生对书中人物和故事情节的理解。

这项作业的另一个类似的形式或者说拓展形式是让学生假装自己是作品中的一个人物，给同一本书中的另一个人物写信，学生在整本书阅读结束时代人物写的回信则能反映学生对书中人物关系发展的理解。还有一种类似的形式是让学生代不同书中的两个人物进行书信往来。

> **与《共同核心州立标准》的关联**
>
> 　和书中人物交笔友的练习鼓励学生对作品进行分析性及创意性思考，以达到"大学和职业准备锚定标准"关于写作的第 3 条要求："在记叙文写作中，描写真实的或想象的经历或事件时，要有效运用写作技巧，恰当选择细节，合理安排事件顺序。"

解读人物内心的声音

替作品中的人物发出声音是另一项创意写作练习，这项练习有助于学生在阅读过程中与作品中的人物互动。在这项练习中，学生要从作品中选择一个人物，以这个人物的角度来写一首诗。这项练习的重点不是创作技巧，题材也不重要。我问学生："用一首诗来表达的话，这个人物会说什么呢？"看到学生选择不同的人物，为人物发出不同的声音，这很有趣。学生的作品充满童趣，有时还很幽默。他们不需要写得很长，4 行就可以了。

学生完成诗歌的写作后，我们来到讨论区。我告诉学生："我点到你的时候，你就开始读你的诗。不需要介绍，直接开始读。我拍一下手，你就停止。然后，我叫下一位同学读。如果我又回过头叫你，你要从刚才那位同学停下的地方继续。"我们这种活动叫诗歌串烧。学生对人物的心声有不同的解读，把这些不同的声音混合起来听可能对学生很有启发。有些时候，不同的人物是在交流同一件事；还有些时候，不同人物思想基调的差异很明显。

道德困境独白

书中的人物常常面临两难困境，从某个层面上看，两种行为都是对的，但只能选择其中的一种。遇到这种情况时，我会趁机向学生介绍"道德困境"这个概念，然后让学生找出一个经历过道德困境的人物。

我让学生以人物的视角写一段独白，来探究道德困境中的两个不同的选择。要完成这项练习，学生需要弄清楚人物为什么在这两个选择面前感到为难，为什么这两个选择在某个层面上都是正确的选择。学生可以基于故事里的细节来写，也可以自己想象一些细节来写，但不能改变故事的内容。独白需要引向人物最后的决定。这项练习促使学生对人物内心的矛盾冲突进行细致解读。

这项练习的另一种形式是，由学生来为人物做决定——可以和故事情节一致，也可以不同。如果学生改变了人物的决定，那么会导向另一个有趣的问题：如果人物做了这个决定，故事中还有什么地方会随之改变？高中生甚至还能在改变决定之前做一些铺垫。

改写故事

通过整本书阅读，特别是通过讨论，学生知道，在创作一个故事的时候，作者需要做很多决定。每一个决定都对故事产生影响，也会影响读者对故事的体验。对于故事，作者拥有巨大的控制权，但要创作出令人信服、引人入胜的故事，作者也要应对大量困难。青少年可能很难理解这一点，因为身心处于发展阶段的他们，思维仍处于以自我为中心的阶段。不过，青少年正处于批判性思维快速发展的阶段，而批判性思维有助于他们平衡并最终摆脱"自我中心主义"。帮助学生理解作者写作技巧的最有效的方法之一，就是让学生尝试写小说。

刚开始我让学生借用专业作家创造的世界，仅仅针对其中的某些场景进行再创作——马德琳·雷称之为"故事的排列组合"。

我希望学生针对故事开展有趣的写作练习，但重要的一点是，在此之前他们要读完整本书，要理解练习的内容是什么。对于初试身手的学生，马德琳总是建议他们从书中选择一个他们不那么在意的人物，然后"杀死"他，也就是把这个人物在故事中写"死"！学生特别喜欢这种做法，我还没见过比这更吸引他们的写作创意。然后，有一个重要的问题需要大家分析："如果这一幕发生了，故事其他的地方会发生怎样的改变？这些改变最终会让整个故事更好还是更差？"

我的建议是，练习应该源于学生对书的感想。例如，如果学生觉得书的开头枯燥无味——有时候他们就是这么认为的——那么我就让学生改写开头。在阅读《巧克力战争》时，如果学生注意到整个故事中没有一个女性，我就会让他们为故事创造一个女性人物，她可以是主人公杰瑞的妹妹，也可以是护送学童过马路的女协警，等等。我让学生写一幕戏剧性的场景，让这个人物进入故事，并让学生思考，这个人物的到来可能会让后面的故事发生怎样的改变。

学生经常会对故事结束后人物身上发生的故事感到好奇。我经常听到他们说："这本书应该有个姊妹篇！"这是个好机会，可以让学生为姊妹篇写个开头。于是他们就会思考，姊妹篇中可能会发生什么，核心的矛盾冲突是什么。

在这样的练习中，学生能够了解作者在创作故事的过程中所做的决定，同时也能锻炼写作技能。在这些练习之间，我还会通过迷你课程的形式穿插讲解像对话创作、情境描写、人物行为描写以及人物独白创作等写作技巧。

另外，这样的练习还可以和即兴表演结合起来。通过即兴创作，我们可以让学生的学习变得立体，让他们真正去扮演人物，并产生关于场景写作的想法。例如，如果学生为作品增加了一个人物，那就让他们在即兴表演中扮演这个人物，让班上别的同学扮演另一个人物。作为观众的其他同学就能对接下来的故事给出反馈或者提出建议。

这种形式的写作，尤其是与即兴表演相结合的写作，能让学生体会到作者在写作过程中巨大的掌控感。我发现这会对青少年产生巨大的影响。马德琳·雷曾经指出，孩子喜欢电子游戏的一个原因是能获得掌控感。在电子游戏的虚拟世界中，他们能主动推进事情，而在现实生活中，太多的事情他们无法掌控。写作和电子游戏一样，能给孩子（据我观察尤其是男孩子）掌控感。

在整本书阅读教学中，如果有时间，我就会花几天或者几周时间让学生进行这种形式的写作。有时没有这么多时间，但我还是想让学生有机会进行写作，于是我想到了一个办法。当班上一半学生在和我一起讨论的时候，我让另一半学生进行课堂写作。（在讨论的时候，如果班上只有我一位老师，那么一半学生参加讨论，而另一半学生，我需要有能让他们安静参与的特别有趣的活动。上面提到的写作练习就能成功地达到这样的目的，因为这种练习容易上手，学生也很有兴趣做。）当然，这么做也有不足之处，一个不足是学生这个时候进行写作练习没有老师的指导和帮助；另一个不足是这种写作练习和学生在讨论中对作者写作技巧的批评没有直接联系。（展板 5.2 展示了这种练习的一个例子。）

展板 5.2 场景写作任务（一项需要安静地完成的任务）

嘘……你的同学正在讨论。

写作任务： 基于小说《当你找到我》进行虚构场景的写作。你要在两天内完成两个场景的写作。

篇幅： 每个场景**至少**写一页，不过我希望你写得更长一些。

你有以下几个选择。

1. **改写某个场景。** 从小说中选一个你认为枯燥无味的场景，用更有吸引力（更有趣）的方式进行改写。给你改写的内容拟定一个标题，并在页面上端说明你改写的是哪一部分。

2. **"杀死"一个人物。** 从书中选择一个人物。创作一个场景，让这个人物在这个场景中死掉。要有对话和细节描写。

3. **增加一个人物。** 为小说创造一个新人物。创作一个场景，让这个人物在这个场景中登场，要让你的读者能够想象出这个人物。他（她）对别的人物说了什么话？他们是怎样遇见的？他（她）的性格如何？

4. 转换视角。从小说中选择一个次要人物，以这个人物的视角改写一个场景。可以用第一人称，也可以用第三人称。

5. 转换背景。如果故事发生在不同的地点或时间，那会怎么样？在完全不同的背景下改写。你也可以改变背景中的其他东西。改写时记得要有对话和细节描写。

克里斯选择了《谁的家庭都不会改变》中的一个场景进行改写。很多学生觉得这个故事很大一部分都是围绕儿童军团展开的，比较枯燥无味。克里斯是个比较安静的学生，但和其他很多学生一样，在创意写作中他展示了自己的另一面。下面是克里斯就小说中儿童军团那一部分完成的场景改写作业（这里是修改了标点符号和字词错误后的版本）。

走进儿童军团的会议室后，我看到一切都和从前不一样了。不再是很多人吵吵闹闹，我看到所有人都挤在一起，说话的人似乎让那些听众很畏惧。

然后，我看到哈里森·卡特坐在一把巨大的椅子上，那把椅子像是一个王座，有3位军官在和他交谈。我想哈里森会谈谈上周四的集会。那是个相对较小的集会，没有多少人关注。但不幸的是，场面失控了，导致了一场动乱。我们没有多少人受伤，不过有几名警察受了伤。

哈里森慢慢起身，开始对面前的一群人说话。他说："大家好，儿童军，我很骄傲地宣布，周四的集会取得了巨大的成功。"（成功？难道是因为警察被我们打了？）他停顿了一下，接着说："不幸的是，这让我们中的一些人受到了关注；幸运的是，我们的口号是'我们是反战的年轻人'。这让我们认识到，我们不能在纽约市举行抗议，因为它太大了。我们决定把所有儿童军转移到长岛一个偏僻的小镇上。"（长岛？！他疯了吗？）

奇怪的是，没有人反对，似乎每个人都赞成这个计划。也许是哈里森使他们畏惧，所以他们不得不同意。他为什么突然这么做？"他们接着说：我们要在小镇外围的树林里扎营，我们的名称是儿童军。如果镇上的人要赶我们走，或者叫警察，那我们就夺取这个小镇……必要的时候可以使用武力。谢谢，儿童军永远第一！"

每个人都敬礼，但我太害怕了。别人敬礼的时候我就那么站着，一个军官生气地瞪着我。然后大家散开了。我想挤到哈里森跟前去，也许我能劝他理智一点儿。两名军官试图阻止我，不过，哈里森制止了他们，他说："让她过来。"然后他对我说："谢里丹，你好呀。"

"你说的转移儿童军的做法是行不通的，孩子们的父母会向警察局报告人口失踪，然后我们所有的人就会被找到。"

"我们已经考虑到了这个，"哈里森一副得意扬扬的样子，"我们可以撒谎说是学校撤退什么的，家长们就不会担心了。"

"但是，"我说，"我们就坐在那里，增加更多的人手，然后干什么呢？""嗯，必要时夺取小镇。"他回答说。"但儿童军不能使用武力。"我说。"醒醒吧谢里丹，你真以为动乱只是偶然？"他的脸色突然变得严肃，我恐惧地看着他。他说："我们要释放信号，如果唯一的方式是使用武力，那么我们就要诉诸武力。""你觉得对抗整个镇子会是什么结果？"我问。"我们的人数急速增长，我们的人数远远超过他们。"他回答。"好吧，我不去，我会阻止你的。"我说。

哈里森慢慢站起来，说："你要和我们一起去新营地，否则你必——须——死。"

克里斯词汇量较大，语法也掌握得比较好，他在这段故事中让人物自然地做出了和原文中人物不一样的决定，这说明克里斯想象力很丰富。除了这些强项，克里斯的作业也有一些明显需要改进的地方，比如标点符号的使用。我和他谈到这些的时候，他说："是的，我不太明白怎样写人物对话。我常常忘记标点符号，虽然我也知道怎样做。"我让他先把自己知道的错误修改了，然后让他和班上一位精通对话写作格式的同学搭档。我发现，让学生通过完成自己高度感兴趣的作业来学习写作技巧效果非常好。

学习作者的写作技巧

无论对一本书喜欢与否，作者的写作中总有值得我们学习的方面。在每本书的学习快结束的时候，在完成讨论和写作之后，我都让学生思考作者哪些写作技巧值得他们学习，并告诉他们要记得在自己的写作中运用。我们制作了一张表格，表格分为3栏，标题分别是"作者""书名"和"值得学习的写作技巧"。学生要在笔记本的最后画上这张表格，在一学年的整本书阅读中，他们要不断往这张表格中添加内容。学生借鉴这些写作技巧，并将其逐渐内化为自己的能力，这为创意写作打下了基础。

风格模仿

《芒果街上的小屋》风格独特又引人入胜：生动的语言，意想不到的明喻和暗喻，熟悉的地点和感觉。这本书就好像在邀请学生来试试，用这种极富表现力的风格来写写自己的生活。学习这本书时，我们的重点是归纳每个短篇的主题，并思考共同主题是如何连接起一个个貌似不相关的短篇的。

为了让学生试试水，我常常让学生基于书中的某个短篇写一个自己的版本。例如，《我的名字》这个短篇很精彩，在这个短篇里，叙述者埃斯佩朗莎用生动的语言表达了对自己名字的感受。我和学生在讨论区一起朗读了这部分内容，让学生谈谈他们注意到了作品的什么特点。然后，我让学生使用类似的技巧写一篇关于自己名字的文章。学生完成的作品语言非常丰富。有时候我用《头发》这个短篇。这个短篇和《我的名字》类似，也是使用了一系列比喻来形容埃斯佩朗莎家各位成员的头发。学生也很喜欢基于这个短篇创作自己的版本。

在学生读完或者即将读完这本书时，我会布置一项创意写作作业，叫"主题变形记"（作业单见附录6）。这项作业要求学生仿照《芒果街上的小屋》作者的某些写作风格以及写作格式来写作。之前学生已经明确了小说中的多个主题，现在我请大家从这些主题中选择一个（有很多，所以这不算是限制），然后写一本小故事集。每个小故事都要展现不同的人、不同的地点或者不同的感受，但都要围绕这个主题展开。学生选择的主题有"家""家人""邻里关系""归属感"等。

学生要以第一人称写作，主题与他们的生活相关，不过他们要通过细节和姓名的变化来虚构故事。学生可以通过写作练习使用描述性语言和比喻性语言，并在写作中表达自己的想法。对学生来说，这一直是最有趣、最能带给他们力量的写作。有的学生能够像作者希斯内罗丝那样，在故事中设置一条不明显的情节线，然后在 3 个小故事里让情节逐渐展开。这项作业很重要的一点是，我要求学生不要以时间顺序来叙事，目的是让他们以主题串起各个故事。下面是奈马写的一个小故事。

90 年代的婴儿

"我们都生于 90 年代，"我的哥哥加文说，"那是宽松的裤子、连体裤、大套头衫和劳伦·希尔[①]的时代。"我笑了一下。想到"宽松的裤子"，我感觉似乎有点儿过时。

我生于 1999 年，我的姐姐艾比生于 1998 年。我的哥哥塞德里克说我们都不是真正的"90 后"，因为我们没有那个时代的记忆。我不同意这个说法。我就是喜爱那段时光。我听的都是美国 R&B 演唱组合和劳伦·希尔的歌，我穿的都是大大的套头衫和大靴子。我不知道为什么 90 年代的事物对我如此有吸引力，也许是因为过去的教堂和现在的不同，或者是过去的"呐喊音乐"会让人跳起来，又或者是劳伦·希尔和"流亡三人组"乐队唱得太好了——总之，现在的很多东西跟过去没法比。

90 年代，我妈妈会在每次教堂礼拜的时候弹奏贝斯或管风琴，有时打鼓。

① 劳伦·希尔：美国 20 世纪 90 年代的流行乐女艺人。——译者注

90年代，人心还没有这么冷漠。90年代，我们的经济还没有像今天这样糟糕。这让我很难过。我不知道为什么过去的东西现在都变了。

有时候我希望我能回到过去，这样我就能够看到那些让我开心的东西，就只是看着，看着，看着。"但是这不可能。"现实告诉我。我也知道现实确实如此。我尽量看看光明的那一面，即使光明的那一面似乎也越来越暗淡。它越来越暗淡是因为谁也不在乎，人们太过绝望，懒得去想那些重要的事情。全世界陷入了大萧条。事情仍然还有转机，我知道。90年代是"我的事"，因为它把我带回更快乐的时光。对我哥哥而言，我是个假"90后"。那又怎样？我是我自己。我的想法是，我就是个"90后"。

下面是另一名学生的作业，在这份作业中，学生借鉴的是希斯内罗丝写作的另一个方面：通过句子结构来创造节奏感。

醉酒

那个流浪汉开车撞了别人的车。一辆车。两辆车。三辆车。那个傻瓜造成了连环撞。周五晚上。那个疯子喝了很多。他不在乎我们。不在乎我们的街道。他这么做了，他自己不会受伤。他就那么走了。沿街飞快地跑了。我的街道。我们的街道。"车牌号113kY5，记住了吗？"他走了。警察发现他把车丢下跑了，然后就没有然后了。也不知道他们有没有找到撞别人车的流浪汉。无所谓。事实上，这个流浪汉把这一片的人团结起来了。有人打电话叫了警察，太好了。我们社区的人们互相关照。我不知道如果没有这样的社区会怎么样。有那样的吗？那个流浪汉开车撞了别人的车。一辆车。两辆车。三辆车。那个傻瓜造成了连环撞。周五晚上。在第8街区的褐色房子那里。他撞坏了那些汽车，但他没有破坏我们的社区。

还有一些作家的风格学生也可以学习和模仿。例如，尼基·格莱姆斯的《布朗克斯假面舞会》(*Bronx Masquerade*) 以不同的人物视角写了一系列独白。此外，所有学生都学过诗，格莱姆斯这本书里也有不同人物写的诗。生活在纽约东哈莱姆区的学生读这本书的时候，我让每名学生都创造一个虚构的人物。我们一起合作虚构了一些细节，以便学生在自己的写作中参考。学生以各自创造的人物的口吻写了一段独白和一首诗。然后，我们把这些合成一本我们自己的书——《东哈莱姆假面舞会》。看到学生把自己生活中的各种元素和虚构人物的生活融合在一起，我感到非常欣慰。学生对其他同学写的内容也非常喜欢。这项写作任务在 6 月完成，我把我们的书给每名学生都复印了一本让他们带回了家。

借用故事结构

我还是小孩子的时候就写过故事。一开始我写的故事比较短，后来就有了一些长篇故事的创意。我常常会为我的长篇小说写下一个详细的开头。然而，我从来没有完成过这些设想中的长篇小说。我常常很快就失去了写作方向，然后就放弃了。我不知道怎样让故事变成我设想中的鸿篇巨制。当我回想过去，我才明白，那是因为我不知道如何设计故事情节。多年来，我的好多热爱写作的学生来寻求我的帮助，他们都有同样的问题。我告诉他们，马德琳·雷在我读研究生时告诉我一句话（甚至到了大学我仍然对情节设计知之甚少），那就是，所有伟大的情节早已被创造出来了，都在民间传说里。所有现代文学作品都是对这些基本原型故事进行排列组合而成的。

在八年级最后一节整本书阅读课上，学生学习了经典成长故事的结构和要素。在阅读了很多成长故事之后，学生听了约瑟夫·坎贝尔在《神话的力量》(*The Power of Myth*) 节目中与比尔·莫耶斯关于成长故事的结构的谈话。然后，学生归纳出了成长故事的结构模型。基于此，再加上在整个学年中提升的虚构文章的写作能力，学生就可以创作成长故事了（展板 5.3 展示了此类作业的要求，学生可以借助附录 7 构思主要故事情节）。

展板 5.3　成长故事写作任务

写作任务：按照成长故事的叙事结构创作一个故事，要有细节描述和对话。

篇幅：5 个场景，每个场景应该有 2 页左右。手写。

截止日期：第一稿截止时间为 5 月 29 日，周二；第二稿（打印稿）截止时间为 6 月 7 日，周四。

第一个场景 在家	第二个场景 离家	第三个场景 探索、挑战	第四个场景 面对挑战	第五个场景 回家
开头	冲突	情节发展	高潮	结尾
介绍主要人物及其家庭生活。进行背景描写。写出人物间的对话。对矛盾冲突进行铺垫。	冲突出现。主要人物离开家。（他自己或许尚不明白自己将开启成长之旅。）合理安排对话、场景描写和动作描写的比例。	离家之后，人物在新的背景中遇到了新挑战。要对新背景或者新人物进行描写。这里会产生什么新的冲突？	人物遇到最后的挑战。情节更加紧张，故事达到高潮。人物也许会做出英雄行为。记住，要有对话和内心独白。	人物回到家。由于这次的经历，人物发生了转变。要运用描写的手法！家里现在是什么样子的？人物相互之间的感觉和他们的行为是怎样的？
截止日期 5 月 22 日	截止日期 5 月 23 日	截止日期 5 月 24 日	截止日期 5 月 25 日	截止日期 5 月 29 日

故事中你可以运用的 4 种类型的冲突：

▶人物之间的冲突；

▶人物内心的冲突；

▶人物与社会的冲突；

▶人物与自然的冲突。

你可以写一个现实的成长故事，也可以融入一些幻想或科幻的元素。故事可以发生在一个熟悉的地方，也可以发生在不熟悉的地方。

此时学生已经准备好写一个长篇故事了，而使用既定的故事结构既能减轻写作的压力，又能起到催化作用。我让学生把故事分成 5 章，每章大约要写两页纸。对很多学生来说，写一个 10 页纸的故事听起来很难，但我的学生已经掌握了叙事技巧，所以就连那些学习很困难的学生都写得很好。将故事分成学生借助自己的阅读经验能够完全理解的部分，有助于学生高效地写出节奏合理的长篇故事。学生精心雕琢多个场景，并为人物从一个地方去往另一个地方设计合理的理由，他们很享受这个过程。学生已经有丰富的场景写作练习经验，已经有能力创作对话和内心独白来丰富人物性格，使人物丰满起来。

在小说创作中，学生在为自己创造新身份的时候，能够融入自己现实生活中的细节。小说创造了一个安全的地方，让学生以富有创意的方式来处理情感和冲突。整本书阅读的方法让学生沉浸在作者的语言中，使学生的语言运用能力得到了提升。

最重要的是，我想帮助学生找到自己的写作风格，以及用自己的风格来表达自己的想法——创造性的或批判性的。整本书阅读的沉浸式体验，以及通过讨论对文学作品的反复解读，为学生在写作中找到适合自己的表达方式提供了巨大的帮助。

第二部分

真实情境中的
整本书阅读课

06

设定预期，提供支持
启动仪式及其他

"每个人都想靠近太阳。"

你掷出一个回旋镖，如果想让它飞回你手里，那么有几个重要因素你得注意。位置、天气以及投掷姿势，这些都很重要，但最关键的是你把它朝空中掷出去的方式。如果你掷得没有技巧，它不会飞回来——或者，更糟糕的是，它飞回来了，但却撞到了你的头！

在整本书阅读课中，我带学生踏上旅程，进入文学的世界。我希望他们的旅程充满意义，希望他们带着丰富的体验和高超的技能满载而归。教学的组织、预期的设定、学习的启动，这些都将影响学生文学世界之旅的过程和结果。

整本书阅读的启动仪式

这天早上 6:45，我已经到了学校，带着 5 盒透明自封袋——每个学生一个。我平常并不总是早起，但今天是个例外：我在为整本书阅读的启动仪式做准备。

我打开一大包便利贴，把它们放在一摞阅读日程表旁边。日程表背面附有便利贴使用指南。旁边还有一沓给全班学生的信。我拿出打印好的书签（书签是一位美术老师——沃尔什女士——设计的，感谢她！）。我把《芒果街上的小屋》从讨论区长凳下的储藏柜中全部搬出来，放在桌子上。我清点了一下，确保所有的书都编了号。然后我在每一个透明自封袋中放入一本书、一张阅读日程表、一封信、一枚书签以及一沓便利贴。通常我会让与我合作的老师或者学生帮我一起做这些。这些教学准备工作看起来很枯燥，但我其实还有点儿兴奋。如果我有充足的时间，我会在做这些事情的时候进行冥想。我把装好的自封袋放在几个大塑料购物袋中，放在一边，然后等待上课铃声响起。

我的第一节课，等学生都坐好并做好准备后，我把他们召集到讨论区。在教室前面每天发布的日程表上，学生看到了"新书"两个字。

"我们要读什么书？"有学生激动地问。

"一会儿你就知道了。"我说。我想对书名暂时保密，留点儿悬念。学生现在已经在讨论区就座。

"现在开始上课。"课代表格里奥宣布。另一名学生用木槌在墙上敲了两次（模仿在法庭上敲法槌），表示开始上课。

"大家知道，今天我们将开始这个学年第一本书的学习。我会给每个人发一个自封袋，里面装着这本书以及学习所需的其他东西。拿到袋子的时候，请翻看一下，里面有我写给你们的一封信。等每个人都拿到袋子，我们就一起来读这封信。"我把自封袋亲手发到每一名学生手里。

用自封袋把所有东西都装在一起，我这么做既有实用的目的——那就是帮助学生建立收纳整理的意识，同时也有一些隐喻的意味。我现在是在把学生送上阅读的旅程，就像家长在旅行前为孩子收拾行李一样。家长在孩子的行李箱里装上食物、水及其他物品，而我则在为学生从书的世界成功返回准备必要的材料。

通常我都让学生自己把材料传下去，但这次我亲自来分发，这也是仪式感的一部分。通过亲手把材料分发到每名学生手里，我同时也传递了一个信号——我相信他们能做到，而且我会关注每名学生的学习过程。

等所有人都拿到自封袋，我就让大家拿出信。

"亲爱的八年级同学们，"我读了信的开头，然后说，"卡利，请你接着读。"卡利于是开始读。卡利读完一段之后，我又喊了另外一名学生的名字，叫她开始读。就这样一个接一个读下去（图6.1）。

信中介绍的是学习一本书的整体安排，所以信的内容根据书的内容、学习的重点以及这本书与整本书阅读课要学习的其他书的关系而定。

下面是我写给学生的信通常包含的内容。

- **对书的简单介绍**。我会对书中的故事、作者、主要人物以及其他我觉得能够引起学生兴趣的内容做一个简单的介绍。我可能会提到某个特别的场景、某个有意思的冲突、某个不会让情节透露的主题，或者某个值得注意的结构。这像是在为这本书做广告。
- **这本书与其他要学习的书的联系**。我会用几句话讲一讲这本书与整本书阅读课要学习的其他书的联系——但不能"泄密"，有些东西要等时机成熟的时候让学生自己去发现。我可能会说，这本书的学习基于我们在前一本书中学过的某些概念，或者基于学生学过的历史知识。

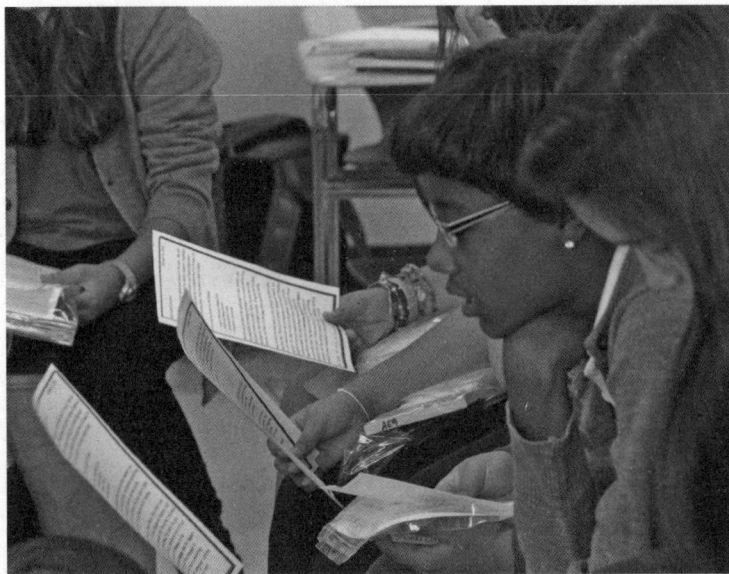

图6.1　学生在启动仪式上读信

- **自封袋中的物品**。我会列出自封袋中的物品。有时候在后面的学习中我不再讲这个，因为以前都说过了，不需要每次重复说。而且我也需要在信中留出更多的空间讲别的信息。我总是把信的长度保持在一页以内。

- **对学生的期望**。我会说明我对学生的阅读和笔记的期望——通常只是对保持阅读进度和写便利贴笔记提出基本的要求。有时候我会让学生用大量时间进行结对阅读，有时候我们课堂阅读的时间相对少一些，有时候笔记的格式会有变化。

- **学习重点**。我会对需要特别注意的文学要素或文学技巧做出提示，因为课堂上会重点学习这些内容。对于《芒果街上的小屋》，我注意到故事情节不是特别连贯，所以我建议学生重点关注语言、意象、背景以及主题。根据学习的书以及教学阶段的不同，我可能会让学生注意冲突和人物的变化。

- **其他要点**。例如，对书中露骨的内容或语言，我会指出："也许作者把这个放在书里，是因为想让其成为故事的一部分，但这并不是说我们可以在课堂或社会上使用。"我会让家长也读到这封信，这一点也很重要。不要忘记，家长是这项教学工作的重要支持者。

- **鼓励**。我通常会在信的结尾表达自己对学习的激动心情——尤其是听到学生在讨论中表达自己感想的时候。我有时候会提醒学生，他们对作品产生的一切感想都是有价值的。他们要做的就是阅读，然后和小组里的同学分享自己的感想。如果哪本书对学生来说太长或者太难懂，我会加上一两句鼓励学生接受挑战和增强毅力之类的话。

　　展板 6.1 中的这封信是写给七年级学生的。展板 6.2 中信的对象是同一群学生，但这封信是第二年写的，此时这些学生已经升入八年级了——虽然这是整个学年第一本书的学习，但学生熟悉整个流程。写给八年级学生的信中提到了便利贴笔记，里面包含了两类新的笔记：主题类笔记和语言类笔记。

展板 6.1　写给七年级学生的一封信

亲爱的七年级同学们：

　　我们现在开始本学年第二本书的学习。这次我们将阅读丽贝卡·斯特德的《当你找到我》。这本小说获得了 2010 年纽伯瑞儿童文学奖——美国儿童文学的最高奖项。这本书既有现实的情节，又有想象的情节，还有一点点科幻的成分。我想你得自己读了才能理解我的意思！对于这本小说，我们的重点是探索书中发生的事是如何影响人物以及如何改变他们的。

　　发给大家的袋子里除了这封信还有下列物品：

- 《当你找到我》精装版一本；
- 阅读日程表及阅读指南；
- 书签一枚；
- 便利贴（包括蓝色便利贴）。

我会在课堂上给你们时间进行阅读，也会布置课后阅读作业。你要跟上阅读进度，每晚至少要写 4 条便利贴笔记（即便没来上这节课或者没来学校，这项任务也要完成）。请把书放在我给你们发的自封袋里，并爱惜书。还请把书每天都带到学校来!

读完全书后,我们会开始真正的讨论(像我们学习《雅各布的梯子》时那样)。请分享你对这本书真实的感想、你的问题和观点。我期待听到大家有趣的发言!这是一本不同凡响的书,请你坚持读下去。

享受阅读吧!

萨克斯老师

展板 6.2　写给八年级学生的一封信

亲爱的八年级同学们:

我们现在开始本学年第一本书的学习。这次我们将学习桑德拉·希斯内罗丝的《芒果街上的小屋》。这是一本由短篇故事组成的中篇小说。故事中的女孩埃斯佩朗莎出生于墨西哥,居住在芝加哥。这本书自问世以来一直被奉为经典佳作。

发给大家的自封袋里除了这封信还有下列物品:

●《芒果街上的小屋》一本;

● 阅读日程表;

● 便利贴及其使用说明;

● 便利贴笔记指南。

我们会在课堂上朗读这本书的某些部分。你要跟上阅读进度,每晚至少要写 4 条便利贴笔记。请按照我给大家的便利贴笔记指南(展板 6.3)上的说明来写笔记。每天都要把书带到学校来,不读的时候把书放在袋子里。

记住,这本书也许和你读的其他书有点儿不一样。这本书里有大量诗意的语言和意象,有时候故事里发生了什么,作者为什么在书里设置这样一部分,并不总是很清晰,你觉得有点儿迷惑很正常。我提供的便利贴笔记指南是为了帮助你像往常一样运用字面思维、推理思维和批判性思维记录阅读感想,同时也别忘了记录各个短篇的主题。你还可以记下有趣的语言以及这些语言对你的影响。对书中描写场景的语言要特别关注。希望你准备好了来尝试一些不同的东西。让作者用她的语言带你旅行吧！

期待在讨论中听到你真实的感想。

萨克斯老师

布林克－华盛顿老师

斯蒂曼－拉维安老师

我们一起读完信之后，我问了几个简单的问题，现场点名叫学生回答。然后我请学生拿出阅读日程表（展板 6.4），问道："阅读的截止日期是什么时候？"等大家找到截止日期，我问："到什么时候我们要读到 130 页？"这样就很容易把每一名学生都调动起来，确保大家都知道怎么看日程表。接下来我会花一些时间回答学生的问题。

"我们可以超前读吗？"有人问。

"日程表只是最低要求，你可以超前读，只要你愿意，提前读完整本书都可以！我们只是确保在参加讨论之前每位同学都读完了。"

"噢！"几名学生松了口气，他们不用刻意放缓自己的阅读速度了。

"提前完成阅读的同学还可以获得探索者机会，这个我们后面再谈。"（关于探索者机会，请参考第八章相关内容。）

"如果没有别的问题，那请大家回到自己的座位，开始阅读。如果你愿意，可以提前浏览一下便利贴笔记指南，不过我们明天还会一起来学习。"

我让学生回到自己的座位开始阅读。学生需要一两分钟安静下来进入阅读状态，我给他们一些时间。毕竟，这还只是旅程的开始。有些学生喜欢在开始阅读前把袋子里的东西都翻看一下，还有些学生喜欢在书页中贴几张便利贴，提醒自己记录感想。

展板 6.3　便利贴笔记指南

常规要求

在每天晚上的阅读中，你至少需要写：

- 2 条开放式心得笔记；
- 1 条主题类笔记；
- 1 条语言类笔记。

开放式心得笔记说明

- 你需要运用字面思维、推理思维和批判性思维。
- 你可以提问题、发表观点、记录你注意到的东西、归纳总结、产生联想等。

主题类笔记说明

- 将所有你认为作者在这个短篇中要表达的主题都列出来，可能的主题 如希望、邻里关系、身份认同、压迫、友谊等。
- 列出所有主题后，圈出你认为这个短篇中最重要的一个主题。

语言类笔记说明

- 找出让你印象深刻的，或者让你觉得有趣或有感染力（表达情感）的 一句话。
- 把这句话抄在便利贴上，记得加上引号，并在句子后面的括号中写下 这句话所在的页码。
- 解释你为什么选择这句话。它让你有什么样的感受或者联想？
- 解释对于作者写的这句话，你注意到了什么。是什么让这句话生动或 者有趣？

展板 6.4 整本书阅读日程表示例

《芒果街上的小屋》（10月）

周一	周二	周三	周四	周五
10月3日 朗读雷·布拉德伯里的《火星编年史》开头部分；进行场景写作练习	10月4日 阅读 第3~20页	10月5日 阅读 第21~38页	10月6日 阅读 第39~78页	10月7日 阅读！ 不上学
10月10日 阅读！ 不上学	10月11日 阅读 第79~102页	10月12日 阅读 第102~110页	10月13日 阅读截止 日期！	10月14日 开始讨论或 写作
10月17日 讨论或写作	10月18日 讨论或写作	10月19日 讨论或写作	10月20日 庆祝写作 完成！	

教室的架子上有班级图书外借记录本，我让班上的学生图书管理员拿着外借记录本到每名学生身边去登记。每名学生都要在自己的那一页外借记录单上记下这本书的名字、编号和借阅日期。我还让我的教学助理去学生的座位旁给每名学生的自封袋贴一个标签，让学生在标签上写下自己的名字，免得弄混。有的学生会用特别的字体写下自己的名字，还有的学生会在名字上画一个心形。我允许他们这么做（一定程度上）。

对有些书，我会朗读开头一页或者几页。一本书的开篇部分可能对有些学生来说是一种挑战，我通过这种方式来帮助学生接受挑战。也有些时候，这样做的目的是通过绘声绘色的朗读来激发学生的兴趣，或是在开始的时候给阅读定个调。

几分钟后，学生通常都已经开始阅读。个别情况下，我会简单地宣布一下阅读开始："我看到几乎所有的同学都已经开始阅读了。从现在开始，接下来15分钟是安静阅读的时间。"（图6.2）

图 6.2　阅读时间

于是，整本书阅读启动了。

学生都很期待整本书阅读的启动仪式，他们对即将进入的文学世界充满好奇，对阅读过程中的自主性感到无比激动，对从文学世界回来后的讨论充满期待。启动仪式有助于老师强化和利用学生的这些心情。

怎样确保回旋镖回到手里？

在整本书阅读的启动仪式上，当我把书递到学生手里时，他们满怀欣喜。对一个新手老师来说，虽然我积极努力，但课堂上难免有讲得模糊或犹疑的地方，而现在学生手里的阅读日程表则为他们的学习设置了清晰的节点。他们愉快地开始了第一天的学习。

接下来的 3 周，我不记得课堂时间是怎么安排的。我偶尔可能会在课堂上给学生一点儿时间让他们阅读，不过这样的时候不太多。我为有些学生的表现感到高兴。几天后，两名女生蹦蹦跳跳地进了教室，跟我说："老师，这本书太、太、太好看了！还有这样的书吗？"不过，对于班上大部分学生，我不知道他们情况如何。

阅读的截止日期到了，我打算开始组织学生讨论。然而，很快我就发现，班上很多学生还只读了开头的几页。

马德琳·雷那天正好在我的班上听课，她看到了我脸上茫然无措的表情。她在教室的另一边对我说："我能提个建议吗？"我点点头。"不如，让完成阅读的同学组成一个讨论组，其他的同学坐在位置上继续阅读。"她说。

我按照她的建议做了。我并没有惩罚没有读完的学生。出现这种情况的责任在我，作为老师，我疏忽了一些重要的事情。我不想在我还不太了解情况的时候就责怪孩子们。7名完成阅读的学生把桌子围成一圈，和我坐在一起讨论，其他学生则安静地阅读。

讨论进行得不错。马德琳旁听我们讨论。过了一会儿，又出现一个意外。

"我读完了！"一名男生从阅读组那边喊。从我给大家机会继续阅读开始，他一直在稳步推进阅读。

"很好，来和我们一起讨论！"我说。从他的发言可以看出，他确实读完了书。到这节课结束的时候，又有几名学生读完书加入了讨论。

那天出现的情况深刻地说明了两件事。第一，就像马德琳说的，"每个人都想靠近太阳。而你，老师，就是太阳。"讨论组对学生来说是个强有力的推动器，这和老师给他们的评分无关，这关乎归属、关注以及表达观点的机会。学生想参加讨论——如果早知道会这样，他们会及时完成阅读。第二，要想让每名学生都完成整本书阅读，我有很多要学习的地方：有学生后来告诉我，他们之前从来没有独自完成过一整本书的阅读。

我从中学到的第一个道理是：学生渴望成功，可是通往成功的路并不总是清晰可见。一个回旋镖，你掷得有技巧，天气也理想，那么它就能飞回来，我们要做的就只是站在那里等它回来。可是每个人技巧各异，天气也时有变化。所以，我们不能就只是等待。可是同时，作为老师，我们又不能代替学生，也不能过度指导，让学生失去体验故事的机会。

接下来，我将描述在整本书阅读课的不同阶段我为全班学生提供的支持，这些支持可以让他们旅程顺利，成功返回（我会在第八章讲述给予单个学生的支持）。

给学生时间让他们阅读

有一点我非常确定，那就是要让学生在家阅读。对不少学生来说，一开始这不太可能。有些学生没有很好的阅读习惯，尤其是在家里。家里可能有各种东西分散他们的注意力。我和每一名学生都说，要在家里找一个安静的地方阅读，或者去图书馆阅读，但这还远远不够。我需要帮助学生培养起新的阅读习惯。那么，要怎么做呢？练习。

我的结论是，如果学生在班上都不阅读，那么他们在家就更不会阅读。教学的黄金定律之一：你如果认为一件事情重要，那就要在上面花时间。对于重要的事情，光说是不够的，你得向学生示范。例如，如果你认为文章结构很重要，你不能仅仅只是告诉学生它重要，你得让学生在课堂上把时间花在它上面；如果你认为词汇很重要，你就要定期关注生词或腾出时间进行正式的词汇学习；如果你认为同学之间的交往很重要，你就要花时间讲解我们该怎样交流、出现矛盾时该怎样处理。同样的道理，如果你想让学生在家阅读，你就要先让他们养成在学校阅读的习惯。

现在看来这个道理多么浅显。但我读中学的时候，老师不给学生时间在校阅读。有个不成文的规则：如果老师没有在教室前面讲话，那就不是在真正上课。所以，我的语文学习就成了这个样子：老师在教室前面讲，我在桌子下面看别的书或者给朋友传纸条。

我开始定期在课堂上安排时间让学生阅读——独立阅读，结对阅读，有时小组阅读。虽说最理想的情况是每天都安排时间阅读，不过，根据语文教学大纲的要求，我们不能做到每天抽出课堂时间阅读。我发现每周抽出 3 天阅读效果比较好，然后学生可以在课余时间补齐阅读进度上的差异。少于 3 天的话，学生对书的内容和相关练习都不够熟悉。

在整本书阅读教学中，阅读不总是课堂教学的重点。有时候我们写作，完成与作品相关的迷你课题，看电影，或者阅读补充素材。为了平衡各项教学活动，我通常安排学生在课堂的前 10 分钟进行独立阅读。以这种方式开始上课比较轻松，学生也乐于阅读。

在安静的阅读时间里，我有时会抽查学生的笔记，或者和学生交流他们的阅读情况。有时我喜欢坐着看学生阅读，或者和他们一起默默阅读。

有的老师会觉得这没教什么东西，而且课堂时间利用得不好。而我认为，这样做就是在向学生传递一个信号：我们现在能做的最重要的事情就是阅读。

每个人都在安静地阅读

每个人

都在安静地阅读。

此刻

不是可怕的沉默，

而是飞翔一般的安静……

呼吸着

同一个房间的空气，

体验着不同的世界。

语言比我们的眼睛

更传神。

谁不属于这里？

也许只有我——

站在跑道上，

指挥着起飞与着陆，

> 站在阅读的安静
> 之外。

——阿里尔·萨克斯

希望学生在截止日期前完成阅读

我对学生最大的期望是学生在截止日期之前完成阅读。在和其他老师谈论整本书阅读教学时，我听到最多的担心是："他们要是不读该怎么办？"这个问题问得很好。不过，对于这种情况，最重要的是老师对学生的期望。实际上，研究表明，老师对学生的期望越大，学生成功的概率就越高。

老师选择了合适的书，师生关系融洽，课程结构严密，并且老师对学生的支持到位，有了这些，我们应该可以让每名学生都完成阅读。我们需要花一些时间来认识这一点。否则，我们就会因为担心学生可能做不到而总是阻止他们去做到。整本书阅读教学要求我们立志高远，然后迎接挑战，帮助学生达成目标。对不同的学生来说，前进的轨迹看起来虽然有所不同，但起点始终是我们期待他们接受挑战，我们相信他们能够做到。

解决家庭作业难题：希望学生在家阅读

在阅读日程表中，我为学生设定了每天的最低阅读量。我向学生明确地说明，学校里没有完成的阅读任务回家必须完成。学生似乎喜欢这种自己管理时间的感觉，并能找到适合自己的阅读时间。这个策略也帮助我解决了家庭作业的难题。

作为一名新手老师，我常常不知道该布置什么家庭作业。有些作业需要在校外完成，布置成家庭作业就很有意义，比如就某件事情对父母进行采访。而有时候，迫于学校甚至学生的压力，我必须得布置点儿什么——好像大家普遍认为"认真的老师"会布置很多家庭作业。我发现自己常常在最后一分钟才想到要布置什么作业，然后又常常忘记收家庭作业。

研究表明，为了布置家庭作业而布置家庭作业对学生的学业或发展没有什么益处。艾尔菲·科恩在《家庭作业的迷思：为什么我们的孩子得到太多的坏东西》（Kohn，2007）一书中从各个方面谈论了这个问题。而美国国家艺术基金会2007 年的研究报告《阅读或不阅读：影响全国的问题》（*To Read or Not to read: A Question of National Consequence*）也表明，是否经常为乐趣而阅读是学业成功的最大影响因素之一，同时也是事业成功和财务成功的最大影响因素之一。韦达·贾雷尔斯，《非裔美国学生和标准化考试：考试低分的真正原因》（Jairrels，2009）一书的作者，称：是否有时间阅读，以及是否为乐趣而阅读（尤其是对高年级学生来说），是影响非裔美国学生学业成绩的最重要的两个因素。

在我从教的第二年，我用一项简单而有意义的任务解决了家庭作业的问题：家庭作业永远是阅读。这项作业可以持续进行，无论是在整本书阅读环节还是在自主阅读环节。不管以哪种方式阅读，我们的要求都是每天（或每晚）大约 15 页的阅读量。当我教的学生是母语非英语的过渡期语言学习者时，要求是 10 页，母语为英语的普通班级则要求是 15 页。到学年末的时候，如果我相信学生能够做到，我通常会要求学生把阅读量增加到每天 20 页。

有时候学生不太理解这种家庭作业。有一年刚开始整本书阅读的头几天，我意外地发现一名平常学习非常主动的学生课后几乎一点儿都没有阅读。我问他怎么回事，他先是说："我不知道。"

"嗯，"我试着开始讲道理，"你没有完成家庭作业……"

"不是的，"他说，"我所有的一般的家庭作业都完成了，我只是没有完成课后阅读而已。"这让我醍醐灌顶！除了阅读，我还要求学生课后完成练习册，主题是拉丁语词根的学习。在他心目中，练习册是"一般的家庭作业，"因为它看起来像家庭作业。他的话提醒了我，我对学生的阅读期望还需要在学生这一方有认知上的提升。

我偶尔会增加一些其他的家庭作业，比如完成词汇练习册（学生会想办法在学校就做完）。阅读是我这门课最重要的家庭作业，因为阅读习惯很值得培养，也因为如果学生课外不投入时间，他们就真的读不了多少文学作品。我知道有个别中学老师会给学生朗读。这么做能让小孩子获得很不错的体验，但朗读一本中长篇小说花费的时间太多了，这种沉浸式体验孩子不可能每天都有。有一位老师花了3个月时间为学生朗读《杀死一只知更鸟》。无论是老师还是学生，都不喜欢在一本书上耗费这么长时间。为了避免出现这样的情况，我们必须让学生无论在课上还是课后都进行阅读。

为便利贴笔记设定清晰的预期

在第三章，我描述了如何教学生在阅读时养成记录感想的习惯。学生在阅读的时候，基本上都会在便利贴上记下3个层面的感想：字面感想、推理性感想和批判性感想。当9年前我带学生完成第一本书的学习时，有些学生全面接受了这种做法，做了大量的便利贴笔记；而有些学生则只写了几条——他们只在老师有明确要求的时候才写。为什么有些学生写得这么少？原因有很多，其中一个原因是，学生似乎对老师的预期缺乏理解——或者说，不理解老师希望他们写多少。对此，一方面，我不想设定一个没有什么依据的数字，规定学生每晚必须写多少；另一方面，我也不想因为我的表述含糊不清或者我完全不明说，给学生带来障碍。于我而言，当我读到一本有趣的书时，我觉得几乎每一页我都可以写点儿评论——就像有的学生那样，因为有太多层面的内容可以评论了。

就在我思考到底该规定学生写多少条便利贴笔记才合适的时候，我碰巧听了一位同事的课，她也要求学生使用便利贴写笔记。我向她请教了这个问题。她告诉我，她让学生在自主阅读时，每晚至少要写3条便利贴笔记。在课堂阅读时间，她会在教室里走动，看一看学生的笔记，了解学生读书的体验，也将这些笔记作为读书会的话题。在教室里走动的时候，她手上会拿一个书写板夹，一边看，一边在上面给学生的家庭作业打分。很明显，她的这套方法效果不错，我也喜欢她这样清晰地告诉学生自己的要求。我想，如果这个方法能保证每名学生每天阅读，并且每天记录感想，那么我也要这么做。

于是我开始要求学生阅读的时候每天最少要写 3 条便利贴笔记。这是对母语非英语的过渡期语言学习者的要求。我现在的要求是每天 15~20 页的阅读量，加上最少 4 条笔记。展板 6.5 展示的是整本书阅读环节和独立阅读环节我每天布置的家庭作业的大致模样。

展板 6.5　阅读类家庭作业

整本书阅读环节家庭作业示例

- 阅读第 121 页以后的内容，至少要读到第 137 页，上不封顶。
- 写 4 条以上便利贴笔记。

独立阅读环节家庭作业示例

- 阅读 15 页以上自己的书。
- 写 4 条以上便利贴笔记。

与全班学生进行非正式谈话

整本书阅读课的成功，或者说得更泛一点儿，阅读的成功，依赖于学生的体验。我跟每名学生单独面谈，评估他们的学习情况，但我同时也想把我的手指搭在整个班级的脉搏上，希望自己能够再接再厉，在需要的地方做出合适的调整。我给整个班级把脉的一个方法是在讨论区和全班学生进行非正式谈话。整本书阅读启动的几天后，我会召集学生开一次班级会议，就只问学生一个问题："阅读进行得怎么样？"我会认真听学生说的每一句话，回答他们的问题，解决他们的担忧。

如果某一本书开头比较难，或者开始的时候学生读得比较慢，我就会提醒他们，作者会在开头部分介绍故事的一些要素（文学术语叫"阐述"）。我督促学生继续读下去，因为很快就会有事情发生！我鼓励学生记下自己对故事以及对作者讲故事能力的想法，肯定的和否定的都可以。还有些时候，学生对故事中的冲突感到震惊，觉得需要和小组成员一起讨论和分析。在整本书阅读环节，我每周至少要跟全班学生进行一次这样的谈话，有时候更频繁，不过，我不会让它占用很长时间，通常 5 分钟就够了。如果在和学生交谈时提到了一个和书有关的很有趣的话题，我会说："哇，真有意思！我们下周讨论的时候记得提这个话题。"这样又能让学生对讨论更加期待。

在与学生的谈话中，如果发现学生在阅读方面存在严重的问题，我通常会设计一些有创意的活动（活动示例参见第七章），帮助学生继续阅读。也有些时候，这样的谈话仅仅是让学生觉得自己的话有人听——对青少年来说这很重要，这也是他们继续学习的动力。最后一点是，虽然学生主要是独自进行阅读，但这样的谈话有助于强化集体意识。

我还让学生每两周写一篇反思笔记，在反思笔记中分享自己对这门课各个方面的思考和感想。这又给学生提供了一个出口，学生可以在反思笔记中分享自己的想法，同时，老师也可以获得反馈。有个叫安娜的学生平常讨论时总是很安静，在反思笔记中，她是这样说的："刚开始书（她自己读的一本书）里很多词我都不懂，然后我看到书的前面有一个类似术语表的东西，对书里大部分术语都给出了解释，对我帮助很大。"读了安娜的反思笔记，我就请她第二天和大家分享她的发现，她很开心地答应了。我学到的经验是，多多倾听，然后想办法利用学生的反馈来推动教学。

及时反馈

我不可能每天晚上都检查学生的课外阅读作业，因为如果要检查，那就需要学生把书交上来，这样的话，学生晚上就不能把书带回家读了。所以，我就在课堂阅读时间抽查。我会在学生旁边站一会儿，读一读他们的笔记。在学年刚开始的时候，对每名学生，我尽量每周都检查几次。我阅读他们的笔记，给他们评一个等级（分 1~4 等，1 级最低，4 级最高）。如果学生按要求读了书、写了笔记，从笔记中可以看出，他在阅读时运用了字面思维、推理思维和批判性思维，我就给这名学生评一个 4 级。我把学生的等级记下来，同时也告诉学生他获得的等级，并向他解释原因。不过，这个等级不会计入成绩。给便利贴笔记评等级的目的是告诉学生，他们需要写笔记。同时，我也通过这种方式来了解学生写笔记的情况，并对学生笔记的质量给出一个初步的反馈。

刚开始的时候，我倾向于对学生宽松一点儿。这个时候学生才刚刚开始学习 3 种思维方式，只要笔记过得去，我就会给出 4 级。如果某名学生的笔记中仅仅只是概述了相关部分的故事内容，我就给他一个 3 级，并告诉他："我注意到你对故事的归纳做得很好。今天晚上，你可以增加一些自己的想法以及阅读时的疑问。"我让学生对笔记进行大量的自我评价或者和同伴互评，所以，这些简短的谈话更多地起到提醒的作用，提醒他们要完成这项写笔记的任务，并要对笔记的质量负责。刚开始的时候，我总能抓住一些读了书却不写便利贴笔记的学生，他们认为这不重要。抽查通常能促使这些学生当天晚上就完成作业——并且请求我第二天再来检查。

在开始第一轮整本书阅读之前，了解学生的阅读情况非常关键，这就是原因之一。有的学生不完成任务是因为还没有形成良好的阅读习惯，而有的学生不完成任务则是因为阅读能力欠缺。很明显，这两类学生需要区别对待。只要在整本书阅读开始前了解了学生的阅读水平，我就可以提前计划，为阅读能力明显低于所在年级的学生选择可以读懂的书，这样就避免了学习开始之后突然发现有的学生存在能力不足的问题，或者误解阅读存在困难的学生的行为，使他们陷入尴尬。

除此之外，我也会把学生的书收上来进行更细致的评估。这会给老师带来很大的压力，因为这项评估需要很快完成，第二天就要把书还给学生，但投入的时间是值得的。这种形成性评价有助于学生了解老师对他们的笔记有什么预期，知道自己哪些方面有待提高，从而有针对性地做出努力，并迅速看到努力的成果。

我对学生便利贴笔记进行等级评价时依据的标准见表 6.1。在这张表格的基础上，对于结构化笔记的使用，我额外增加了一条，比如"冲突分析能力"或"与文字互动的能力"，对应写笔记锻炼的能力类型。

学年之初，在第一轮独立阅读和第一轮整本书阅读中，我用表格中的评价标准来给学生反馈。我每周把书收上来评一次等级，或者不收上来，在课堂上进行检查、评估。在课堂上评等级可以节省时间，但并不是每次都可行。如果把 105 本书都收上来评阅，我大概需要 7 小时才能全部评阅完。这么做对我来说压力太大，也不可持续！不过，要培养学生的习惯，我必须投入时间和精力。为了完成评阅，我有时候需要晚上加班到很晚，甚至要忙到第二天早上。有时候我会把评阅任务分解，每个下午评阅 1~2 小时，整个星期都要评阅。现在我可以让与我合作的老师来帮我评阅，也可以提前安排一个"评阅派对"——更多人一起来评阅有趣得多，也快得多。

等到学生已经将阅读习惯和阅读过程内化，我就不需要那么频繁地进行评阅了。我很快就能整合多种评估方式，包括：非正式的抽查和课堂上与学生的快速会谈，中期正式家庭作业检查（这个会计入总分），以及阅读截止和学习结束时正式的总结性评估。

表 6.1　便利贴笔记等级评价标准

姓名 _____ 日期 _____
书名 _____

阅读习惯总体评价		4	3	2	1
	完成课堂阅读任务的能力				
	完成整本书阅读任务的能力				
	完成便利贴笔记的能力				

阅读过程／质量反馈总体评价		4	3	2	1
	文字层面的理解能力				
	推理层面的理解能力				
	批判性思维层面的理解能力（提出重要的问题，形成观点，进行有意义的联想）				

等级：_____
评语：_____
　　　_____

到了学习中期，我再把学生的书收上来检查时，就不会在每本书上花费太多时间了。我查看学生的阅读完成情况，然后检查他们的笔记，了解他们笔记的风格和质量。我给学生评一个等级，写下简短的评语。每本书的评阅可以在1~2分钟时间内完成，一个班所有学生的书大概3小时可以评阅完。

完成一两本书的整本书阅读之后，视学生对写笔记过程的理解程度和对心得笔记质量要求的理解程度，在评阅时我可以不再受评价细则形式的限制，但细则中的那些要素仍然是我评阅时考虑的方面，所以评价细则仍然在发生效力。只是我评阅的速度更快，只基于评价细则上的所有要素给一个总分。我把评语和评价等级写在一张便利贴上，贴在每名学生的书上还给他们。我的评语内容包括他们做得好不好，需要注意的方面或拓展思维的方面，有时候对他们看书时产生的一些想法我会给出一些反馈。我觉得这种方式更有一种私下里和学生交流的感觉，虽然我没有对照评价细则来对学生做出评价，但也没有丢掉其中的要义。

> 你一节课时长多少？以前我任教的学校一节课是90分钟，我每节课给学生30分钟的阅读时间，几乎每天检查学生的便利贴笔记并评出等级。这样我就没有必要把书收上来，学生也能及时得到反馈。现在我所在的学校一节课只有52分钟，所以我一节课给学生10~30分钟的时间让他们阅读，每周2~3次。我会在这段时间里检查学生的便利贴笔记，但我通常没有足够的时间检查每个人的笔记。这就是我现在每周需要把书收上来一次的原因。

通过评分与学生交流

从我内心来说，我不喜欢给学生打分、评级。我愿意帮助他们，让他们自己设定目标，学习自我管理、取得进步，而我则一路支持、给予反馈。我担心打分会制造和强化外部回馈系统，这样的系统不能激励学生去冒险试错，不能锻炼学生的批判性思维和创造性思维。但我是在一个学校体系中工作，这个体系需要传统意义上的评分机制，恐怕我的教学生涯中一直得这样做。（虽然评分机制还没有消失，但我也看到教育领域发生了很多重大的改变。）

既然我需要给学生的表现打分，也就是说，学生的表现最终都要通过一个数字反映出来，那么这个数字就很重要，它要反映出我的课程中最有意义的是什么。在我的班上，无论是在整本书阅读环节还是自主阅读环节，没有什么比阅读更重要。一名学生如果没有阅读，他就没有真正体验过这门课，他在课堂上的参与就非常有限。在给学生评分时，我尝试过纳入多项指标，每项指标尝试过不同的权重，但自始至终没有变的是对阅读的要求。我总是看着评分册的各项指标思考：学生有没有可能不阅读也能通过这门课？

下面这些指标都与阅读相关，也都反映在我的评分册上的某个地方：

▶ 便利贴笔记的完成情况；

▶ 课堂阅读任务的完成情况；

▶ 讨论的参与情况；

▶ 与作品相关的写作任务的完成情况；

▶ 对与作品相关的小组迷你课题的贡献情况。

一个数字代表的分数非常含糊，但我努力让我的评价指标合理，让学生不可能跳过阅读还能通过这门课。和其他学校一样，我们学校也使用在线评分册，可以为不同的指标设置权重。在设置指标及其权重的时候，我没有把家庭作业和课堂作业分开，并且我把便利贴笔记和整本书讨论整合为一项指标，这项指标占学生这门课整体得分的 30%。另外一个指标，写作任务，占比 25%。在学生的学习进展情况报告中，从每项指标的平均得分可以看出学生在哪方面落后。如果主要问题在于阅读完成度，那么通过这项指标的得分就能清楚地看出这一点。

评分是教育体系既定的方法，通过这个方法，我们告诉学生，在课堂上和学习中，什么可行，什么不可行。但是这个方法传递的信息中混合了很多东西。例如，我想到了利昂。学年开始的时候，利昂告诉我，他不怎么喜欢阅读，过去的课程中他从来没有真正读过什么书。利昂在词义解码和文本理解等能力上没有明显的缺陷，他只是觉得书里没有什么跟他相关的东西。在第一个评分周期，我课上的所有其他任务利昂都完成了，他积极听课，参与整本书阅读相关的活动，课堂上也读了一小部分内容。可是，他把书交上来的时候，书上没有写笔记，所以他这部分完全没有得分。因为他没有完成阅读任务，所以也没有参与讨论。最后，他的第一份学习进展报告中的成绩是 60 分。

对于这个结果，利昂似乎有点儿尴尬，好像这个分数不大符合他对自己学习情况的判断。我也对他的完成度如此之低感到意外，他的能力本不该只得这点分数。我和他以及他的父母见面讨论他这门课低分的原因，以及该如何改进。在学习下一本书的时候，我注意到他在课堂上写了几条笔记，但课外还是没有完成任务，很快就又落在后面。

在这本书的阅读截止日期（周四）的前两天，我让利昂放学后留下来。我给他的妈妈打电话，让他在电话里给妈妈解释他的阅读情况。利昂用同样尴尬的语气告诉妈妈，他没有跟上阅读进度，这本书的阅读截止时间只有两天了，他需要赶起来。之后利昂把电话递回给我。利昂的妈妈对我表达了感谢，并且保证利昂有时间和空间赶上来。利昂的尴尬似乎化解了一点儿，他笑着点了点头说："我会在周四前完成，别担心。"我当时对于他能否完成一定表现出了一丝不确定，因为他补充道："萨克斯老师，你看我的表现吧。"

周四到了，上我的课时，利昂蹦跳着走进教室，手里拿着那本书。他几乎是骄傲地把书啪地拍在我面前的桌上。

"这是什么意思？"我问他。我的好奇心被他激发。

"我说了我会读完的。"他笑着说。我把书翻阅了一下，浏览了他写的便利贴笔记。我担心他没有真正阅读就写了一大堆笔记。这种情况之前偶尔也会出现，对学生和老师来说，这都是很令人失望的。利昂的笔记看起来很不错，但我还不是特别确定，我需要更仔细地读。不过首先，我们要开始讨论了。

那天，听到利昂在讨论中的发言，我所有的疑虑都烟消云散。他那天不仅评论深刻，还成了小组的发言代表。他对细节记忆清晰（也许是因为他刚刚读完这本书），对于自己和同学提出的观点，他能轻松地从文本中找出证据来支撑。他甚至对同学提到的书中的象征手法说出了很多自己的观点。我对此印象深刻。

在这一轮讨论中，利昂的笔记和课堂参与都得了满分，使得这个评分周期结束时他的总成绩提高到了 80 分。更重要的是，从那时候开始，他似乎理解了我在整本书阅读课中对学生的期望，并且努力去达到。总体上来说，他还是有一点儿拖延，但他一直能跟上，表现不错。

我认为，对于利昂的转变，评分是一个重要的影响因素。之前那个 60 分所描绘出来的形象是利昂和他的家长所不喜欢的。他知道自己能改变这个形象，而且，在这个过程中他得到了支持，也有了发奋的动力。尽管我也愿意相信，没有这个评分机制这一切仍然可能发生，但有时候，用一个简单的数字来解决问题不失为一个快捷的方法。

老师与家长的合作

利昂的故事说明，在整本书阅读教学中，关于孩子的学习，老师与家长的合作是多么重要。在我工作过的 3 所学校里，多年来家长一直给予我巨大的支持，每个学年我都尝试以多种方式与家长联系。家长通常也会寻找一些能够帮助孩子提高学业成绩的方法，也会跟进孩子的作业情况。不过，中学生一般希望得到更多的自主权，并不总和家长交流学业情况。

我努力帮助家长跟进学生在语文课上的学习情况，我的方法之一是让布置的家庭作业简单明了且保持一致：学生每天晚上要阅读大概 15 页，并在便利贴上记录阅读感想。我会给学生和家长写一封信，在信中介绍这项家庭作业的要求（展板 6.6）。

在课程期间我也会给家长打电话，还会通过家长会和家长交流如何帮助孩子学习。家长经常感到困扰的是："我问孩子做了作业没有，他总是说做了！可后来发现没做。我不知道该怎么办。"对于这种情况，我有两条建议可供家长参考。

展板 6.6　八年级语文课课外阅读守则

阅读对孩子语文课的学习和语言能力的提高来说至关重要。出于这个原因，孩子需要主动阅读，养成良好的阅读习惯。

在一个学年的大部分日子里，孩子每天需要完成的家庭作业包括以下内容。

1. 对于目前学习的书，每天至少阅读 15 页。

2. 孩子需要写下自己对所读内容的理解和感想，至少 4 条，贴在书页的相应位置。家长要鼓励孩子记录自己最真实的感想。孩子有权表达自己对文本的看法和体验。

3. 在独立阅读环节，孩子可以从教室图书角选择适合自己阅读水平的书。在整本书阅读环节，全班同学都会读指定的同一本书。

4. 孩子每天都需要把书放在自封袋中（这是为了保护书）带到学校来。

5. 通常我们会在周一、周三、周五安排课堂时间进行阅读。除此之外，孩子每天都需要自主阅读（周末也需要用一天时间来阅读），每周共阅读 75 页。

6. 阅读分数占语文课总分的 30%。阅读分数的评定基于以下指标：

● 阅读量和笔记的完成度；

● 笔记的质量；

● 课堂阅读情况和与老师的交流情况；

● 参与讨论及其他活动的情况。

我已经阅读和理解了课外阅读守则的要求。如果有什么问题，我会向萨克斯老师咨询。

学生签名 _____　日期 _____

家长签名 _____　日期 _____

首先，家长想要检查孩子家庭作业的时候（很多家长是愿意的），可以先让孩子把书和阅读日程表拿给他们看看。在整本书阅读环节，我会给每名学生发一张阅读日程表；而在独立阅读环节，学生则填写自己的阅读日程表。家长可以看看孩子的便利贴笔记，或者也可以只检查孩子的阅读和笔记是否跟得上日程安排。这比只是问"做了作业没有"帮助大多了。

其次，我希望家长不要问"做了作业没有"这样简单的、答案是"有"或者"没有"的问题，而是问一些更有质量的问题，希望他们的问题能够让孩子和他们谈论阅读。中学生往往很抗拒家长监督他们的家庭作业；但他们通常又渴望家长的关注，如果家长聊聊阅读的内容，孩子的反应可能会更好。我常常建议家长问"书里发生了什么？"，然后顺着这个话题聊下去。这样的提问经常能引导学生和家长聊一些他们往常不愿意和家长聊的话题，而这些又是孩子生活中有趣又重要的话题。

展板 6.7 展示了我给学生家长的一封信。我把这封信分享给了我们学校的其他语文老师，他们可以在家长会上分发给家长。

除了和家长分享以上这些建议，我还在开始学习一本新书时给家长发送电子邮件，内容包括阅读日程表以及便利贴笔记指南。如果家长不方便接收电子邮件，我会给学生一份打印稿让学生带回家。通常家长会回复我，对我提供这些信息表示感谢，有时候还会对孩子的学习提出一些具体的问题。电子邮件为争取家长对我们工作另一个层面的支持创造了机会。

展板 6.7　给家长的一封信：关于阅读

和孩子谈谈阅读情况

　　孩子每晚都有阅读任务。和孩子谈谈他每天的阅读情况，参与他的家庭作业，助力他学业进步。

为孩子提供安静的阅读环境

　　确保每晚有一段时间孩子可以专心阅读。在阅读时间里，关掉电视、电脑和手机等电子设备。

让孩子谈谈阅读感想

　　让孩子和你说说他正在读的书，在这个过程中，你需要注意以下几点。

- 避免这样问：“阅读作业做了吗？”

- 应该这样问：“今天的书里发生了什么？”

- 问一些关于书中的故事、人物以及矛盾冲突方面的问题，表现出你对书的兴趣。

- 问问孩子对书中人物的看法，或者对书的整体看法。

对日渐独立的孩子来说，这种方式他们比较容易接受。你可以用这种方式和孩子展开很多问题的讨论。

围绕阅读来建立关系

以下活动可以帮助你与孩子围绕阅读建立良好的关系，能够增强孩子的阅读动力。

- 了解孩子喜欢什么书。去一趟书店或者图书馆，挑选一些有趣的新书来阅读。

- 和孩子一起阅读。让孩子朗读给你听，或者你挑选书读给孩子听。

- 和孩子分享你正在读或者以前读过的书。

- 和孩子一起安静地阅读。在孩子独自阅读的时候，拿出你的书，在他身边安静地阅读。读完后再和孩子谈谈你读的内容。

整本书阅读课为学生作为读者和学习集体中的一员的成长提供了无穷的机会，但学生的茁壮成长还需要其他一些条件。老师对学生的学习设定清晰的预期，对学生的表现进行精确的评价，以及从各个层面对学生提供支持，包括与家长合作、互动，这些都是学生将整本书阅读顺利推进的关键因素。

在下一章中，我将分享在整本书阅读教学中，我为了给一些学生提供支持而设计的合作型活动。在第八章中，针对需要支持或需要增加挑战的个别学生，我将分享我的处理方式。

零与整

关于教室的布置

　　我在本书中多次提到我对教室的布置。我的这种布置对高年级的课堂来说不太常见，但有利于我课程的开展。学习环境的设置是教学中一个重要的因素，但常常被忽视。下面我将解释我对教室的布置及其原因，对于没有条件对教室进行合理布置的老师，我也提供了一些其他的建议。

教室的空间布局

讨论区

　　在教室前面，我设置了一个全班可以聚在一起的讨论区（图 6.3）。围绕正面墙上的白板，3 条长凳围成一个 U 型。3 条长凳中间的地上铺了地毯。每条长凳可以坐 5~6 名学生。理想的情况是，所有学生都能在这里围坐成一圈。不过，我的教室每次约有 25 名学生上课，为了让大家都能坐得下，我让一些学生把椅子搬来，坐在两条长凳之间，还有一些学生坐在长凳前的地毯上。我则坐在白板前的椅子上，这样我可以把笔记本电脑上的内容投影到白板上，或者在白板上写字。讨论区为全班活动、上课以及讨论创造了空间。围坐的方式让大家能够听见彼此说话，而且学生几乎不需要转头就能看到彼此。

　　教室里的这 3 条长凳是一位木匠为南希·托斯·坦格尔老师做的。南希·托斯·坦格尔是我在班克街教育学院学习时的校友，她也教授整本书阅读课（后来她不再做老师改做咨询后，就把长凳转送给我了）。长凳有储物空间，我在里面存放全年用于整本书阅读的书。我以前用的是从宜家购买的 3 条诺顿长凳，我用了 6 年。长凳上的垫子不贵，垫上垫子能坐得舒服一些。

图 6.3 讨论区

课桌区

在教室的其他地方，我让学生把课桌每 4 个一组进行摆放（图 6.4）。讨论区占去了教室的很大一部分空间，把桌子成组摆放能够最大化地利用教室空间，同时又便于学生在教室内活动。课桌以组的方式摆放也有利于课堂上同学间频繁的正式的或非正式的互动。课桌款式简单、统一，每人一张桌子的优点是学生拥有相对独立的个人空间。我们偶尔会把桌子分开，比如在考试的时候，会把桌子成排摆放。

图书角

靠教室的一堵墙摆放了 3 个书架，构成了图书角。书架上的筐子中放着书，筐子上的标签注明了书的类别、作者以及其他也许能引起学生兴趣的信息。用筐子是为了方便学生浏览。上课前或者在阅读时间，学生可以从图书角借书或者还书。在我以前任教的学校里，我的教室里没有这种书架，于是我就把装书的筐子放在窗台上，也创造了一个图书角。唯一的问题是，下雨的时候一定要记得关窗！

图 6.4　课桌区

不可或缺的辅助设施

带轮子的电脑桌

我有一个带轮子的电脑桌，我把它放在教室的讨论区，用它来放笔记本电脑、扬声器、铅笔、记号笔以及其他设备。没有一个平面的话，我很难在讨论区使用投影仪。但又不能用讲桌，因为它会占去讨论区太多空间。教室后面有张讲桌，在课堂时间我几乎不会用到它。

地毯

对任何年龄段的学生来说，地毯都是教室里非常棒的配饰。很多学生喜欢坐在地毯上阅读，地毯也让教室看起来更温馨。当我向本地一家地毯店解释了我的用途之后，他们免费送了几块地毯给我。

地毯清扫机

我的教室里一天有一百多名学生走来走去，地毯很容易就被踩脏了。我工作的学校大部分老师没有在教室里用地毯，所以学校的后勤部就没有配备真空吸尘器。我有一个手持式地毯清扫机，能轻松地清洁地毯上的灰尘和毛发。而且这台地毯清扫机工作时也没有很大的噪声，学生很喜欢清扫地毯。

装书用的筐子和厚重的布袋

大部分老师多少都有几个筐子，方便装各种东西。我的筐子是用来装收上来评阅的学生的书。我带4个班，各个班学生的书需要分开放。4个班，每个班都用不同颜色的筐子，问题就解决了。而且，白天我需要有地方放这些书，要不然它们堆在地上，会让教室显得乱七八糟。我还有一些厚重的布袋，用来把收上来的书带回家评阅。

一节课内我对教室空间的利用

下面大致介绍了一节课内我对教室空间利用的一般规律。有些时候我不按这个规律来，比如，组织学生讨论的时候，但大部分时候都是这样的规律。

进入教室时

学生进入教室的时候，先坐在自己的课桌前，这些桌子按每4个一组的方式摆放。学生坐下来，从白板上抄下当天的家庭作业，然后拿出前一天的家庭作业和上课要用的其他东西。桌子上有这节课开始时的活动说明。大部分情况下我们课程开始时的活动是阅读。

讨论区活动时间

规定的5~15分钟（根据活动安排而异）时间到，我摇响手中的铃铛，这意味着学生可以到讨论区来了。如果我摇两次铃铛，意思就是把书或者笔记本（根据活动安排而异）一起带来。

学生在讨论区有相对固定的位置，这个位置与他们在课桌区的位置对应。学期中间我会给学生换座位，那么对应的讨论区的位置也会变化。在学年初，我一组一组地安排学生坐到讨论区来，学生从课桌区转移到讨论区需要一点儿时间。之后，学生对这个流程越来越熟悉，我一摇铃铛，学生就知道要坐到哪里，效率很高。

我们会在讨论区上迷你课程、讨论、展示以及以民主的方式讨论班级事务，我还会在讨论区检查全班阅读进度。对于在讨论区进行的活动，我有简单却严格的纪律要求，这些纪律是由南希·托斯·坦格尔老师的学生创建的。

1. 认真聆听同学和老师的发言。
2. 发言之前举手或轮流发言。
3. 不私下聊天。
4. 尊重个人空间。

对于违反纪律的学生，我们有相应的处理措施，包括当天不能再继续待在讨论区，之后我会和他短暂交流等。我还鼓励学生找到更多的方法来让大家遵守纪律，比如击鼓传球（图 6.5），球传到谁手里，谁才能发言。

我会尽量控制讨论区活动时间，一般不超过 15 分钟，虽然有时候会超时。

独立学习时间

讨论区活动时间结束后，学生回到自己的座位独立学习（或组成小组学习）。对于某些活动，像结对阅读或每个人单独进行的创意写作，我让学生自己在教室里找地方进行，可以就待在自己的座位上，也可以待在教室的任何地方，但是不能坐到别的同学的座位上。在独立学习时间里，我有时候会叫某名学生或某个小组的学生到讨论区来聊聊。

图 6.5　击鼓传球

离开教室时

下课后，我提示学生收拾好桌子。我安排一名学生担任班级的"设备维护负责人"，负责清理桌子和监督同学们把椅子推到桌子下面，避免挡路。

关于教室布置的其他建议

我从教书第一年开始就设置了讨论区。虽然在小学的教室里，讨论区或地毯区是标配，但它在高年级的课堂上就不多见了。设置讨论区是马德琳·雷给我的建议，我从未后悔采用她的建议。我在教学中不断发掘出讨论区的新功能，到现在，我几乎离不开它了。虽然这么说，但讨论区需要占用教室空间，也需要老师花时间去设置，而且也不是每个教室都能设置的。

对于没有讨论区的教室，要怎样布置来支持整本书阅读教学？对此我有两个建议。

将课桌围成圈

　　把课桌围成一个大圈，在教室前面的白板前留一点儿空地。白板用于投影或者写字。在用课桌围成的圈中间放一块地毯和一些垫子，创造出一个阅读区或者小组讨论区。你甚至可以把矮书架放在中间，隔成一个阅读区，也让书触手可及。在整本书阅读课的讨论时间，班上一半学生坐在地毯上，另外一半则坐在自己的座位上独自阅读。你也可以让全班学生都坐在地毯上一起讨论。

　　这种布置方式的缺点在于，不太利于小组活动。对于有些活动，你需要费些力气让学生组成小组。也许每 4 名临近的学生可以把桌子搬到一起，组成小组，一节课结束的时候再把桌子搬回大圈。或者每 4 名学生中的 2 名把椅子搬到另外2 名学生的桌子对面，4 个人共用 2 张桌子。如果活动需要的材料比较少，这样是可行的。

将课桌成组摆放，将椅子围成圈

　　将课桌以几个一组的方式摆放有利于短时间的小组活动，比如"2 分钟时间，就在座位上和同学分享你的想法"当然，这种方式对长时间的小组活动也有利。你可以把课桌以 4 个或 6 个一组的方式摆放，这样可以最大化地利用教室的空间。对于全班讨论，让学生把自己的椅子搬出来沿教室墙壁围成一个大圈。

　　对于这种课内座位的转换，学生需要练习几次才能熟悉整个流程。如果学生在这个过程中遇到了挑战，你要引导学生自己想办法解决。可以使用计时器，看看学生多快能完成座位的转换。对于半班组讨论，可以把课桌搬到教室的一边，摆成一个圈或者一个方框，然后让学生把椅子搬到桌子前围坐。

培养学生的批判性阅读和理解能力
整本书阅读课的教学活动

在学生需要的时候及时提供帮助。

和其他老师谈论整本书阅读课的时候，他们问我最多的问题是：

1. 学生在课堂上阅读的时候，他们在做什么？

2. 你怎样确保学生在学文学概念？

3. 你怎样帮助阅读有困难的学生?

本章我聚焦于问题 1 和问题 2，第八章再深入讨论问题 3。如果将学生的阅读比喻成一段旅程，那么这 3 个问题的答案交织在我为学生设计的教学活动中。

我小时候特别喜欢阿诺德·洛贝尔的《老鼠的故事》(*Mouse Tales*)。其中有一个故事，讲的是一只老鼠的漫长旅程。在这段艰难的旅程中，它需要很多东西。幸运的是，在每个关键时刻，路边都有一个人在卖东西，卖的恰恰是它需要的东西——水、袜子、鞋子。最后，它的脚疲惫得无法继续行走，它需要一双新的脚。"幸运的是，路边，有一个人在卖脚！"每次听到这句话，我都感到非常兴奋，为小老鼠绝处逢生而感到兴奋。这多么幽默，多么令人欣慰。小老鼠得到了它需要的东西，然后继续前行。

当我在整本书阅读课中把学生送上文学之旅时，我鼓励每一名学生去领会文学作品的意蕴，并保护他们的阅读体验。但我也要确保学生得到支持，并且在阅读能力和思考能力上获得成长。为达到这些目标，我自始至终都在为学生提供工具、补充学习素材，以帮助他们完成阅读，并成为批判型读者。我不能做的是代替他们走路，学生必须得自己走完这一段旅程。"在学生需要的时候及时提供帮助"和"代替学生去做"，这两者的区别可能非常微妙。对于某些事情，当学生做起来有困难的时候，你可能不由得想替学生做点儿什么，也可能会指导过多，导致学生的阅读体验被大大剥夺。

为帮助学生在阅读和思考方面取得进步，我设计了一些教学活动。本章中我将分享一些活动的例子，比如，围绕某个文学要素开展小组迷你课题，以培养学生的阅读技能并提升学生的理解力；又如，分析具有相同或相似主题的电影和绘本故事，以帮助学生构建背景知识和积累对类似文本的体验。所有的教学活动都是为了创造机会，让学生之间、师生之间进行合作，使原本孤独的阅读之旅变成一场集体旅行。

在学生"进入故事"时给予帮助

在《当我们阅读时发生了什么？》一文中，心理学家、文学评论家 D.W. 哈丁（Harding，1977）探讨了一种现象，文中对这种现象没有专门命名，就用日常语言较为随意地称之为"进入故事"。在刚开始阅读某本书时，孩子基于书的外观以及开始阅读的条件和环境对书产生某种预期。哈丁是这么说的：

> 基于以前对类似书籍的经验，他需要判断预期获得的满足感能否超过阅读所需要付出的努力……书的开头部分比较难。刚开始的时候……读者处于雾里看花的状态。他不了解故事发生的地点、人物以及作品的状况（虽然和书有关的图片、宣传推广以及之前的阅读经验可能有所帮助）……然后，一切逐渐变得清晰。"进入故事"之前的这段矛盾期非常关键，读者会在这个阶段决定是继续阅读还是把书放到一边……
>
> 对这个矛盾期忍受时间的长短，是检验一名读者是不是成熟读者的真正标准。如果想象的体验不能很快到来，他可能会对阅读失去信心。对一个没有经验的读者来说，迟迟得不到满足是不行的。对快乐的预期必须大于当前的不满。

虽然我不想破坏学生的阅读体验——这种做法也不受学生欢迎——但在学生进入书中的虚拟世界、面对扑面而来的大量信息时，我可以帮助他们应对困难。我可以让某些学生"进入故事"更容易。不过，我不是通过提供故事梗概或者问一些引导性问题来达到这个目的的，而是想一些方法让学生合作，将书中的某些方面带入学生的生活，让这些内容对他们来说不那么抽象。

在学生初次进入故事的时候，为了了解学生的需求，我会在阅读时间走到学生跟前，看看他们的笔记，也会在讨论区活动时间了解全班学生的需求。我试图寻找学生在需求方面的规律，他们的需求涵盖对故事情节的基本理解，对故事背景的理解，以及对比喻性语言和文本视角的分析——学生在整个阅读过程中都在探索这些问题。不过，我会把深层的文学分析留到学生完成阅读之后再进行。了解了学生的需求之后，我会补充一些学习素材来帮助学生获得对作品更清晰、更深层的理解，同时又不剥夺学生解读作品的体验，也不让他们觉得自己的成功得益于老师的帮助。

设计小组迷你课题：将文学要素作为主要支撑力量

我经常设计一些小组迷你课题，让学生来探索文本中的文学要素，我认为这些文学要素能够让学生获得更深层次的理解。我把一个个文学要素比喻成探究文学的一把把钥匙，这些文学要素合起来就形成了探究文学的指南针。某些文学要素，如人物、情节、背景等，较其他要素而言，更初级，更基础。图 7.1 展示的是我设计的一项迷你课题，这个迷你课题围绕冲突这个要素展开。在这里，冲突是第一层次的要素；而其他要素，如主题、风格以及基调等，则相当于第二层次的要素，需要学生深入挖掘，适合在学习了第一层次的要素之后再展开学习。

为了向学生阐释各种文学要素的作用，在下一节课中，我布置了一项叫作"创作世界上最短的故事"的任务，让学生用尽可能少的语言创作一个故事。每一轮创作开始时我都对学生说："有没有什么东西是可以去掉，但故事仍然成立的，哪怕故事不是特别好？"经过几轮催促，故事几经精简，最终版本的核心就是：某人做了某事。这一课展示了故事创作中人物和故事情节的本质。学生总是不由自主地想加入更多的细节，目的是揭示其他要素的存在及其重要性。例如，学生想要为故事中的人物增加一些艰难险阻，或其他和故事结局有关的东西，以此来揭示故事中冲突本身和冲突解决的重要性。而学生想要加入一些与故事发生地点相关的内容，则指向背景的相关性。

- 与同伴合作。你们需要一张 A4 纸、一支记号笔以及一把尺子。在纸的顶端写上书名和你们的名字。
- 从《我就是要挑战这世界》中挑选一个有趣的冲突，绘制一幅下面这样的思维导图来分析这个冲突。

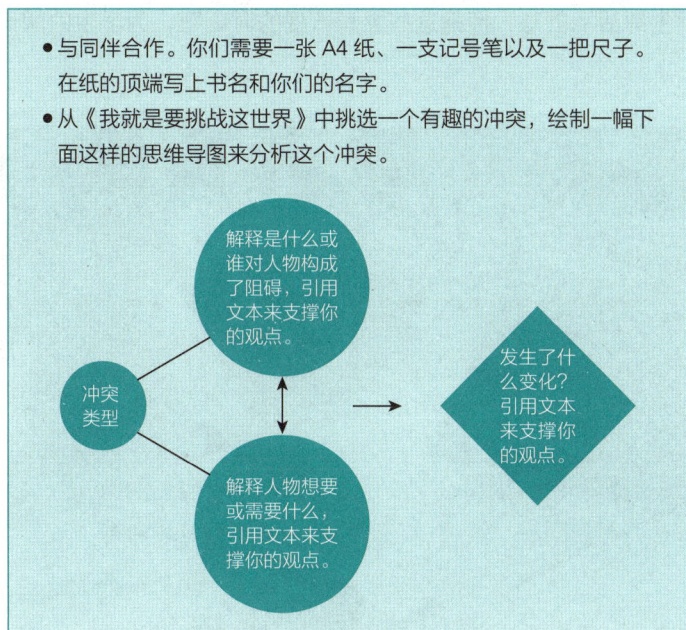

图 7.1　关于冲突的迷你课题

　　我注意到不少学生难以进入故事，有些学生甚至弄不清楚书中的人物分别都是谁。如果故事是以第一人称讲述的，大部分时候，提到主人公的时候都是"我"，所以读者很容易忽略主人公的名字，尤其当文中还介绍了很多其他人物时——有些是家庭成员，有些是邻居，有些是大人，有些是小孩。我在自己的写字夹板上记下哪些学生在这方面有困难。我没有一个个单独为学生解释或"纠正"他们对人物关系的误解，而是设计了一些活动，创造机会让学生合作解决对作品中人物身份和关系的迷惑。从图 7.2 可以看出，学生很喜欢这样的活动。

　　这样的迷你课题有无数种形式。这些年来，我和同事针对不同文本以及学生的不同需求设计了大量的教学活动，有些活动对某些文本效果特别好，对别的文本却一般。有些活动则可以嫁接到任何文本上。有些活动对所有学生都适用，有些则只适用于某些学生。在你读到我的这些活动示例的时候，你可能就产生了适合你自己学生的活动创意。拥抱这些灵光一现的时刻吧，为学生的阅读旅程创造新的工具。

图 7.2　学生合作完成迷你课题

差异化的迷你课题

我经常在一个班让学生同时开展下面 3 项迷你课题，以满足不同学生的需求。

事实与图表

在整本书阅读教学中，基于我的观察，对于辨识书中人物有困难的学生，我让他们开展一项我称之为"事实与图表"的活动。我给他们一张 A3 纸和一支记号笔，并且保证每名学生手边都有我们正在学习的这本书作为参考。然后我向他们讲解活动的内容。这项活动要求学生在纸上写下主要人物的名字，然后在名字下面列出与这个人物相关的事实。在每条事实旁边，学生需要记下这些事实在书中对应的页码。

然后，学生通过合作的方式自创各种笔记类图表，并通过汇集知识、相互帮助，弄清楚了书中人物谁是谁。这项活动为学生重读文本创造了机会，也提供了方法，学生得以回顾文本中的具体信息，更好地理解故事的发展。

人物关系图解

我注意到有些学生的便利贴笔记中较少有推理性感想。这些学生能够读懂故事情节，也分享了对事件和人物行为的看法。但他们没有意识到作者人物刻画中一些幽微的细节、人物间的互动，以及这些互动背后揭示的人物间的关系。学生很容易忽略情节副线，因为它似乎对主要情节没有起到什么作用。实际上，所有故事线最终都对我们理解故事起到重要作用。我想要帮助学生更近距离地观察人物间的关系和互动。

人物关系图解这项活动让学生以小组为单位，对人物之间的关系进行探究。同样，在这项活动中，学生需要 A3 纸、记号笔，需要把书放在手边做参考，还需要活动说明。学生在 A3 纸的中间写上主要人物的名字，其他人物的名字围绕主要人物写在四周。学生将所有人物用线与主要人物连起来。其他人物之间可能也要用线相互连接。

在连接两个人物的线上，学生要对人物的关系做出描述。描述中重要的一点是，不要仅仅局限于人物关系的描述，还可以加上细节描写。在线的下面，学生可以引用相关文本来阐释自己对这种关系的判断。我鼓励学生先去文本中寻找揭示这种关系的相关内容，然后在此基础上做出判断，并用一句话表述出来。

在这项活动中，学生间的对话很有成效。学生分享各自对人物的印象，相互激励，为自己的观点寻找证据。虽然学生阅读的过程是独行，但这样的活动为他们提供了同行的伙伴。

这项活动（以及其他活动）都可以在电脑上借助绘图软件来完成。

与《共同核心州立标准》的关联

"事实与图表"和"人物关系图解"活动可以帮助学生达到"大学和职业准备锚定标准"关于阅读的第 1 条要求："通过精读文本来明确文本要表达

的东西，并由此做出逻辑推理；在写作或口语表达中，引用相关文本作为证据来支撑从文本中得出的结论。""人物关系图解"还对应了"大学和职业准备锚定标准"关于阅读的第 3 条要求："分析文本中的人物、事件、观点为什么以及如何发展和相互作用。"

文学放大镜

　　一些学生在便利贴笔记中表现出对人物及其关系的高度洞察力，我想给他们一个挑战自我的机会，对于他们觉得印象最深刻的场景，我让他们举起"文学放大镜"细致端详。我希望他们在阅读过程中了解作者使用了哪些写作手法，学会观察这些写作手法，并分析它们对读者的影响。尽管这种观察和分析能力能够在之后的讨论中自然地发展，但"文学放大镜"活动可以为想要朝着这个方向前进的学生助一臂之力。

　　我让学生挑选几个场景——最喜欢的，最不喜欢的，或者其他的。让学生在一张 A3 纸上画一个四栏的表格（表 7.1）。在第一栏中，学生要简略描述选择的场景，记下页码。在第二栏中，学生要回答"对你来说这一场景有多有趣？"这个问题，并根据这个问题的答案给这一场景评一个等级（分为 1~4 级）。学生也可以用一个词来形容阅读这一场景时他们的感受。在第三栏中，学生要写出这一场景中作者使用了什么样的写作手法。我把具体写作手法列了出来供学生参考。

表 7.1　文学放大镜的格式

对场景的描述	等级 （1= 最无趣， 4= 最有趣） + 感受	作者使用了什么写作手法？	作者在场景描写方面使用的写作手法对读者有什么影响？

·对话

·第一人称或第三人称叙事

·行为描写

·冲突

·幽默手法

·悬念

·不确定性

·内心独白

·背景描写

·对新背景的介绍

·意象

·对新人物的介绍

·给读者的意外惊喜

·读者的困惑

·倒叙或插叙

·背景信息

·伏笔（铺垫）

·象征手法

·比喻性语言

·讥讽

·反讽

·拟人

·一语双关

·典故

·套话

·陪衬

·并列

·意识流

列表中有些写作手法对学生来说比较熟悉，有些则不怎么熟悉。对于渴望研究未知写作手法的学生来说，这是一个机会，他们可以讨论，也可以提问。

在第四栏中，也就是最后一步，是让学生讨论作者在该场景中使用的写作手法与第二栏中的等级和感受之间的相关性。

这项活动的关键是，其起点是学生自己选择场景并细致观察自己对此场景的感想。这一过程背后的理念映射的是我们整本书阅读课的理念：让学生体会文学作品的意蕴，发出感想，反思自身感想，分析作者是如何引发他们这些感想的。这项活动也引导学生评价作者的写作技巧。当学生选择分析他们认为无趣或令人困惑的场景时，会出现更有趣的讨论。让学生运用文学语言对文学作品进行有效的批评能够为学生赋能。整本书阅读课最终能赋予所有学生这种能力，而且我相信，这种能力能够运用到其他学科和生活领域。

与《共同核心州立标准》的关联

在"文学放大镜"活动中，学生练习了"大学和职业准备锚定标准"关于阅读的第 4 条要求的技能："根据上下文解读词语和短语的意义，包括其字面意义、内涵意义和比喻意义，并分析某个词是如何体现文意和作品基调的。"

根据分析的方向，学生还有机会练习"大学和职业准备锚定标准"关于阅读的第 5 条要求的技能："分析文本结构，包括某些句子、段落以及文本的某些部分（如小节、章、场景或诗歌的节）相互之间是如何关联的，以及它们是如何与整体关联的。"

■■■

前面 3 项迷你课题都是在同一个班级里围绕同一本书展开的。这 3 项活动分属 3 个水平层次，其目的是帮助不同水平的学生，让他们通过组内合作的形式，将理解提升到更高层次。通常情况下，我布置的任务并不区分层次，很多活动通常都是开放型的，任何水平的学生都可以参与。不过，我也会根据需要布置差异化的任务。至于开展什么活动，我会根据文本的性质、学习的重点以及我对学生需求的观察等因素来决定。

■■■

与人物相关的迷你课题

追踪人物的性格特征

在一本书的学习刚开始时，在学生熟悉作品人物的阶段，有一项活动有时候很有帮助。让学生两人一组，想出一些形容词来描述作品中的人物。七年级学生开展这项活动时，我会给他们每人发一张纸，纸上左右两边各画有一个人形框。我先让学生在左边人形框的上面写上作品中主要人物的名字，然后在框里写出描述这个人物的形容词。我要求学生使用表现力强的词语（或短语）。我向学生讲解表现力强的词语和表现力弱的词语之间的差别。例如，在形容人时，"好"这个词的表现力就比较弱，因为它比较笼统，而"富有同情心"则表现力比较强。这项活动于是发展成了一项词汇拓展练习——学生开始进行同义词大比拼，在语境中比较一些同义词的区别。

在后来的学习中，当学生的阅读接近尾声时，我让学生再次回到这项活动，看看人物性格特征是如何变化的，让学生在右边的人形框中填入描写这个人物的词语。有些词语仍然适用，有些则已经发生变化。这项活动尤其适用于那些母语非英语的学生，能帮助他们拓展词汇，为后面马上就要开始的讨论做准备。同时，这项活动也为老师创造了介绍"人物发展"这个概念的机会——在有些书中，则不仅仅是"发展"，还是"转变"。

评定人物的复杂程度

这项活动更适用于八年级或更高年级学生来探索人物的性格特征。在一次整本书阅读课上——当时有一位实习老师芬利·洛根是我的搭档——学生提出了一个重要的批判性观点，他们认为书中有一些刻板、陈旧的人物形象。这么好的一个教育机会不容错过，我和芬利立即在计划进行的描述人物性格特征的活动中加入了一些内容。我把学生分成几个小组，让他们从书中选择一个人物（我建议他们最好不要选择主要人物），把人物的名字写在 A3 纸的上端。然后让学生进行头脑风暴，把书中到此为止描述的人物的性格特征都写在这个人物名字的下方。我让学生至少写一个正面特征和一个反面特征。对于每一个特征，学生至少要在书中找到对应这一特征的一个场景，并写在纸上。在小组讨论中，大家的对话既有趣又充满思辨，尤其是当书中人物性格特征刻画深度不够，缺乏正面特征和反面特征的时候。

完成了人物特征的描述及证据的寻找之后，学生要给人物的复杂程度定一个等级（分为 1~4 级）。这时候我向学生介绍了与人物相关的几个概念：圆形人物（复杂人物或发展中的人物）和扁平人物（平面的、二维的、不变的人物）。每个组确定人物复杂程度等级后，需要写一段文字（学生合作完成这段文字的写作，这种正式文体的写作格式我之前已经讲过）来阐述自己的观点。这项活动促使学生进行批判性思考，并基于文本对这段文字做出评论。

与《共同核心州立标准》的关联

人物复杂程度等级评定活动为学生进入九年级和十年级、达到"九年级至十年级文学类阅读标准"中的第 3 条要求做准备，这条要求是："分析文本中的复杂人物（如那些怀有多重或矛盾动机的人物）是如何发展、如何与其他人物互动以及如何推进情节和主题的。"

理解人物关系的变化

有一年，当学生阅读丽塔·威廉姆斯 - 加西亚的《就像家乡的姐妹》（*Like Sisters on the Homefront*）时，我注意到，班上那些母语非英语的学生能够理解书中的大部分内容，但对于年长的人物（曾祖母和摩西先生）出现的场景则似乎不太理解。我注意到这一点是因为，我发现很多学生在便利贴笔记中都跳过了这些人物出现的场景。为了确认这一点，我问几名学生，为什么没有关于这些场景的感想，他们的回答是："那一部分我看不懂。"学生没有理解故事中的某个细节，我觉得很正常。不过，这些年长的人物，尤其是他们与主人公之间的关系，对于故事的发展和主题都很重要。

我认为，理解书中人物关系的变化对学生很重要。这本书读到大约一半的时候，我让学生从杂志上剪下一些人脸的图片，分别代表年轻的人物和年长的人物，并粘贴到 A4 纸上。然后我让他们为每个人物画一个思维气泡，在思维气泡里写下故事开始时这个人物对别的人物可能的看法，并写下支持这一观点的文本所在的页码。完成这项任务需要有相当强的推理能力。

围绕这一任务的讨论自然需要学生一起重读某些章节，为自己的观点寻找证据。有时候学生会向我寻求帮助。我会和他们一起重读文本，帮助他们理解难懂的部分。有时候我发现，是因为缺乏相关背景知识，有些学生才会对某些部分不理解。

　　大约一周后，我让学生画一个箭头用来表示变化，然后问他们："有什么发生了变化？"这需要学生仔细观察两个人物身上之后发生的事情，才能理解发生了什么变化。大部分情况下，一件事或者一系列事件的发生促使变化的产生。理解了这一点，学生才能更好地讨论和分析整部作品的意义。

> **与《共同核心州立标准》的关联**
>
> 　　"理解人物关系的变化"这项活动可以帮助学生达到"大学和职业准备锚定标准"关于阅读的第 3 条要求："分析文本中的人物、事件、观点为什么以及如何发展和相互作用。"

与冲突相关的迷你课题

　　学生常常有这么一个大致的认识：一个故事必须要有一个问题及其解决办法。不过，这种表达过于简单化，到七年级和八年级，是时候用更文学化的语言来表达了。我告诉学生，在日常生活中我们讨论的"问题"，在文学中，它的术语是"冲突"。而"解决办法"，在数学里叫"解"，在商务中叫"解决方案"，而在文学中，我们说"由冲突向化解冲突推进"，虽然并不是所有的冲突都能得到化解。

　　接下来，我想继续讨论"冲突"一词，它就是学生口中的"问题"的同义词。当然这是为了方便叙述而给出的定义。文学中的冲突，就像生活中的冲突一样，是多面的。我以前的一位同事简・威利斯把文学中的冲突定义为"一个人物非常想要或需要某样东西，而某人或某事阻止他得到"。简指出，冲突并不总是指向冲突的化解，而是导致变化的发生。简为学生设计的用于分析冲突的工具包含 3 个要素：(1) 人物非常想要或需要某样东西，(2) 某人或某事的发生阻碍了他得到，(3) 结果是什么东西发生了变化。

　　对中学生来说，和同伴一起进行冲突分析效果比较好。六年级时，很多老师会介绍内部冲突和外部冲突之间的差异，这个可以用图表来呈现。八年级时，我想要学生了解"社会"的概念，以及在社会中人物如何与他所处的环境和集体互动（反之亦然）。对此，我发现向学生讲授 4 类经典的文学冲突特别有帮助。我提出了人物之间的冲突、人物内心的冲突、人物与社会的冲突以及人物与自然的冲突这 4 种冲突。然后，我让学生观察作品中的冲突，运用简设计的工具进行分析，对于每一个要素，学生需要记录用以支撑它的证据，并且要指出这属于 4 种冲突中的哪一种。

对于任务完成得快的学生，我额外布置了一项挑战任务。例如，学生刚刚完成对《我就是要挑战这世界》中某个冲突的分析（图 7.1），我问两位合作完成分析任务的学生："还有没有另外一个冲突与这个相关？社会有没有对这一冲突起到什么作用？如果有，能否分析这个层面的冲突？又或者，与阿诺和罗迪之间的冲突相关的，阿诺与自己有没有冲突？"我让学生在原有思维导图的基础上增加一些圆圈来呈现其他层面的冲突。

> **与《共同核心州立标准》的关联**
>
> 对于各个层面冲突间的相互交错，学生逐渐能熟练指出来。例如，人物与社会的冲突引发了人物与其他人物的冲突，并在人物内心的冲突中表现出来。学生在讨论中详细地列出了多个层面的冲突，也因此总结出作品的中心思想，这也是"大学和职业准备锚定标准"关于阅读的第 3 条所要求的："分析文本中的人物、事件、观点为什么以及如何发展和相互作用。"

与背景相关的迷你课题

背景视觉化

有时候我们需要让学生慢下来，给他们机会审视故事背景。

我让学生在书中寻找对某个场景的样貌或感觉的描写，并把相关语句抄在一张 A3 纸的底部，然后根据书中的描写或暗示，把这个场景画出来。

这项活动有两个目的。首先，让学生花时间仔细阅读与场景相关的细节。有时候精读会有新的发现，或产生进一步明确场景的愿望。例如，《耳朵、眼睛和手臂》一书中，故事的背景是 2194 年的津巴布韦。书中介绍的各种细节充满想象力，对我们来说非常陌生。于是，学生要求进行精读，以求充分理解。其次，让学生理解优秀的作者在故事背景的创建上做得有多么出色——全都是用语言来塑造的，尤其是背景特别生动的书，如《火星编年史》，或现实背景的书，如《芒果街上的小屋》。学生同时还要明白，作为读者，在理解作品中的人物和故事情节的同时，怎样才能理解这些语言，并在脑海里形成这些场景的图像。图7.3 展示的是《耳朵、眼睛和手臂》学习中一项有关背景的迷你课题。

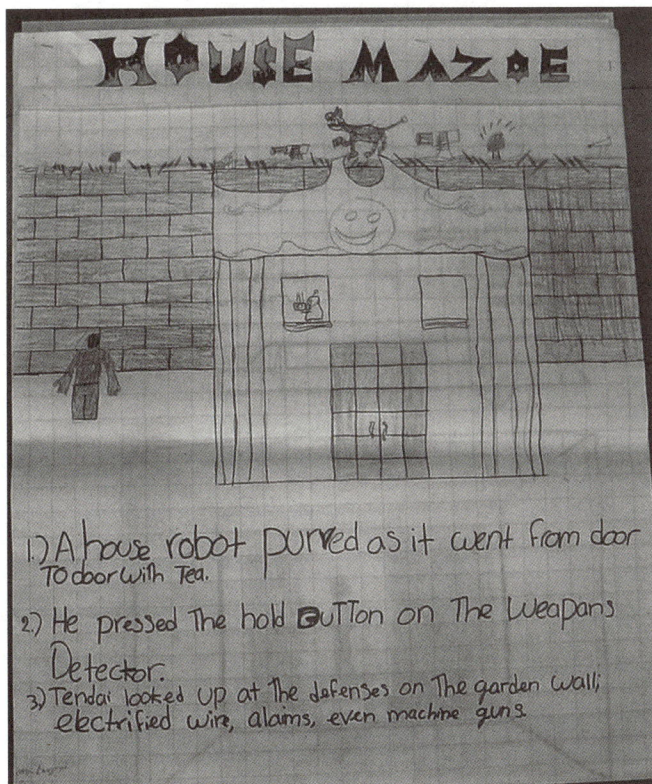

图 7.3   与背景相关的迷你课题

与《共同核心州立标准》的关联

开展与背景和基调相关的迷你课题可以帮助学生达到"大学和职业准备锚定标准"关于阅读的第 4 条要求："根据上下文解读词语和短语的意义，包括其字面意义、内涵意义和比喻意义，并分析某个词是如何体现文意和作品基调的。"

我们还可以对这项活动进行拓展，尤其是对中学高年级学生来说，比如介绍文学中的"基调"这个概念。我们可以让学生重读书中与背景描写相关的内容，并让他们区分其基调。基调可能因场景不同而不同，所以我们可以让学生为他们自己选择的那段内容确定基调。这又是一个扩充学生词汇量的好机会。

绘制多背景地图

如果一本书中有多个背景，这项活动可以稍微变换一下形式，让学生以小组合作的方式为故事的背景画一幅地图。学生可以从阅读之初就开始画，先在一张 A3 纸的某个角落画出背景图，并在图下写下书中相关内容。一周之后，再回到这张纸，添加新的背景图。在有些故事中，这多个背景只是整体环境的不同部分。例如，在《雅各布的梯子》中，画出的地图中可能包括托尔的家和他的学校，香蕉船停靠的海岸，通往海岸的路，以及图书馆。所有这些地方都是托尔的日常生活场所。

在像《耳朵、眼睛和手臂》这样的成长故事中，人物最初处在他们的日常生活场景中，但很快，这一切被打破，他们开始了成长之旅。他们从一个地方到另一个地方，这些地方地理上相隔甚远，风貌上各不相同。

这项活动的一项拓展活动是让学生记录不同背景的联系——不是地理上的——以及人物、历史或情节在不同背景下建立的联系。

关注背景的层次

如果故事主要发生在一个背景里，那么可以让学生关注背景的层次——只要作者对此有较为详细的描写，并提供了相关的信息，学生就能做到这一点。先让学生画一组同心圆，通常是 4 个。从内到外进行：在最内层的圆圈中，让学生描述主要人物最直接的背景，这通常是主要人物的家；在第二层圆圈中，让学生描述与主要人物有直接关系的集体，其中可能包括学校或社区；在第三层圆圈中，让学生找出更大的背景，如城市或地区；最后，在最外圈，写下故事发生的时间、发生在哪个国家或哪个世界。对于幻想小说，这项活动可能会非常有趣。

我更感兴趣的是让学生绞尽脑汁去思考如何确定背景的各个层次，而不是让他们匆匆忙忙得到一个"正确答案"，其目的是推动学生跳出最熟悉的关于背景的定义。像那种能够起到社会批评作用的文学作品，如《杀死一只知更鸟》，其时间和地点对于理解故事有至关重要的作用。有些情况下，时间有助于我们理解那些现在看来比较奇怪的细节。例如，《一百条裙子》一书出版于 1944 年，在学习这本书时，我在班里组织了一次绘画比赛：所有的男生必须画摩托艇，而女生则画裙子。在我们当时的学习中，性别歧视不是重点，只是一个细节，但学生理解起来仍然存在问题，而了解故事背景有助于学生联系上下文理解这个细节。

与基调相关的迷你课题

故事基调戏剧化

这项活动有助于学生理解文本，并有助于老师介绍表现基调的文学手法。我先让学生两人或三人一组，从书中选取一个场景进行重读。大家需要重点关注其中的人物做了什么、说了什么，同时还要关注是怎么说或怎么做的。作者是怎样描写他们的声音和行为的？他们语言和行为的基调是怎样的？

然后学生需要花一点儿时间来练习以戏剧的形式表现故事基调，这项练习类似于"你来演我来猜"。我先确定一个场景，比如一个人在等公共汽车。然后让主动提出扮演这个角色的学生上前来。我递给这名学生一张卡片，卡片上写着一个描述基调的词，如"厌烦"或"欢快"。这名学生要用 20 秒的时间把这一幕表演出来，班上的其他同学看了以后就猜测表演的是哪个词。可以请不同的学生表演不同的描述基调的词。

通过故事基调戏剧化，学生可以在小组内更好地将故事表演出来，最后在全班同学面前表演。我们会在每次表演结束后简单讨论一下故事基调，以及表演者对基调的表达。

与主题相关的迷你课题

主题总乐谱

《芒果街上的小屋》这本书由多个诗意的短篇构成，每个短篇又相对独立。我的八年级学生读这本书的时候，经常有些迷惑不解——他们习惯了传统故事的叙事方式，也一直喜欢这样的叙事方式，可现在它哪里去了？这些短篇是怎样相互联系起来的？对此，我在第四章有过描述。我和与我合作的特殊教育老师丹尼尔·布林克 - 华盛顿让学生在便利贴上记下每一个短篇的主题，在这个过程中，学生发现很多短篇有共同的主题。不过，他们还是感觉故事有些奇怪，支离破碎的。

我和丹尼尔希望教给学生一个方法，以帮助他们探究整个故事的共同主题，这样的话，他们也许能发现规律，然后在这个规律的帮助下分析整部作品的意义。丹尼尔把这个和乐队指挥相类比——乐队指挥在演奏过程中要对总谱了然于胸，这样才能把不同乐器的声音融合在一起。

我和丹尼尔通过阅读学生写在便利贴上的关于主题的笔记，搜集了学生总结出来的各个短篇的主题，然后为每个主题确定一种颜色。学生已经学习过主要主题和次要主题的概念，现在他们和同伴合作，用不同的颜色将主要主题和次要主题区分开来。（在笔记中，学生通过头脑风暴把每个短篇的主题都列了出来，然后圈出了他们认为最重要或最主要的那一个。）为了直观地展示作者为表现这个主题花了多少笔墨，学生还把每个短篇的篇幅以形象的方式展示了出来。如果故事的篇幅是半页纸，学生就用半页纸来表示；如果故事的篇幅有好几个半页纸那么长，学生就把几张半页纸粘到一起。

学生完成对短篇的标记之后，就把这些将主题以文字和图片的形式展示出来的纸贴在教室正面的墙上，这样我们就能看到整个故事的主题。至此，一份"主题乐谱"谱写完毕（图7.4）。

等到学生完成全部44个短篇的标记，并把纸条全部贴到墙上之后，我就让学生在教室前面集合。我给学生一点儿时间让他们看"主题总乐谱"，然后问他们："现在，所有短篇都已经根据其主题做了颜色标记，大家看出什么来了吗？有没有发现什么规律？有没有发现贯穿其中的主线？主要主题和次要主题有什么关系？开头与结尾有何联系？"我并不马上叫学生来回答，而是给大家时间思考，然后让大家讨论。

学生总是能够发现很多东西，我常常为他们的发言感到惊讶。我希望学生领会的思想是，虽然这个故事没有传统的结构，而且看起来可能支离破碎的，但有共同的主题贯穿于整个故事。对此，学生最后往往都能够领会，这从他们的发言可以看出来。

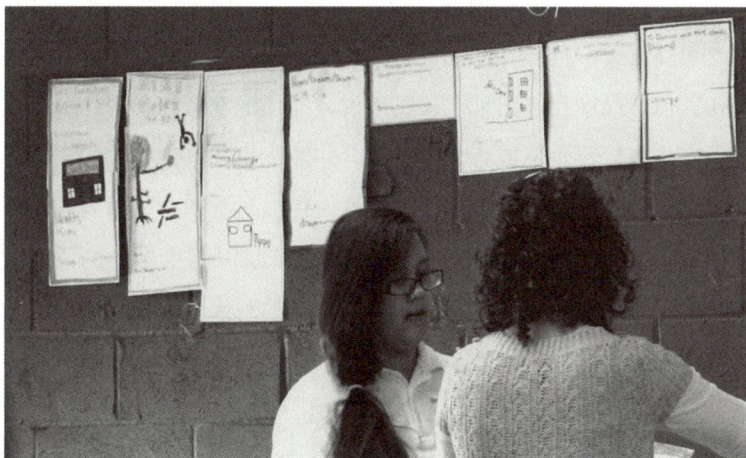

图7.4 谱写"主题乐谱"

　　我们开始讨论这些主题之间的关系。例如，有一名学生注意到，"压迫"和"感到束缚"这两个主题在很多短篇里出现了。而马上，在同一个短篇或下一个短篇中，我们就会看到"希望"和"自由"。作者为什么这样安排呢？她想要告诉我们什么？在这项活动中，我们不是每次都有时间探究这些问题，但这是之后讨论的完美前奏。

分析主题

　　当学生明白了如何找出一本书的主题，他们需要学会追踪主题（主题往往会反复出现），并且努力解读作者对于此主题想要说什么。有一次课上，我和学生围绕主题分析进行学习。我让学生找出电影《烟火讯号》的主题，然后在影片中找出出现这一主题的 3 个场景。学生找到的主题有传统、友谊、宽恕等，然后他们努力描述这些主题在电影的 3 个不同场景中是怎样出现的。

　　就在这一天，我们的课堂上来了一位"不速之客"。他是我们学校的专业发展顾问，但我当时不知道他是谁，也不知道他的具体工作是什么。他听了一会儿课，然后问我学生在干什么。

　　之后，这位发展顾问问我如何为学生定义"主题"。我告诉他，我把主题定义为"一部文学作品中多次出现的观点或话题"。他说我的定义不完全正确，有些东西没有包括进去。首先，他说，这个观点或话题不仅要在一部作品中反复出现，还要在其他作品中反复出现。举例来说，即使泡泡糖在一部作品里反复出现了多次，但它也许还不足以成为一个主题，除非它也在其他作品中出现。虽然我不确定这个定义是否如此明确，如板上钉钉，但这对我的学生很有用，因为它向学生表明了作品之间的联系。其次，他告诉我："我以前也是一位语文老师，我总是告诉我的学生，主题是一部作品中反复出现的观点，但是，"他继续说，"这还不够。这个观点也是作者着重描写的。"

　　我常常感到烦恼的是，学生来到我的课堂，心里面认定，主题就是"教训"或一个故事的寓意。我把主题比作一种音乐旋律，它在一长段音乐中反复出现，并且可以识别。在大学，关于文学作品主题的讨论，我学习的重点似乎是寻找规律。我曾经认为，作品中反复出现的东西就是我们需要关注的重点。但这位顾问向我指出，这才是主题分析的关键：一旦我们识别出主题，我们必须记住，它是作者有意引入的。实际上，我在文学学习中懂得了这一点，但我在教学中没有明确地向学生讲授这一点。作者通常不是有意识地去传达关于主题的特定信息，而且有些主题并不涵盖作品的核心信息。尽管如此，作者还是试图在主题的呈现中给读者留下一些思考的空间。而我们的任务是反复琢磨它，并解读它对作品的意义。

此后，我再没有机会和那位顾问交谈，但那天简短交流中他的智慧令我难以忘怀。现在，我的学生都是这样来分析主题的：首先，他们合作识别出主题，将其写在纸的顶端；其次，他们找出故事里关于这个主题的 3 个关键点；最后，他们在纸的底端画一个框，在框里面解释，关于这个主题，作者想要表达什么。最后这部分工作要等到学生读完整本书或看完整部电影才能完成。我通常在让学生看完电影《烟火讯号》之后布置这项迷你课题。我们将要阅读的下一本书和这部电影有相似的主题。我用这部电影来探究作者关于某个主题的所思所想，同时也是在教学生，让他们将相同的思维过程运用到接下来的阅读中。开展这项迷你课题还有一个额外的好处——课题的成果可以成为一份很好的作文提纲。学生可以在之后根据这份提纲写一篇作文；当然，他们也可以先积累经验，等到需要写一篇关于主题的文章时，再参考这份提纲。

与《共同核心州立标准》的关联

"分析主题"活动可以帮助学生达到"大学和职业准备锚定标准"关于阅读的第 4 条要求："根据上下文解读词语和短语的意义，包括其字面意义、内涵意义和比喻意义，并分析某个词是如何体现文意和作品基调的。"

利用绘本学习故事结构

初级读者阅读篇幅比较长的书时就会面临一个问题：这本书能否持续吸引他们的注意力。当我八年级的英语为非母语的过渡期学生开始阅读《耳朵、眼睛和手臂》这本书时，很自然的，我有些紧张，因为这本书全是密密麻麻的小字，有300多页。就这本书来说，我认为，学生的困难不是认识书里的人物，所以我没有选择用人物关系卡来作为辅助工具；对学生来说，真正的困难是这本书太长了，他们需要先阅读大量关于各种场景和次要人物的描述，然后才能抓住故事的主线。

对我来说，这本书的阅读难度不大，因为我能识别它的基本故事图式——它是一个成长故事。故事的主人公离开自己的家后，在判断上犯了致命的错误，被绑架了。我知道后面会发生什么。我知道他们会遇到各种困难和奇怪的人。我知道主人公的智慧和勇气会得到增长，然后他们会克服这些困难。我还知道他们最终都能够顺利回家，他们与父母的关系也会变得不一样，这说明他们在这一段经历中收获了成长。阅读中有趣的部分在于探索作者的创作模式——作者怎样通过其创造的人物、背景和意象让情节可信而有趣。我的学生如果也能发现这一模式，也许就能以一种更放松的方式来享受阅读了。

我还记得在班克街教育学院马德琳·雷的儿童文学课上学习过的两本经典的绘本：莫里斯·桑达克的《野兽国》（*Where the Wild Things Are*）和威廉·史塔克的《驴小弟变石头》（*Sylvester and the Magic Pebble*）。在课上，这两本书都激发了高水平的讨论。马德琳指出，这两个故事都是成长故事。我决定将这两本书用作《耳朵、眼睛和手臂》阅读过程中的补充素材。学生通过阅读整部作品的插图，有机会学习故事的结构。我灵光一现想到这样一个主意，效果很好。

为帮助学生理解文学作品中经典的拱形结构，并将其应用于长篇小说的阅读中，我带学生学习了《野兽国》。就像其他研究者发现的那样，中学生其实很喜欢重读这些深受读者喜爱的绘本，尤其是这本《野兽国》，它具有很高的艺术价值。这个故事有一个经典的拱形结构，我们也把它看作是一个经典的成长故事的例子。围绕这本绘本进行的 4 天的课程中包含了学习周期的 3 个阶段（第四章有描述），这 3 个阶段是探索阶段、术语介绍阶段和概念运用阶段。这是一种建构主义的学习方法——学生去探索和发现，老师介绍一些术语，帮助学生为自己的发现命名。

第一天：探索故事

我先给学生朗读故事，然后让学生进行简短的讨论，交流感想和提出问题。然后我让学生以小组的形式精读故事，围绕几个提示词来探索故事的各个方面，提示词如"迈克斯""背景""母亲"等。每个小组有一本《野兽国》，以及写有提示词的作业单（附录 2）。我希望学生在这项活动中探究所有能探究的内容：人物及其关系，故事中发生的事，冲突，以及插图等。我希望学生注意到，迈克斯离家越远，越深入荒野，插图占据的空间就越大。到故事中间，在荒野中，有整整 3 页全都是插图，完全没有文字。随着迈克斯返回家中，插图又变得越来越小，文字也多起来，到最后一页就全都是文字，没有插图。我在教室里走动，到每个组看看，在提示词"插图"那里给学生一些暗示，提示他们朝某个方向思考。小组活动结束后，我们回到大组的形式，进一步讨论故事中的人物、冲突以及发生的事。

第二天：绘制情节发展图

第二天我告诉学生，我们要借助一个工具来进一步分析故事（见附录 3 中的说明），这个工具很像医生对病人进行初步检查、了解病人基本情况、发现问题时使用的工具。不过，医生不会就此止步，他还会让病人进行一些实验室检查，看看病人到底出了什么问题。

我在白板上画出下面这个图形。

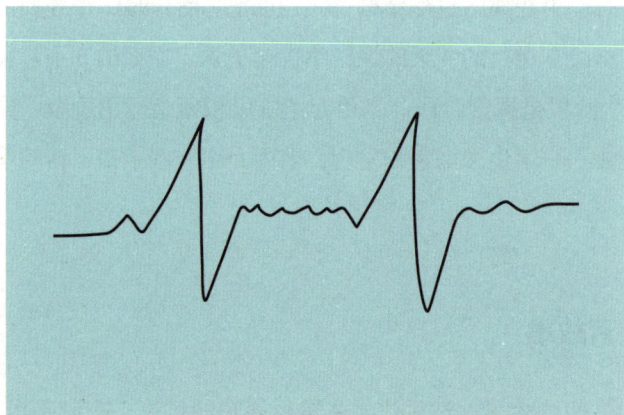

我问学生："谁见过这个图形？"

很多学生举手。

"这是什么？"我问。

"这是声波。"

"很好！还可以是什么？看到它你会想到什么？"

"地震！用来表示地震强度的里氏震级！"

"医院里用的机器，显示人的心跳频率的！"

"如果我们说这是声波，那么这个顶部代表什么？"我一边问一边指向折线的顶端。

"声音大！"

"那么最低的部分呢？"

"声音小，或者没有声音。"有人回答。

"好的。那么，如果是地震呢？这个最高点代表什么？"

"一个很大的地震。"

"如果是医院的机器呢？这个最高点意味着什么？"

"心脏在跳动。"

"如果它是平的呢？"

"心脏停止跳动了。"

"那么，这些都有什么共同点？这些最高点意味着什么？"

"激烈的！"

"力量！"

"强度！"

"很好！"我说，"那么，现在我们要把'强度'这个概念运用到阅读体验中。一个故事——可以是一本书里的，也可以是一部电影里的——最紧张的部分是什么？"

"就是你特别想知道接下来会发生什么的部分。"

"那是什么样子的？或者给你怎样的感觉？"

"都紧张得坐在椅子边上了。"

"不敢相信发生了什么。"

"那么与之相反的呢？不那么紧张的部分呢？"

"普通，无趣。"

"给你什么样的感觉？"

"一般般，昏昏欲睡。"

"有兴趣，但没什么特别的。"

我在白板上画了一条 x 轴和一条 y 轴。我乐于给学生机会来展示他们的数学知识，所以我问横的是什么轴，竖的是什么轴。我在 x 轴旁写上"故事中发生的事"，在 y 轴旁写上"故事的紧张度"。

"《野兽国》中发生的第一件事是什么？"我问，并把这本书递给离我最近的学生。

"迈克斯淘气捣蛋，闯祸了。"学生回答。我在 x 轴靠近开始的地方画一个点，在下面写上学生的回答，并标上"事件 1"。

"现在，从 1~10 中选一个数字给故事的紧张度打分的话，这个故事现在的紧张度是多少？"我问。学生的回答不尽相同。有的说靠近 7 或者 8，有的说 5，也有的说 2 或者 3。

"关于故事的紧张度，没有所谓的对或者错，因为我们每个人对故事都有自己的体验，我们对紧张度有不同的定义。不过，我们要在图上表示出来，让我们取个平均值吧。"

我在 x 轴的"事件 1"与 y 轴的"5"的交点那里画了一个点，然后让学生用同样的方法继续解读故事中发生的每件事。最终得到的是一条曲线，表示故事情节的发展。最后，学生要合作写一段话，解释这条线代表的意思。

第三天：介绍术语

第三天，我把学生画的图贴在教室里。我给学生一个模板，用于记录这些图中的相似点、差异以及规律。在大家看完这些图之后，我把大家召集到一起。我让学生分享自己的发现，我问他们："有没有发现什么规律？"

"我发现大家对故事开端部分的强度的感觉差异较大，但很多同学都觉得中间部分是最紧张的。"

"这个大家都感觉最紧张的中间部分是哪部分？"我问。

"我想，是迈克斯走到荒野去的那部分。"

"嗯，能说得更具体一点儿吗？"我说。

"就是迈克斯成了荒野之王的时候！"有人回答。

"就是他们告诉他'不能走'，然后他站起来说'安静'。"另一名学生补充道。我们达成一致意见，书中就是这部分最紧张。

"为什么每个人都觉得这部分最紧张？"我问。

"因为此时气氛达到了最高点！"一名学生说。

"还有，迈克斯成了国王。"

"有没有人注意到这部分的插图？"

"啊，是的！插图变得越来越大，越来越大，最后占了整个页面！"一名学生回答。

"作者为什么要这么做？"我追问。

"为了把我们进一步带进场景里！为了让情节变得更紧张！"一名学生回答。

"非常好。"我说，"所以，实际上，大家几乎都赞同，作者以这样的方式创作这一幕，就是为了让读者感到更紧张，而且，大部分同学的折线图的最高点都是一样的。对这一部分，文学研究者有一个正式的名称，叫作'高潮'。"我拿起一张标签，在上面写上"高潮"，然后把标签贴在折线的最高点那里。"高潮之后发生了什么？"我问。

"慢慢恢复了正常。"一名学生说。我们讨论了故事中这时候发生了什么。我把"情节回落"和"结尾"的标签贴在"高潮"和故事中发生的最后一件事之间。

接下来我们又看了折线的开头部分，在上面贴上"情节展开""冲突"和"情节上升"等标签（图 7.5）。

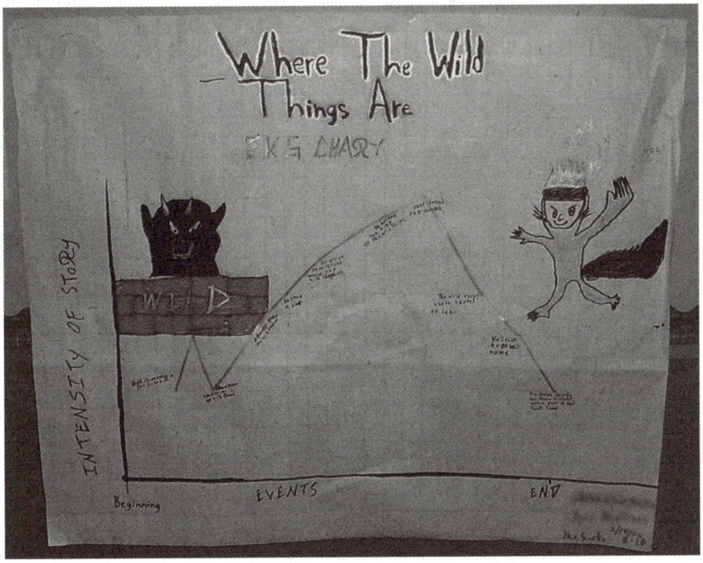

图 7.5 《野兽国》情节发展图

第四天：运用概念

当学生回到书中继续阅读时，我提醒他们在便利贴笔记上标记故事情节发展的各个阶段。例如，情节上升从哪里开始？在《野兽国》中，开篇部分情节就开始上升。但是在其他文学作品中，有时候情节上升阶段可能很长，作者会在这一部分向读者介绍故事背景、人物以及之后故事的背景信息。帮助学生找到这些阶段的规律有助于他们跨越情节交代部分的障碍，在这一部分的学习中学生可能会比较困惑。

除了用情节发展图向学生介绍故事情节发展的各个阶段外，我还希望学生熟悉经典成长故事所特有的故事结构，以便他们在阅读时能够识别和预测故事里发生的事。为此，我们使用了威廉·史塔克的《驴小弟变石头》。我们像在《野兽国》的学习中那样，以小组的形式阅读和研究文本。之后，我请每组学生在一张 A3 纸上画一个大圆圈，然后在圆圈上以一定的间隔把故事里发生的主要的事写下来，并按照情节发展的顺序画上箭头。这个圆圈，我们称之为"人物成长周期"。这个圆圈让学生意识到，成长之旅开始的地方同时也是它结束的地方——驴小弟的家。

学生马上就把《驴小弟变石头》和《耳朵、眼睛和手臂》这两个故事联系了起来。当驴小弟失踪的时候，他的父母发动所有认识的人去寻找，而在《耳朵、眼睛和手臂》中，主人公被绑架后，他的父母雇侦探去寻找。学生还用不同颜色的笔在图上标记每件事，主要基于两个方面的因素：事情发生的季节以及对每件事情感色彩的描述。之后，学生再标记故事情节发展的不同阶段：情节展开、冲突、情节上升、高潮以及情节回落。图 7.6 展示了《驴小弟变石头》的人物成长周期。

概念运用这项活动使人物成长周期得到了直观的呈现，这能够帮助学生理解成长故事的结构模式。在这 4 天的课堂活动的引导下，学生逐渐能够将关于情节以及成长周期的知识运用到自己虚构故事的写作中。

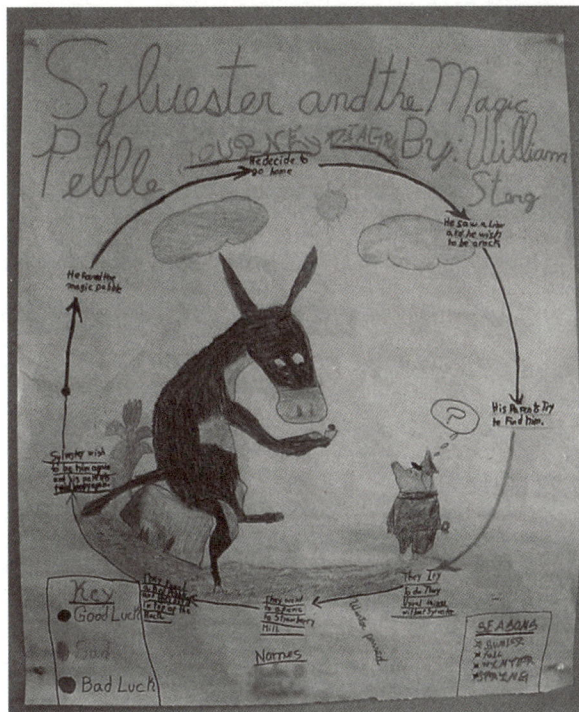

图 7.6 《驴小弟变石头》的人物成长周期

与《共同核心州立标准》的关联

对驴小弟成长之旅的分析有助于学生达到"大学和职业准备锚定标准"关于阅读的第 5 条要求:"分析文本结构,包括某些句子、段落以及文本的某些部分(如小节、章、场景或诗歌的节)相互之间是如何关联的,以及它们是如何与整体关联的。"

比较《驴小弟变石头》《野兽国》以及之后学习的成长小说的主题和主人公的成长之旅,有助于学生达到"大学和职业准备锚定标准"关于阅读的第 9 条要求:"通过分析相同主题或话题的两篇或以上文本,构建关于写作方法的知识体系,比较不同作者所用方法的异同。"

使用补充素材拓展背景知识，发展批判性思维

某些知识的缺乏可能会妨碍学生对所读内容的理解。在整本书阅读过程中，为全班一起阅读提供支持的另一种方法是使用补充素材，以帮助学生填补知识空白。补充素材能为学生提供不一样的视角，帮助学生拓展关于正在学习的书的背景知识，促使学生进行批判性阅读。

使用新闻类文本拓展背景知识

阅读过程中补充各类素材能够为学生提供他们可能缺乏的相关背景知识。例如，《我就是要挑战这世界》中描写了美国爱达荷州一个印第安人保留地的状况。生活在美国东部城市的学生对这种环境很少或几乎没有了解，所以在阅读中，他们对其中的酗酒以及压抑的精神状态感到惊讶、不解。

背景知识的缺乏还可能影响学生对背景描写的批判性思考，因为他们无法辨别哪些是忠于现实的描写，哪些是夸张的表达，哪些可能是作者的个人偏见。所以，我选择了几篇有关当今美国不同地区保留地生活的文章，以帮助学生理解故事背景。在历史课上，学生也正在学习西进运动，了解了一些关于建立保留地的知识，这对他们理解正在读的书也大有裨益。

我还让学生阅读作者的传记文章。例如，在阅读《谁的家庭都不会改变》时，学生在阅读作者的传记文章时发现了作者路易丝·菲茨休几件有趣的事情。第一件事是，作者是白人，但小说中的人物都是非裔美国人。第二件事是，作品中描写的生活和作者自己生活的相似之处。小说的主人公艾玛渴望像父亲一样成为一名律师，而菲茨休自己的父亲就是一名律师。这些信息有助于学生对其阅读的故事进行更具批判性的思考。对这本书的讨论则引出与这本书的写作背景相关的一些问题——20 世纪 70 年代，工作场所性别歧视盛行。我抓住这个机会，找

到一些文章来帮助学生探究这些问题的答案。

《共同核心州立标准》对非虚构作品非常重视，美国的语文老师正努力将更多的非虚构文本纳入课堂。通常来说，我们成年人阅读小说等虚构作品主要以娱乐为目的，而阅读非虚构作品则主要是为了获得我们需要的信息或满足我们的好奇心。好奇是孩子的天性，对孩子来说，非虚构作品也有天然的吸引力；但我们总是不能创造条件，让好奇心来推动孩子对非虚构作品的阅读。小说阅读中出现的问题恰恰成了一个完美的契机，为由兴趣驱使的非虚构作品的阅读创造了条件。

利用文学评论锻炼读者的思维

一旦学生对文学作品的结构或要素有了一些基本的了解，我发现，接触一些相关的文学评论可以让他们在很多方面受益。当学生学习了绘本，并且自主发现了成长故事的结构模式后，我给他们看了《神话的力量》（*The Power of Myth*）中的一个片段。《神话的力量》是美国公共电视台（PBS）于 1988 年录制的系列节目，一共 6 集，内容是比尔·莫耶斯对约瑟夫·坎贝尔的访谈。约瑟夫·坎贝尔是研究世界各地神话和故事的主题的专家，访谈聚焦于坎贝尔的书《千面英雄》（Campbell, 1968）。在访谈中，坎贝尔总结了成长故事的结构模式，并谈了他如何看待这个模式在世界各地的故事和文化——从神话到流行小说，到电影《星球大战》，再到世界各地的宗教——中的反复出现。

我们观看的这个片段大约 5 分钟。我多次暂停播放，以便学生写笔记。访谈中的语言比学生习惯的语言信息量密集得多，坎贝尔的每个句子学生都需要经过很大努力（比如解码文字、反复阅读、运用阅读策略等）才能理解。这项活动要求学生处理复杂的非虚构文本，可以锻炼他们边看边写笔记的能力，并让他们对文学与文化评论家的作品有个大致的了解。这项活动还向学生指出故事情节的发展与主人公性格发展之间的联系，在此基础上，学生能够在文本中找出主人公成长之旅的各个阶段，以及主人公在各个阶段的转变。

　　我向学生介绍的另一种文学评论是报纸和博客上关于青少年文学讨论方面的文章。这在很多领域都是一个热门话题，孩子们也觉得这很有趣。例如，阅读《巧克力战争》前，我和与我合作的特殊教育老师玛西娅·斯蒂曼 - 拉维安决定给学生看一篇关于这本书为什么有争议的评论。这让学生对阅读这本书感到很兴奋，也让他们感觉到，阅读这本书有着更深远的意义。对这本书的争议促使学生反思，作为读者，这本书对自己有什么影响，关于它的争议是否有道理。

　　我们还分享了来自报纸和博客的文章，这为学生提供了一个对自己的阅读进行批判性思考的机会。阅读非虚构作品还让学生有机会接触当今世界与小说讨论相关的话题，并有机会发表自己的观点。

利用电影积累背景知识

　　有时候，文学作品需要关于某个地点、某段历史、结构或主题的背景知识。用精心挑选的电影来帮助学生积累背景知识是一种省时省力的方式。在整本书阅读中，相关的电影可以成为学生的补充学习素材。在阅读谢尔曼·阿莱克西的小说《我就是要挑战这世界》之前，我们观看了由他的另一部作品改编的电影《烟火讯号》。学生通过这部电影了解了小说的背景，对于小说中的人物长什么样子、怎样说话，学生在脑海中形成了心理图像。

　　我的学生全都来自移民家庭，在我们阅读丽塔·威廉姆斯 - 加西亚的《就像家乡的姐妹》时，我注意到，他们缺乏非裔美国历史的相关背景知识，而这本书与此有很大关联。小说的主人公是非裔美国人。对于主人公内心的挣扎和大部分人物关系，学生理解起来都没有问题，但是，对于主人公与长辈之间的关系，他们无法理解一些关键部分。《就像家乡的姐妹》中有一章讲的是盖尔和她的祖母聊天。很多学生特意来告诉我："我不理解第十章。"我翻到这一章，发现是祖母在讲述家族的历史，要理解这部分内容，学生需要对美国南北战争后南部重建以及非裔美国人大迁徙 ① 有一定的了解。

我找到了一部相关的电影——《弗洛拉妈妈一家》（*Mama Flora's Family*）。这部电影和《就像家乡的姐妹》相似，故事中一位年轻人在 20 世纪 70 年代前往美国南部与祖母弗洛拉一起生活。弗洛拉有故事要讲，电影大部分情节都是通过倒叙的方式在讲述这个故事。故事涉及美国南部的租佃制、第二次世界大战、种族隔离、非裔美国人大迁徙、民权运动和废除种族隔离制度等。

学生热情高涨地观看了这部电影，比我想象的还要热情，并立即将其与《就像家乡的姐妹》这本书联系了起来。我让学生合作，为弗洛拉的生活以及学生认为与不同时期的历史事件有关的冲突画一条时间线。这一做法让学生了解了一些和史实相关的背景知识，使他们能够理解书中提到的一些事件。在更具批判性的层面上，它帮助学生理解，人物的某些内心的挣扎与历史上的斗争有关，电影和书中都巧妙地表达了这一思想。

电影也可以成为学生理解书中某些概念的

> 在主要涉及当代青少年成长的虚构作品的学习中，拥有一定的历史知识对于学生理解特定人物起到很重要的作用。对背景知识的渴望来自学生自己——他们想要理解故事里的人物。我之所以强调这一点，是因为现在有一种趋势，老师倾向于选择小说来教授关于某个历史时期以及某个地点的知识，而对于选择什么，学生通常没有发言权。在历史课上，文学作品可以帮助学生了解历史偏见，构建关于某个历史时期和地点的感官图像。然而，我强烈地感觉到，为青少年写的历史小说往往没有达到足够的文学高度，很少值得被纳入整本书阅读课。在艺术层面，许多历史小说在人物塑造方面有很大的缺陷，没有将作者想要的场景通过人物栩栩如生地表现出来。因此，对老师来说，至关重要的一点是，要透彻地理解作品，判断作品是否足够好，以及除了能用于教授关于某个历史时期的知识外，作品是否有足够魅力让学生爱上文学。

---

① 非裔美国人大迁徙（Great Migration）：1916年到1970年间，约600万非裔美国人从美国南部迁移到北部和西部。——译者注

有力工具。在学习《巧克力战争》时，我希望学生理解小说中权力关系和权力结构这个主题。我让学生观看了电影《摇摆狂潮》，这个故事发生在纳粹德国。观看这部电影也为学生提供了机会，让他们在还没有读完小说之前，抛开小说，就可以讨论权力关系和权力结构。我向学生介绍了压迫者、受害者、旁观者、反抗者以及殉道者的典型案例，学生将其与电影联系起来讨论。我还介绍了"道德困境"这个概念，并让学生在创意写作任务中探究人物的道德困境。

学生会把电影和小说自然地联系起来，尽管它们只是在主题上相关。当我们讨论小说时，学生也自然而然地开始应用文学术语。在之后的写作中，学生从多个来源对主题进行探究，这些来源包括《巧克力战争》、《摇摆狂潮》、雪莉·杰克逊的短篇小说《彩票》、马库斯·苏萨克的《偷书贼》以及与探索者机会相关的文本（关于探索者机会的更多内容见第八章）。

来自"路边"的力量

在整本书阅读教学中，有无数种卓有成效的方法可以帮助学生在阅读之旅中获得丰富的体验，而我们只需站在路边，不用代替学生走路。"路边"是一个强大的学习场所。迷你课题让学生拥有了具有批判思维能力的"朋友"，这些"朋友"陪伴学生前行，回应学生的观点，帮助学生深入思考。对文学要素的关注有助于学生在更深层次上理解故事。补充的文本和电影为学生进行整本书阅读提供了更清晰、更丰富的背景知识和平行体验，学生可以以此建立起概念上的联系。

来自"路边"的帮助成了学生学习的支持网络和工具箱。与此同时，学生也明白了，他们在整本书阅读课上读的书就是那条路。他们知道自己要去往某个地方，而且是独自前往。

零与整

让科技融入教育

新科技随时都在涌现，学生需要亲自体验，也需要他人的引领和指导，才能用好这些新科技。根据你所在学校的资源情况，你可以用一些简单的方式将科技手段融入整本书阅读教学中，为学生提供更多的学习机会。

下面介绍的是我在教授整本书阅读课时运用的一些科技手段，以及一旦条件成熟就想尝试的科技手段。

在线讨论

有些教学网站，比如 Edmodo，专门为老师设计，可以让学生在一个较为安全的环境中分享感想。我已经开始将 Edmodo 用于各种目标的教学中。

- ▶ 我让学生将自主阅读的书的信息发布在这个平台上，发布的信息包括书名和一段简短的描述，以及推荐其他同学阅读的书目。

- ▶ 在整本书阅读环节，如果学生愿意，他们可以发表与书相关的评论、问题或做出回复。

- ▶ 获得探索者机会的学生也可以在这里在线讨论，因为通常很难在课上围绕这些书安排讨论。

- ▶ 学生可以在这里发布自己创意写作作品的节选，并获得反馈。

- ▶ 老师可以在这里为学生设计多选题形式的测验，系统自动评分，分数对老师和学生可见。（你也可以设计开放式测验，不过，对于这类测验，Edmodo 显然不能为你评分。）老师可以为测验设置时间限制。虽然我并不是特别喜欢多选题，但有时候这种形式也是有用的，尤其是自动评分，它是个加分项。

这个网站设计得很好，对学生也很有吸引力。对于这个网站的使用，我只提醒一点：老师需要对学生进行严格监管。老师要告诉学生这个网站的使用规则，需要多多登录这个网站，对违反规则的学生要有相应的处理措施。

使用电子阅读器

我允许学生在电子阅读器和平板电脑上阅读和写笔记，只要他们在阅读时间里在阅读，没有偷懒或做别的事情。大部分电子阅读器有"笔记"功能，而且使用者可以在一页中看到全部笔记。我允许学生使用这个功能来替代写便利贴笔记。在评价阅读笔记的时候，我要把学生的电子阅读器收上来，那就需要确保很快就还给他们——通常是当天——或者在课堂上检查这些笔记。（我期待着有一天能发明一个功能，让学生能通过电子邮件把笔记发给老师。）

在谷歌文档上写阅读日志

学校为所有学生都提供了 Gmail 邮箱账号，这非常方便。我以多种方式使用谷歌文档来写阅读日志。学生如果已经掌握了写便利贴笔记的基本方法，那么他们就可以用别的方式记录阅读感想（第八章有描述），其中就包括在谷歌文档上写阅读日志。学生需要将阅读日志分享给我，这样我可以比较方便地在日志上写评语（图 7.7）。

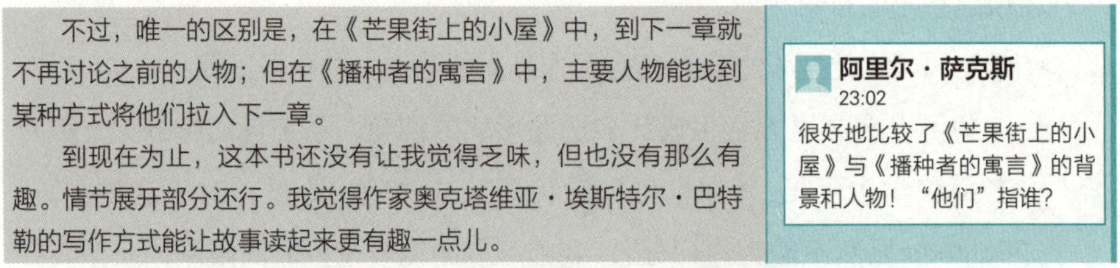

不过，唯一的区别是，在《芒果街上的小屋》中，到下一章就不再讨论之前的人物；但在《播种者的寓言》中，主要人物能找到某种方式将他们拉入下一章。

到现在为止，这本书还没有让我觉得乏味，但也没有那么有趣。情节展开部分还行。我觉得作家奥克塔维亚·埃斯特尔·巴特勒的写作方式能让故事读起来更有趣一点儿。

阿里尔·萨克斯
23:02
很好地比较了《芒果街上的小屋》与《播种者的寓言》的背景和人物！"他们"指谁？

图 7.7 我在谷歌文档上给学生的阅读日志的评语

　　我也让学生和同伴一起阅读一本书，然后在谷歌文档上合作写阅读日志（图7.8），并分享给全班同学，同学们就可以做出反馈，你来我往地留言。我和与我合作的特殊教育老师丹尼尔·布林克-华盛顿一起为学生的反馈创建了一个模板，学生可以在模板中写下反馈，指出其评论的文学要素，回答别人的问题以及向别人提问。这可以成为一个很好的期末考核项目。

阅读伙伴 B		时间：2011 年 6 月 9 日　日志编号 #1　阅读页面：12~31

对阅读伙伴上一个问题的回答： 在书中，到现在为止，我发现蒂娜有能力进行时空穿越，我还发现她是她曾祖父鲁弗斯的守护者。

我对这一部分文本的感想——针对以下方面：

人物	背景	情节	主题	铺垫

天啊，这本书开头的部分特别精彩。蒂娜是故事的主人公。她的妈妈是自由奴隶。她也是自由奴隶。她俩都是自由奴隶。她和丈夫凯文一起生活在洛杉矶。蒂娜有进行时空穿越的能力，我觉得这好神奇。她现在是在几个世纪之后照看着她的曾祖父。唯一的问题是，她和凯文在想办法回家。我觉得这很有用。不过，等等，简直难以置信，当鲁弗斯（她真正的曾祖父）认为自己要死了，她就来了，来帮助他。到现在为止，每一次我读这本书，都觉得它越来越好。

对于这一部分，我留给阅读伙伴思考的问题是： 你认为凯文会和蒂娜一起进行时空穿越吗？如果会，你认为他能意识到自己穿越了吗？

图 7.8　学生在谷歌文档上合作写阅读日志

访问作者网站

　　很多作者有专门的网站，他们在网站上推介作品，分享个人经历。杰奎琳·伍德森、绘本小说家吉恩·卢恩·杨和谢尔曼·阿莱克西等作家的网站都是学生可以访问的。

与其他作者交流

　　在 Figment（一个致力于在线阅读和写作故事的网站）上，青少年作者可以创建个人页面，在上面与其他作者在线讨论或分享写作经验，从别人那里获取反馈，参与社区活动（如比赛）。这个网站现在允许老师为学生创建封闭的在线课堂群。

线上远程合作

E-pals 是一个课堂交流网站，允许不同地区或者世界各地的老师进行合作。老师可以与别的老师组成远程伙伴关系，让学生与别的地方的学生一起进行整本书阅读和讨论。

搜索背景信息

对书中提到的词语或者话题，学生如果存在疑问，我鼓励他们进行在线搜索，获取背景信息。有时候我会设置"今日互联网搜索"作为家庭作业的一部分。

发表书评

学生可以创建一个 Goodreads（美国知名阅读网站）账号，在 Goodreads 上向比全班同学更广大的读者群发表书评。

制作影像作品

学生可以制作与书相关的影像作品。学生可以把书中的场景改编成短视频，可以做成访谈节目；或者假设这本书有一个续篇，为这个续篇制作宣传片。

制作有声书

学生可以把书的内容按章录成音频，还可以为每一章配一首歌曲。会使用库乐队（GarageBand）的学生还可以为书中最精彩的部分创作原创歌曲。

08

以差异化应对多样性
全班一起进行整本书阅读

整本书阅读以及基于体验的学习都旨在为学生
提供许多可能的目的地，无论他们的起点在哪里。

我一直听从马德琳·雷的建议，在整本书阅读中，不规定学生要问什么样的问题，也不规定学生要给出怎样的答案，其原因之一是，我们规定学生这么做的时候，可能以为自己在给学生设立一个可以跳起来够得到的目标，而实际上我们是在传递这样一个信号：到某个地方就可以停下来了。也就是说，我们最终常常随意地给学生指一个地方，或者给他们指一个不合适的地方，让他们停下来，停止探索、思考、提问、冒险。而整本书阅读以及基于体验的学习都旨在为学生提供许多可能的目的地，无论他们的起点在哪里。

我曾在纽约的公立学校教书，我任教的学校里有各种各样的学生，这对我来说既是一种乐趣，也是一种挑战。我现在所在的布鲁克林远景特许学校的学生也非常多元化，从学生的学习风格、特殊需求，到种族、民族以及社会经济状况都有很大的差异。在这样的班级里，学生的阅读水平从小学二年级到大学一年级不等。要为每一名学生确立一个努力的目标对我来说极具挑战性，但我的教学也从未如此有趣，如此有意义。

我将在本章分享我和同事在整本书阅读课中设计和实施的各种实践活动，这些活动为多元化的学生构建了一个理想的教学框架。整本书阅读课具有灵活的结构，可以根据学生的需求解决问题。通过试验以及与特殊教育老师和其他同事合作，整本书阅读课已经成为一门充满活力的课程，每年走进我教室里的学生非常多元，我会根据需要对课程进行调整，以适应这种多样性。

与我谈论过整本书阅读教学法的许多老师都担心这个方法是否适合阅读有困难的学生，因为学生必须读完整本书才能参加讨论，如果没有读完就要推迟讨论，直到完成阅读。实际上，讨论的这个要求无论对阅读水平较高的学生还是阅读有困难的学生，都是有益的，因为这样我们就可以在阅读时间给予不同学生差异化的支持，而不是以齐步走的方式向前推进教学活动。特殊教育老师玛西娅·斯蒂曼 - 拉维安曾和我合作两年，一起教授一个混合班级（即包含有特殊教育需求的学生），她这么说：

> 我认为整本书阅读的方法很适合多元化的学习者，这种方法让孩子，尤其是有学习障碍的孩子，能够以他们自己的节奏、以对他们有效的方式来阅读，不会因为同伴超过自己或者比自己理解得更深刻，或是因为同伴和自己的理解不同而感受到压力。我曾经以其他方式给学生上过阅读课——全班一起读一本书，中间停下来做阅读理解题，

全班一起讨论。在那样的课堂上，我常常发现阅读有困难的学生不加入讨论，因为这样那样的原因，他们感觉不到作品与自己有什么关联，或者无法理解某种形式的阅读素材。

而在整本书阅读课上，我们到最后才完整地进行讨论。我们让学生以自己的方式来阅读，读完整本书后，他们就感觉自己真的准备好了。尤其是当他们知道讨论即将到来，知道讨论的确切的日子，他们可以为加入讨论做好充分的准备。因为所有学生都必须参与，他们都明白自己必须准备点儿什么。通常情况下，学生是不打算分享自己的感想的，而现在，这往往促使他们做好准备，然后就可以全身心投入小组讨论。

我班上也有学习非常有天分的学生，他们一天能够读不止一本书。上整本书阅读课时，我不会把这些学生拖住以适应班上大部分同学的节奏，也不会把他们和班上其他同学分隔开，给他们布置完全不同的任务。在每一本书的学习中，在全班一起进行整本书阅读的理念的引导下，我为这些学生创造空间，扩充学习内容。

营造成长氛围

作为语文老师，我的心愿之一是帮助我的学生过上自己想要的阅读生活。通过整本书阅读课，我为学生提供了一系列学习机会，以及一个学习集体，让他们在这样的集体中去实现"过上自己想要的阅读生活"的目标。尽管如此，有一点我需要澄清：我不完全把自己看成是一名阅读课老师，我认为自己是一个阅读集体的领队。我更多地将自己定位成"学生与文学世界间的清障者"。我想象自己和学生在丛林里披荆斩棘。有时候我可能在领头的位置，清理出一条小路；有时候我可能在向学生示范怎么砍伐灌木或者怎么避开路上的毒蛇。最终，我愿意和他们同行，然后，看着他们在前面带路。我想帮助他们使用指南针、地图以及路标来明确该走哪条路，促使他们合作做出决策，解决"如何做到最好？"这一问题。

在整本书阅读教学中，我所做的工作是明确学生是怎样的读者，他们身上发生了什么，并且帮助每一名学生尽可能充分地进入故事。为了达到这个目标，我首先围绕学生的阅读习惯、兴趣和需求与他们建立关系。读者的类型多种多样，这些错综复杂的差异令我兴致盎然。确定读者的阅读水平只是发现这些差异的方法之一。

在整本书阅读环节，我向学生强调，我们每一个人都有自己独特的阅读过程和阅读感想。我让学生公开分享自己的阅读过程，这传递了一个信号，那就是：这些差异很有趣，值得我们注意。有时候，这种分享聚焦于故事内容和阅读体验（我在第四章对此有介绍）。其他时候，学生的讨论围绕便利贴笔记展开，我发现，这样的讨论非常有成效。

有些学生喜欢写很多条便利贴笔记。"我一直在写，几乎每一页一条。"伊冯说。

"哇，"我鼓励她继续说下去，"你为什么这么做？"

"它们帮助我理解和记忆。"她说。

3只手举起来，热情地挥舞着。我点了杰克的名，他告诉我们："我一点儿都不喜欢写笔记。我只想读书、读书。当我不得不停下来写笔记的时候，我就没有了那种享受阅读的感觉，然后我就不想读了。"

"哦，不会吧？"我回应，"大家对杰克有什么建议吗？他怎么才能解决这个问题？"

"嗯，我是这样做的，"一名学生说，"晚上我想读多少就读多少。阅读的时候，我会在我觉得有趣的地方贴一张便利贴，但什么也不写。读完后再回过头去写笔记。"

"太酷了！你认为这有助于杰克享受阅读吗？"我问。

"是的，因为你可以随心所欲地阅读，而不必担心笔记，但你也不会忘记有趣的部分。我通常是在课堂上写笔记。"这名学生分享了他的策略。

另一名学生补充说："我一次读一章，在这章的最后，我停下来，回去找一些东西来写。"

又有一名学生说:"我读得很快。整本书我两天就读完了。我停不下来。所以,现在我只是回去重读,然后写笔记。"

我问:"第二遍阅读让你有什么新的收获吗?还是它对你来说只是一种负担?"

"起初我以为它只是一种负担,但现在我发现有很多东西可以写。"学生回答。

"当我在家阅读的时候,"乔伦说,"我觉得像是有个家伙坐在我的肩膀上,低声在我耳边说:'别写便利贴笔记,别写!'我有时会听那个小家伙的话。"大家笑了起来。

另一名学生说:"我的感觉恰恰相反!我感觉像是有个小家伙叫我停下来,写条笔记!起初我不听。然后书读到一半,我开始听这个小家伙的话。我写了一条笔记,然后就停不下来了!我有太多东西要写!"

"我的做法是,"洛根分享道,"我只在课堂上写笔记,在家里阅读时不写。在另一门课上,我也需要写笔记,所以我在那门课上写。这样我的笔记就完成了,按时完成。"洛根说的另一门课指的是精读课——除了整本书阅读课,他还上精读课。他的阅读水平明显低于所在年级学生的平均水平,所以被安排上这门课。他愿意分享自己的经历,不感到尴尬,这说明他把多样性看作是我们学习集体中正常而有价值的部分。

我的目标是让每名学生都了解自己的阅读过程,并找到有效的阅读方法。学生在课堂上阅读时,我在教室里走动,和学生就阅读简单地聊几句。在阅读中,学生的文字解码能力和理解文本的能力是最重要的,所以我首先要看看这方面的情况怎么样,如果发现了问题,就对问题进行诊断,并寻找最好的解决办法。

我先扫一眼学生的便利贴笔记——这里记录了他们在阅读时对文本的疑惑和感想,然后通过这些笔记来评估他们的理解情况。

在学生阅读的过程中,我总的原则是,如果学生基本上能理解文本,并记录真实的感想,我就不想打断他们。如果我觉得学生正走在通往目的地的正确的路上,我就只打算鼓励他们继续前进,而不打算打断这个过程。我很愿意和学生谈论他们的阅读过程，对他们进行非正式评价（图 8.1），这样也许能培养学生的元认知能力。不过，如果学生正在目前的路上顺利推进，我不打算这个时候教他们阅读策略。

体验是最好的老师，文学作品可以让读者获得一种虚构的体验。我希望推动学生对作品的思考，不过我认为，学生如果自己或者和同学一起去探索、发现，收获会更大。在合适的条件下，学生在学习集体中阅读，与文学作品产生良好的互动，这种体验会使他们的阅读能力得到极大提升。

图 8.1　对单个学生进行非正式评价

对单个学生的观察和指导

我根据在学生笔记中观察到的问题来做出反馈。表 8.1 呈现的是我观察到的学生的笔记中出现的一些常见问题，以及我对下一步行动的思考。有些学生在讨论中需要一些指导，但在整本书阅读课中，给予指导不是主要的教学模式。在整本书阅读课中，学生主要通过体验来学习。所以，在和学生谈论阅读时，我主要的任务就是找出谁需要一对一指导，谁可能从小组支持和辅助科技手段中受益，谁目前不需要别的，只需要基础课程要求的独立阅读和小组阅读体验。也就是说，有些学生正在正确的方向上前进，虽然其中有的学生可能没有哪个方面特别突出，但我也不试图控制他们。而有些学生偏离了方向，不去干预可能不行，我就会调整他们的方法和关注的重点。

表 8.1　学生学习需求观察表

我的观察	我的目的	我可能会说的话	我的下一步行动
乔的笔记很少，而且表述模糊，看不出他的理解是否有困难。	我想了解乔在理解和写笔记方面是否有困难，并给予他需要的支持。	"嗯，你写这条笔记是想表达什么呢？能否解释给我听？"	如果我觉得乔理解了，那我就和他讨论对于笔记我的期望是什么；如果我觉得他没有理解，那我就进一步从他的笔记中获取信息，然后思考如何为他提供有针对性的支持。
伊拉娜在文字层面和推理层面的理解力较强，但她的笔记主要是关于人物的。她在写笔记时几乎没有运用批判性思维。	我希望伊拉娜在写笔记时加强对批判性思维的运用，或者至少意识到，今后她这方面需要进一步提高。	"我看到你写下了故事里发生的事和对于人物动机的观察，这很好！我希望你多进行批判性思考。对于作者创造的这个世界，你有没有什么看法？书中的人物和你认识的人有何异同？"	我相信这个学年的课程能够为伊拉娜提供工具和机会来提高批判性思维能力。我不需要单独给予她指导。
马库斯在笔记中表达了观点，我也可以从中看出他进行了批判性思考。但他的笔记缺乏细节，我不清楚他是对什么内容做出的反馈。	我希望马库斯写下更详细的表明自己进行了批判性思考的笔记；对于对什么内容做出的反馈，也能写得更明确一些。	我先问他："能否解释一下这条笔记？"然后说："你刚才说的很有趣，但光从笔记中我看不出来这些想法！能不能在笔记中像刚才那样把你的想法更详细地写下来？"	我之后需要回来检查他是否在笔记中加入了更多细节，并要检查他之后每天的笔记。我还需要用同学对马库斯笔记做出的评价强化他留意细节的意识。如果问题持续存在，我需要进一步了解情况：是能力缺陷？还是动机方面的问题？或二者兼有？

续表

我的观察	我的目的	我可能会说的话	我的下一步行动
香缇雅在笔记中主要对故事梗概进行了总结，并提出了问题，缺乏推理性的思考。	我希望香缇雅尝试运用文本中的线索来回答她自己提出的问题。	"我看到你记录了故事的内容，也提出了一些问题，这很好！现在，当你提出一个问题的时候，尝试用故事里的线索来做出最可能的猜测。现在就试着回答一个问题，待会儿我会回来检查。"	我会很快回来检查。我会和她讨论她做出的猜测，让她指出她运用了哪种思维（推理性思维），然后让她和同伴讨论自己提出的问题。
波菲里奥写出了多种类型的笔记，在这个过程中运用了字面思维、推理思维和批判性思维。	我想让波菲里奥知道我认可他的出色表现，并希望他用笔记来推动讨论。我希望他在整个学年中不断进行拓展学习。	"你有出色的洞察力，运用了多种类型的思维，太棒了！"（然后指着一条有关主题的有趣的笔记说）"我希望在讨论中听到你在这方面的更多想法！"	不要挡他的道！教学大纲可以指引波菲里奥在一学年中通过讨论和一系列丰富的阅读体验来发展深层次的阅读技能和理解能力。让他自己去实现这个目标吧。 或者，我会在便利贴笔记上写一条评语，或对此提出一个问题，促使他进行深入思考。

注：在观察学生的笔记并与学生围绕阅读进行交谈时，我真正的笔记没有这么条理清楚。关于老师如何更好地观察学生的笔记，以及在这个过程中老师如何更好地组织自己的笔记，请参考南希·阿特维尔的《在中间》（Atwell，1998）。

你认识这位读者吗？

　　有些类型的读者会给我带来一些挑战，我需要花很多时间才能知道如何提供支持。在这种情况下，我们之间的谈话是让他们走上真正的阅读之路的关键。过去，在有些情况下，我做得不太好，因为我总是忘记先和读者建立关系，我的回应过快或过于强势。阅读有困难的读者往往已经积累起太多的不安全感，他们常常掩盖问题，所以，要想和他们就阅读进行真正的谈话就很具挑战性。还有一些情况下，我的回应过于随意，以为他们最终会自行进步，但他们却没有。

我根据自己的经历总结出阅读有困难的读者具有以下几种类型。

概括型读者

学年初，在自主阅读中，我看到瓦莱丽的书上几乎每一页都有一两条笔记。我一边翻阅书的前二十几页，一边对她说："哇！你写了这么多笔记！"她开心地笑起来。"你觉得这本书怎么样？"我问。

"很不错。"她微笑着说。阅读她的笔记时我注意到，几乎每一条笔记中，她都在概括故事的主要情节。我没有读过这本书，但是通过快速浏览瓦莱丽笔记中摘抄的原文，我可以看出她在阅读过程中很好地记录了主要情节，虽然没有一条笔记运用批判性思维或推理思维。

给她建议的时候，我对于措辞非常谨慎，希望对于她所做的给予足够的认可，不要否定她的努力。一不小心，我可能就会向她表明她仅仅只做了 3 件事中的一件。聚焦她的不足可能是对她当前的读者身份的误解。概括读到的一切，虽然这看起来似乎是在浪费时间——对我们中的大部分人来说，确实是——但我发现，对很多阅读有困难的读者来说，这是一个有效的理解工具。有些读者觉得，如果不去概括故事的主要情节，他们就会忘记自己读到了哪里，忘记自己读过的内容。

阅读时，读者需要在工作记忆中同时储存很多信息。阅读量大的读者对于大多数文字的解码是在无意识中进行的，因此他们的大脑可以专注于体验故事，将新信息融入之前所读的内容中。（对于阅读有困难的读者，我们可以通过讲故事或大声朗读来帮助他们获得这种体验，这样他们就可以在听故事的时候锻炼工作记忆。）如果大脑忙于解码文字，读者体验故事的过程就会变得困难。将每一页或类似长度的文本中的主要意思重新编码是理解的重要一步——理解不仅仅是理解词语，更是理解故事。对学生来说，笔记同时也成为一个索引工具。当瓦莱丽开始阅读下一部分内容，她的工作记忆的负荷两倍于那些阅读量大的读者，但因为写了笔记，她在吸收新信息时可以很容易地回顾前面的笔记以帮助记忆。

我注意到，瓦莱丽上个学年语文测验的分数比较低，尽管她很用功。她没有学习障碍，不过，我怀疑她在阅读理解方面有困难。

我说："瓦莱丽，你记下了故事里发生的事情，做得非常好。我可以看出你真正地理解了所读内容！现在我有个问题要问你。你是否觉得阅读时写笔记有助于更好地理解？"

她点点头。这证明了我的猜想，瓦莱丽为自己设计了一个对目前的自己来说有效的系统，这个系统能帮助她强化自己的"阅读肌肉"。（如果她的回答是否定的，那么我想了解的则是，她是否误以为需要把这些事情都记录下来。这样的误解也常有。）我知道，在我们这一学年的课程里，瓦莱丽会进行大量阅读，我相信，随着时间的推移，她对这个系统的依赖会越来越少。就目前来说，我觉得这个系统对瓦莱丽有效，不需要干预。同时，我也不希望瓦莱丽在笔记方面有所缺失，希望她也对人物和主题进行批判性思考。

"很好！我很高兴你觉得写笔记有用，"我说，"我注意到，你几乎所有的笔记都在讲故事中发生了什么。如果用我们的 3 种思维来总结你的笔记，你觉得你的大部分笔记属于哪一种呢？"

教室前面张贴着有关 3 种思维的内容，对此我们学习和练习过。她看着张贴的内容，说："文字层面的？"

"对，"我说，"你几乎所有的笔记都是文字层面的……除了一个。"我微笑着说。她看起来既开心又有点儿困惑。"我想要你回顾自己所有的笔记，找出唯一那条不是文字层面的。找到后举手，我就过来看。"

然后我就离开了。这是一种策略，给瓦莱丽一点儿时间，不给她造成压迫感。我继续在教室里走动，又检查了其他几名学生的笔记，大部分学生都掌握了运用 3 种思维写笔记的方法，再给他们一些鼓励就够了，他们需要的是继续阅读。然后，瓦莱丽举起了手，我回到她面前。

"我找到了。"她说，指着其中一条明显短得多的笔记（如右图所示）。

她不该那么做。

我微笑着说:"很好!你怎么判断就是这一条的?"

"因为这一条说的是我的想法。"

"这一条你要表达什么呢?"我问。

"嗯,我的意思是,艾丽西娅有麻烦的时候不应该向妈妈撒谎,因为老师可能会给家里打电话,那样麻烦就更大了。"

换成别的学生,我可能会鼓励他们把想法详细写下来——包括完整的人名和具体的细节,而不是用这样含糊的代词。不过,我这次只想对瓦莱丽的批判性思维层面的笔记提出一条反馈意见,所以我暂时没有提及其他。她能把完整的想法都向我说出来,这就很好了。

"我明白了!那么这是哪一种感想?"

她又看向教室前张贴的内容,我给她足够的时间。大概 10 秒钟之后,她说:"批判性感想。"

"你是怎么判断的呢?"

"这是我的观点。"她说。

"对极了!"我说,"接下来,继续你之前的做法,不过可以尝试停下来写一写你的想法或者对于故事的疑问。我知道你一定有想法,也有疑问!如果有需要,你可以看看我们贴在教室里的便利贴使用指南。"

"好的。"她点点头说。

我不指望她马上就有巨大的转变,但我知道,这段谈话会让她明白努力的方向,她也会和我一样在整本书阅读的整个过程中关注她在这方面的进步。

不读书的笔记人

10 分钟的阅读时间里,胡安·卡洛斯一直想和同桌说话。每次我看向他或者说他的时候,他马上低头阅读。一旦我关注别的学生,他又开始和旁边的同学聊天。最后,我让他到讨论区来找我。

"胡安·卡洛斯,你今天似乎很难集中注意力。怎么啦?"

"因为我不喜欢这本书。"他说。这本书是讲棒球的，他喜欢打棒球。

"哦，昨天选择这本书以及开始阅读的时候，你很兴奋的。它没有达到你的预期？"

昨天他还得意扬扬地对班上同学说："这是我喜欢的书！这本书棒极了！"

"我不知道，"他说，"它没我想的那么好。"

"什么没有那么好？"我问。

"我不知道。就好像，它不怎么吸引我。我没有真正读进去。"

"你想另外选一本书吗？"我问。这是我手头上唯一和棒球有关的书。

"不用，我想读这本书，"他坚持，"我会好好读的。从现在开始我不会再讲话了。"

"好的，我一会儿来检查。"我说。我不确定我们有没有找到问题的关键。他回到座位上，安静地学习了 10 分钟，似乎写了很多便利贴笔记。

然后我听到他喊我。我来到他座位旁边，他骄傲地翻着书页，向我展示他写的便利贴笔记。我仍然不确定他进步了多少。我开始读他的笔记。

他的笔记如右图所示，很多页都是这样，仅对一页中的一句话发表感想。每一条笔记都是根据教室里张贴的"写便利贴笔记的建议"来写的。我哭笑不得，我对自由形式笔记提出的那么有限的几条建议，成了胡安·卡洛斯在作业中偷懒——不用阅读和学习就能完成作业——的理由。

> 第一页：我觉得这本书可能和棒球有关。

> 第二页：她为什么手臂上挎着她绿色的包包？

> 第三页：我不明白她为什么说机会渺茫。

> 第四页：我能感觉自己与之相关联，因为我的名字也叫胡安。

我批评他这是偷懒的做法。对于他，我了解到的一点是：他在意别人对他的看法，希望达到别人的期望。这就是为什么读这本书之前他会在班上吹嘘，为什么我每次往他那边看的时候他会停止说话，也是为什么他根据"写便利贴笔记的建议"来写每条笔记。但是他没有理解阅读的意义所在！我决定利用他在意别人看法这一点作为我们讨论的切入口。

"嗯，我看得出来，你有提出问题、建立联系、陈述观点——所有我们在课堂上说过的这些。"我表扬他注意到了那些方面，"我也看到，我们谈话后，你没有再说话，而是专心学习。"

他微微笑了一下，说："我说到做到。"

我想要他承认实际上他并没有阅读，那么接下来我们就可以谈一谈怎样能帮助他更积极地、更多地带着批判性的眼光来阅读。看来这似乎很具挑战性。

"我在读你笔记的时候，没有发现你对故事字面理解方面的证据，也没有看到你在阅读中做出的推理。对于阅读的内容你都理解吗？"我问。

他回答前停顿了一下。"理解，有些能理解。"他说，稍微有点儿心虚。

我很确定胡安·卡洛斯对于大部分文字的解码没有困难，而且我也能够在很大程度上确定，只要他用心，对于理解故事他也没有多少困难。如果说有什么暗示他在阅读上面临着挑战，那就是他的阅读分数——虽然比较低，但也不是不及格，而不阅读是很难得到这个分数的。像很多不喜欢阅读但喜欢打电子游戏的孩子一样，胡安·卡洛斯习惯了游戏中直接的互动，而不愿意花那么多精力去关注故事。尤其是长篇小说，太长了，他很难"读进去"。但同时，他也不想让人觉得他缺乏阅读能力，所以一般来说，他有完成学校作业的动机。很可能在他之前多年的学习中，大部分情况下都是老师为他朗读；或者老师使用的是其他教学方法，他不用真正阅读就可以完成作业。

通常他的注意力会不断地从一个刺激跳到另一个刺激，现在，我需要找到一个方法，诱使他延长对刺激的关注时间，长到他能真正进入小说的世界。我相信，只要他体验几次那样的感觉，他一定能领悟到与文本互动的本质，然后他就能找到自己要去的地方。

"好的，"我问他，"那么，到现在，你对这个故事理解了多少？现在故事里发生了什么？"

"我一下子想不起来。"

我碰壁了。"这本书对你来说是不是难了一点儿？"我问，没有责怪的意味。

"不是，"他说，"我只读了一点点。"他终于说了实话。

"噢。让我猜一下，你只读了一点点，然后就写了便利贴笔记？"

"是的。"他说这话时，目光躲闪，带着一丝愧疚。

"这么做的一个问题是，你对故事没有足够的理解。你没有展示你的字面理解能力或你的推理能力，但是我知道你具备这些能力！"胡安·卡洛斯在全班讨论中常常贡献很大。

"我就是不怎么喜欢阅读。"他坦白说。

"对你现在这个感觉，我有点儿遗憾。不过我认为，主要原因是你阅读的时候总是每次只读一点儿。你想象一下，如果你看电影的时候每个场景都只有 30 秒，然后就进入下一个场景，你能理解电影的故事吗？"我问。

"不能。"

"你喜欢那样看电影吗？"

"不，不喜欢。"他坦言。

"而你就是这样阅读的，"我说，"我希望你像我说的这样做。第一步，把你的书带上，去讨论区，找一个地方，一个你能想象只有你独自一人的地方。第二步，只读一页，一整页，然后在便利贴上写下你从这一页中知道了什么：有谁在那里，发生了什么。就这些。暂时不用考虑别的。然后读下一页，用同样的方式写便利贴笔记。"

他点点头，稍稍松了一口气。这项任务对很多读者来说可能有些枯燥，但适合胡安·卡洛斯，因为：(1) 他可以一小部分一小部分地读，因为他注意力集中时间不够长，还不足以处理更长的内容；(2) 这是他自认为能够胜任的；(3) 他认识到自己在这方面没做好，却没有因此受到羞辱或者惩罚，相反，这个方法能让他取得进步。

很快，他招手让我过去看他写的第一条便利贴笔记。他的笔记说明了一切——他正在阅读的路上前进，也正在对文学作品做出真实的回应。

快速阅读者

在学年初的自主阅读中，我也特别注意像艾玛这样阅读速度特别快的学生。通过和艾玛交谈以及对她阅读习惯的观察，我发现艾玛特别享受阅读（我有时候会发现她在走路时也在阅读），对于阅读和写笔记，她没有困难。但她根本什么笔记也不写。她习惯了一本接一本书地读，就只是享受阅读。

"我觉得写便利贴笔记拖慢了我的阅读速度。"她说。

我想探究便利贴笔记对她是否有帮助。"你认为我为什么要求你们在阅读的时候记录自己的想法？"我问。

艾玛停顿了一会儿，然后不怎么自在地回答说："想看看我们是不是读了这本书？"

我轻轻地笑了一下，摇摇头。

"当然，这也是目的之一。我想看看你们阅读的时候在想什么，这能让我了解如何来帮助你们。但这还不是全部。"我继续说，"猜一猜我让你们这么做还有什么目的？"

"是不是让我们以后能记得一些重要的事情？"

"对。很快我们就要开始整本书阅读，你们需要自己阅读一本书，之后再和全班同学一起讨论。我希望你和班上其他同学都养成习惯，搜集有趣的想法，用于之后的讨论。笔记能让你们更容易地找到书中你要讨论的内容。"

"好的。"她说，"那么现在呢？现在这本书只有我一个人在读。"

"我想让你练习我所说的文本注释法——在书的空白处或在便利贴上记录你对文本的想法。这是一项非常重要的能力。我在大学的时候一直用这个方法收集我对复杂文本的想法。我读的内容有些真的非常难以理解，当我理解了，我需要把自己的想法写下来，还要写下我的疑问和评价。这是我真正理解高难度文本的唯一方法。然后我就形成了习惯。我意识到，当我一边阅读一边把点滴的想法写下来的时候，我会关注书中更多的内容，于是我的阅读就变得更深入。"

艾玛看起来有些兴趣，但还没有完全信服，没有想要开启更深层次阅读之旅的打算。她安于自己所处的位置。

"我问你个问题：你读过的书里面有对你来说有挑战的吗？"

"没有，没什么真正有挑战的。"她承认。她正在阅读的书，比如多迪·史密斯的《我的秘密城堡》（*I Capture the Castle*），属于对八年级学生来说难度比较高的，但还没有超出八年级学生的理解水平。《我的秘密城堡》这本书里有大量可以写笔记的地方，不过，对艾玛来说不构成挑战。

"如果你阅读一本对你来说更有挑战的书，你可能会在笔记中有更多想说的。我想让你试一试。"

我们达成一致，她任何时候都要有两本书。一本是用来慢慢读，并且做标注的，以求获得深层次的理解。另一本可以读得很快，为了消遣而读。

这个方法对她有效。我两天后检查的时候，她已经读完了一本以消遣为目的的书，正在花时间阅读罗伯特·科米尔的《我是乳酪》（*I Am the Cheese*），我们一致认为解码这本书的文字不难，但要理解书里正在发生什么，还颇有挑战。她一边读一边把自己注意到的和不理解的都记在便利贴上。

我和另一位快速阅读者本尼有类似的交谈。他想要阅读梅尔维尔的《白鲸》（*Moby-Dick*）——这对他来说是不小的挑战——我们的谈话就是催化剂。实际上，他有阅读这本书的能力，但写笔记会很大程度上减慢他的阅读速度。在我们谈论了他的选择之后的第二天，他冲进教室宣布："同学们，知道吗，我现在写便利贴笔记了！我在读《白鲸》！"当他提到这个书名时，班上有同学窃笑，他没有理会这些窃笑。

"萨克斯老师，我现在每一页读两遍！"他继续说。"第一遍我只是阅读。第二遍，我一边读一边写便利贴笔记，每一页写 3 条！"他说。在八年级阅读有困难的学生中，本尼阅读《白鲸》时遇到的问题是比较有代表性的。

解码者

赫克托的故事发生在更长的一段时间内。赫克托六年级来到我们学校的时候不会阅读，也不遵守基本的规则和纪律。他想出了各种办法来分散自己和别人对他不会阅读这件事的注意力，包括上课时用书包上的塑料插扣吹口哨，用西班牙语讲笑话。他的行为影响了他几乎所有课程的表现，除了体育课（在某种程度上，还有数学课）。

我认识他是在七年级，我当时也是他的指导老师。从交谈中可以很明显地看出来，他聪明，能够进行批判性思考，他的社交能力与同龄人不相上下。能做的事情他都做了，比如写笔记和完成学习单。但在课堂上，他大部分时间都浑浑噩噩。他不好意思去寻求帮助或接受帮助。等到对他有更多的了解并开始取得他的信任后，我才和他谈起他的阅读能力。（我能听懂他所有的西班牙语俗语，这对我有帮助。）

我使用哥伦比亚大学教育学院读写项目中的分级阅读文本和方法来评估他的阅读能力。他认识很多单音节单词，但对于三年级水平的文本他甚至都有理解困难，因为里面有很多单词他不认识。我怀疑他阅读量非常小，可能还有其他不足。但主要问题是他不能解码书面语。我注意到，对于短单词，他能读出来。对于符合普通发音规则的单词，他听到发音就能理解，但对于 through（通过）这样的单词他不知道该如何读。这给了我很大的希望。

"赫克托，有些单词你知道怎么读，但有些你不知道怎么读的单词就妨碍了你理解。你能理解故事里发生了什么吗？"

"不大理解。"他轻轻地说。

"那阅读时你一定很有挫败感。"我说。我试图肯定他的感受。他没说话。

"我能帮助你。"我说，脸上的表情认真、严肃。我是认真的，这一点很重要。我还记得刚开始工作的时候，我也对学生做出了类似的承诺，可是却不知道该怎么做才能为学生提供帮助。我现在很有信心，而且还有两位经验丰富的老师与我合作，相信我们能够帮助他取得进步。"但这意味着你需要付出很多努力。你愿意在阅读上付出努力吗？"我冷静地问道。我的问题表明我需要一个诚实的答案，我不确定他是怎么想的。赫克托点点头。

在赫克托的每门课上，我们都会提供支持。我们设计了伙伴系统——坐在他旁边的同学为他讲解老师的指令。我们还设计了手势，当他需要帮助的时候，他可以悄悄地向老师示意。

与我合作的特殊教育老师丹尼尔·布林克-华盛顿——他同时是学校特殊教育部的主任——和我一起为赫克托以及其他阅读有困难的学生提供了我们整本书阅读中所读的书的音频。对于自主阅读，我们则帮助学生挑选他们能读懂的书。最初，在课堂上，学生通过无线耳机收听音频。所有学生，无论阅读水平如何，都对这个方法反应热烈。需要额外的支持常让人有羞耻的感觉，这个方法则消除了学生的这种感觉。之后，丹尼尔从学校申请到经费，购买了一批带有耳塞式耳机的便携 MP3。我们在播放器中存入选择的整本书的音频，并设立了播放器外借的规则。这样，无论在课内还是课外，学生都能听到音频。我们优先满足最需要帮助的学生的需求。这些 MP3 的使用取得了巨大的成功。

赫克托七年级时开始在整本书阅读中使用音频，我相信这是他第一次在阅读章节书中获得积极的体验。他参与了讨论，并从中获得了乐趣。他还接受了文字解码指导。那一年他取得了巨大的进步。不过，他仍然没有通过纽约州的英语语言艺术考试，在很多门课程的考试中也都没有及格，但他达到了个性化教育计划（IEP）所设定的目标，学习也开始变得积极。

现在赫克托是一名八年级学生，我还是他的指导老师。在第一轮整本书阅读中，我们阅读的是《芒果街上的小屋》，他使用音频来辅助，自己写了一些便利贴笔记。他参与结对阅读，和同伴一起大声朗读，一起写笔记。他的便利贴笔记虽然不完整，但表达了他对各个短篇的独特想法。他也能识别各个短篇的主题。不过，他不写语言类笔记。

这一天，我们开始启动第二轮整本书阅读，阅读的是《我就是要挑战这世界》。学生激动地开始阅读第一章。他们很快意识到，书里有一些骂人的话和卡通图画，对此学生开始热烈地发表评论。赫克托的兴趣被激发出来，他打开书，环顾四周，看看还有谁已经开始读书。丹尼尔在教室里走动，给需要的学生发MP3播放器。赫克托首次拒绝使用播放器。我不知道原因，有些担心他是因为尴尬而拒绝使用。但事实证明我想多了。他坐在那里阅读，他的手指沿着所读内容移动。有一次他用胳膊肘碰了碰坐在他旁边的诺亚，然后他俩对书里的内容窃窃私语了一会儿。后面的时间他一直在阅读。丹尼尔和我都很好奇，我们交换了眼神，但没有打扰赫克托。

第二天，赫克托在课堂上继续阅读，手指沿着每行文字移动。这时候我才意识到，他成功了——他能够解码书面语了！

赫克托没有在要求的3周内完成整本书的阅读，但他读了一半，有100多页。他只有在和同伴一起阅读的时候才写便利贴笔记，或者在辅导课上才写。辅导课是丹尼尔给需要额外帮助的学生提供的，每周3次。赫克托的写作仍然吃力，他似乎也还没有体会到为写笔记所付出的努力有什么回报。

虽然他还没有读完整本书，但我们让他参加了讨论。之后，当别的学生开始自主阅读的时候，他继续阅读《我就是要挑战这世界》。几周后他读完了这本232页的书。

从赫克托身上，我学会了观察和欣赏学生在一年中取得的进步。赫克托的进步，可能相当于从一年级的阅读水平跳到了三年级的，虽然这种进步没有在八年级的语文测验中显示出来，但他为赶上其他同学而付出的努力必须得到肯定。无论和同学相比他处于什么样的位置，赫克托努力走上了一条路，这条路能够带领他去往他想要去的几乎所有地方。他现在学会了阅读，也从自己的经历中明白了一个道理：努力一定会有回报。

对于发生在赫克托身上的事，丹尼尔是这样说的：

> 我认为作为一名学生，赫克托切切实实地从整本书阅读中获益了。他来的时候不会阅读。虽然他不是每一次都做得很好，但整本书阅读课让他对文学作品产生了兴趣，我不确定是否还有别的方法能够做到

这一点。他参加过很多技能训练营，但都收效甚微。整本书阅读的方法让他真正想要阅读，促使他对其他形式的帮助做出回应。

像赫克托这样的解码者，他们在上初中时来到我的课堂上，我对他们学业的补救必须多管齐下地进行。赫克托以及取得类似进步的学生的经历让我更加明确，整本书阅读是阅读教学中的重要元素，尽管有时候看起来不是那么理所当然。

给予阅读困难者的特殊支持

对许多学生来说，与作品真实互动的体验，以及第四章和第五章中描述的同学给予的反馈，足以促使作为读者和思考者的他们不断进步。对另一些学生（包括赫克托）来说，仅有这些体验还不够，我和与我合作的特殊教育老师一起为这些学生设计了可以提供额外支持的教学活动。根据整体的设计原则，在整本书阅读教学中，为帮助阅读有困难的学生所做的大部分工作，最终将使所有学生受益。

对于我们的合作设计过程，丹尼尔分享了他的想法：

> 整本书阅读教学给我们带来了一系列挑战。对于一个连两页的低难度文章都没有读过的孩子，要开展符合其学段的整本书阅读课，需要采用各种策略。我对此望而生畏——我以前从来没有尝试过。最初我的态度是："算了，就让他们这么读吧，无论好坏都会获得某种体验。"很多人都是这个态度，于是，有时候就把有特殊教育需求的孩子排除在外了。他们的确会获得某种体验，但这种体验没有呼应他们的特殊需求。在每次为整本书阅读课备课的过程中我都在想，怎样才能平衡文本，确保它既能满足个性化教育计划的要求，又能让学生获得对他们帮助最大的基础技能。

所以，我们的很多教学安排都基于以上需求。我们的目的是解决阅读有困难的学生阅读量低的问题，为此，我们找到了一些方法，比如分享阅读感受、朗读部分内容、提供有声书，以便他们能跟上全班的进度，否则他们的阅读进度会远远落后于班上的同学。结对阅读和写便利贴笔记——尤其是我们为便利贴笔记设计了特定格式——都是为了达成这一目的。

我会看着所读文本问自己："文本为学生提供了哪些机会？基于文本的特质，我们将要谈论哪些事情？"一旦找到了这两个问题的答案，我就会想，我们可以为学生创建一个系统，让他们能够经常思考这两个问题。对于有特殊教育需求的学生来说，写关于主题的便利贴笔记和关于矛盾冲突的便利贴笔记特别有帮助。（关于便利贴笔记格式的内容见第三章。）

学生在这些方面越做越好。当然，他们并不是一开始就做得很好。当学生对写笔记更加擅长之后，就会将注意力集中在对书中内容的讨论上。在讨论中，有特殊教育需求的学生较少讨论作者的写作技巧，更多关注故事里发生了什么——即使作者没有直接说明，他们也会想方法弄明白这些。我们会挑出一个情节或者人物的行为让人感到困惑不解的地方，进行重读和讨论。写笔记能够帮助学生深入思考，而写一些特定格式的便利贴笔记能帮助学生把注意到的事情带入讨论。没有各种便利贴笔记的帮助，学生之前是注意不到这些事情的。通过观察全班所有学生，我们发现，有些学生已经能够做到深入思考，并将注意到的内容带入讨论；对于那些没有做到的学生，这些特定格式的便利贴笔记是有帮助的。

同时，对那些能自然地评论文学要素和写作技巧的学生来说，这些特定格式的笔记也同样有益：它能帮助这些学生使用文学术语来命名自己的发现，而通常情况下，只有少数学生能自行做到这一点。

结对阅读

　　我们帮助阅读有困难的读者进入故事的方法之一，是有策略地让其与同学结对（图 8.2），给他们时间，让他们彼此分享阅读体验和记录感想的体验。阅读能力相似的学生结成一对效果最好。结对的两名学生，如果对类似的事情存在困难，则能一起解决问题，这既能让解决问题的过程变得轻松，又能为学生赋能。让阅读能力相似的学生结对，既能避免阅读能力强的学生感到被阅读有困难的学生拖累，也能避免阅读有困难的学生在和阅读能力强的学生配对时感到尴尬。让两名阅读能力强的学生结对，能有力地推动他们进行深入思考。

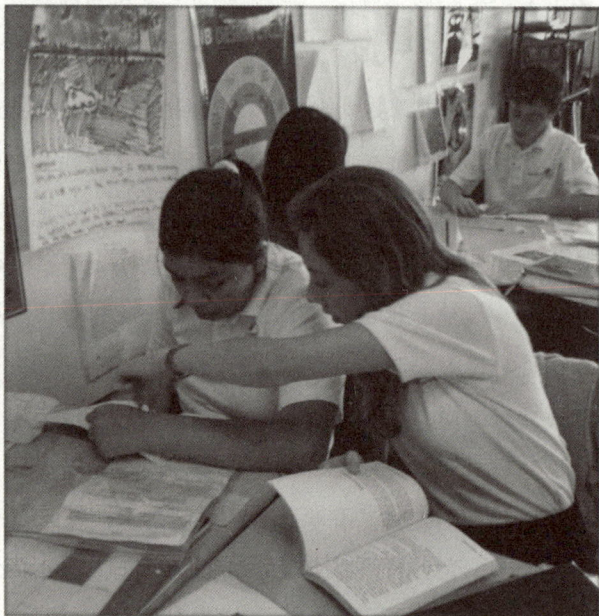

图 8.2　结对阅读

　　个别情况下，我会让阅读能力不同的两名学生配对。如果这两名学生合得来（阅读能力强的学生有耐心，阅读能力弱的学生愿意合作并接受帮助），这也是一个卓有成效的办法，他们的合作也将是愉快的。阅读能力强的学生能帮助阅读能力弱的学生理解，俩人都对内容发表感想，他们的讨论也许是在其他情况下不可能发生的。

结对阅读在整本书阅读课中始终适用，而且值得一提的是，有些书能让结对阅读的学生一起大声地朗读起来。例如《芒果街上的小屋》，它的语言在朗读的时候有一种特别的音律美。在学习这本书时，我会让学生写语言类笔记，我也很喜欢旁听学生就此进行的谈话。

有的文本可能没有这样具有音律美的语言，但有很多潜台词，比如《巧克力战争》。和同伴一起朗读其中的一些章节，以及谈论故事中发生的事，可以让学生获益匪浅。

在学年开始的时候，我为结对阅读设立了一套程序。我挑选学生，让他们结对，然后把他们的名字贴在白板上。结对的学生要在教室里找个地方，轮流朗读。结对阅读指南见图 8.3。

结对阅读

和你的同伴坐在一起阅读。带上你的包以及要读的书、便利贴和阅读日程表。

轮流读

1. 约定阅读量。可以选择一句一换、一段一换、半页一换，或是一页一换。（俩人的阅读量应该相同。）

2. 一位同学读的时候，另一位同学听，并纠正阅读者的错误。

3. 读完了约定的量就换人读。

4. 每读完一个短篇就停下来写一条便利贴笔记——第一条笔记一定要是语言类笔记。你们可以一起写笔记，也可以分别写，然后分享。

图 8.3　结对阅读指南

非正式结对阅读

一旦我们设立了结对阅读程序，并经过练习，学生就能看到结对阅读的益处。在日常的自主阅读中，我也允许学生和同伴一起阅读。他们一同去讨论区，轮流朗读，中间暂停，然后写便利贴笔记。在这样的结对阅读中，我看到他们相互帮助、彼此关爱、共同进步。偶尔会有学生钻空子，不阅读，而是利用这个机会闲聊，这很容易发现，因为其他学生都在安静地阅读。我会和他们简单聊几句，如果他们不能有效利用时间，我会让他们回到自己的座位。

复杂文本的策略性重读

在阅读《巧克力战争》时，很明显，等到讨论的时候再来重读部分内容不太可行。因为作者的多层叙事中隐藏了太多情节，学生在第一遍阅读中忽略了很多重要的情节。我没有放弃故事结构，直接让学生做阅读理解题，也没有直接告诉学生故事里发生了什么，我希望利用这个机会教授重读技能。我自己在大学文学课中也常常进行重读，以理解有些故事的情节，这也是阅读复杂文本的基本技能。

我们通过两种方式来重读。第一，老师带着学生读。我会问学生："昨晚你们阅读的内容，哪些令人费解？"学生指出那些内容之后，我挑出对理解整个故事的情节最重要的部分。然后我们一起朗读，交流其中发生了什么。通常我只是问："故事里发生了什么？你注意到了什么？"通过重读，学生通常能够厘清困惑。我们练习重读技能，并讨论它是如何改变他们的阅读体验的。

第二，学生自己读并在便利贴上回答问题。学生只喜欢在一节课刚开始的时候阅读，我做了调整把这段时间用来重读。我给每名学生发一张上面带线条的长条形便利贴，并把要求发给每名学生。我要求学生重读前一晚的阅读内容中的某一页，然后在便利贴上回答和文本有关的 5 个"W"和 1 个"H"的问题。

场景中有谁？（who）

发生了什么事情？（what）

事情发生在哪里？（where）

事情是什么时候发生的？（when）

为什么会发生这样的事情？（why）

你怎么知道的？（how）

学生在自己的座位上和同学分享自己的发现，然后进行分享和汇报。学生觉得这种做法对他们帮助特别大。这种做法可以让学生将老师教授的阅读方法应用到所有比较难的文本中，它也向学生说明，为了理解《巧克力战争》，他们需要用某种特定的方式来阅读。学生需要不断地问自己："故事里发生了什么？我怎么知道的？"这是阅读其他叙事较为直接的文本所不需要的。

音频支持

学校的特殊教育部购买了一批便携 MP3，我们在播放器里加载了每本书的音频（通常是由作者亲自朗读的），并为所有学生提供支持（图 8.4）。学生可以在教室里一边看书，一边用耳机听，不时停下来写便利贴笔记。有的学生和同伴一起听，一人戴一个耳塞。

玛西娅·斯蒂曼 - 拉维安描述了她在课堂上如何利用有声书。

在整本书阅读课中，我让个性化教育计划中的每一名学生，还有其他我认为可能从中受益的学生使用音频。我知道，有些学生属于听觉学习者，通过听的方式处理文本对他们来说更容易，我会鼓励他们使用音频设备听书。我发现，对处理文本有困难的学生来说，有声书尤其有帮助。例如，我很多学生虽然人在八年级，但阅读水平还没有达到八年级的水平。在文字解码方面有困难的学生，在阅读过程中为解码文字消耗了太多精力，导致他们虽然成功解码文字，但无法理解文本。因为在文字解码上付出了太多的努力，以至于他们无法真正进入故事。音频则能解决这个问题。音频还能帮助惧怕文本的学生和有其他阅读障碍的学生。使用音频对学生来说是一件非常酷的事。通常来说，课堂上是不允许学生使用音频的，我们现在反而推荐给学生使用，他们似乎很享受在课堂上打破成规的感觉。

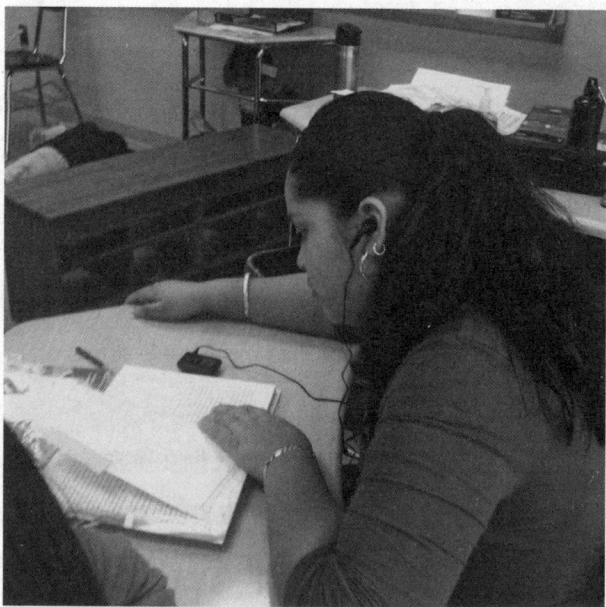

图 8.4　音频支持

有人说，音频对学生来说就像拐杖，听音频不是"真正的阅读"。我问玛西娅怎么看，她说：

　　我认为有一点很重要，那就是任何时候都要记得我们为学生设立的目标。我们现在是在培养他们解码文字的能力还是理解文本的能力？在整本书阅读教学中，我们把理解，更确切地说，把学生对文学作品的深度理解放在首位。如果文字解码对某些学生来说是障碍，那就把这个障碍挪开，让这些学生在讨论故事要素的时候和他们的同学处于同样的水平。

丹尼尔·布林克-华盛顿补充说：

我明白为什么有人说音频像拐杖，但我认为讨论中的那种参与感对所有学生来说都很重要。需要音频帮助的孩子以及文字解码能力不足的孩子往往都完全有能力参与讨论。如果不让他们阅读复杂的文本，其结果就是他们不明白讨论中大家都在说些什么，因为他们自己所能阅读的东西没有那么有趣或没有那么复杂。

我们应该更多地将音频看作是一种工具，一种为达到目的而采用的辅助手段。通过听音频，全班同学可以获得共同的体验。以赫克托为例。你可能会说："他只是没有读其他孩子读过的东西。"但这对他来说是莫大的损失，所幸这个损失是可以弥补的。他能在整本书阅读中练习他所需要的文字解码能力吗？如果我们不帮助他学会使用文本的方法，那他就没有机会练习。我们已经在弥补了。

将来如果我们针对同一个文本能开发出差异化的迷你课程，那么我们的教学效果就非常好了。用音频来辅助阅读不是唯一的阅读教学方式，对有声书的使用出现反对的声音是因为有人对此存在误解，以为这是唯一的方式。

在我心目中，学生借助音频设备阅读就和小时候父母读书给我听类似。父母常常为年幼的孩子朗读绘本，但为学龄孩子朗读整本书的家长就少多了。听《纳尼亚传奇》和《指环王》的音频让我具备了很强的构建感官图像的能力，我能在想象中跟随故事情节，最终，我无须任何努力就可以沉浸在书的世界中。听整本书的音频能让孩子吸收大量的语言知识，培养孩子的耐心。孩子一旦学会了解码文字，就能将这种能力运用到阅读中。

小组支持

我们学校每周安排两次自习时间，我们就利用这个时间给需要额外帮助的学生安排小组辅导。有 3 位老师为八年级学生提供语文课程指导，我负责协调这几位老师，为学生阅读和发表感想提供支持。玛西娅和丹尼尔都曾在课堂上进行过小组辅导，当时班上大部分学生在进行自主阅读。玛西娅喜欢把一个组的 3~5 名学生带到门厅那里一起阅读。"这样的话，学生就有机会朗读和听到文本的朗读，而且能够与同伴一起讨论和处理故事的内容，这有助于学生提升理解能力。"她说。玛西娅还在课前和课后安排小组辅导。她和学习有困难的学生或成绩落后的学生的家长联系，要求这些学生早上或者下午去接受辅导。

在我之前任教的那所学校，与我合作的特殊教育老师是优秀的艾丽西亚·塞克。有一年，我们班上的学生很难安静下来将注意力集中在学习上。单独来看，每一名学生似乎都有学习的欲望，在课堂上思考也很积极，但整体的课堂效果并不理想。某些学生的"表演"行为让我们不知所措，他们似乎在通过积极的表现来赢得老师和同学的关注，但其实并没有进行深层次的思考。

在下一轮整本书阅读中，我们决定让艾丽西亚带一个大约由 5 名学生组成的小组，这些学生都是有特殊教育需求的学生，并且他们在阅读理解方面都有困难。我们发现，把一个大的班级分成两个小组之后，小组内的同学安静下来容易得多，小组成员也更积极、更有活力。这样安排后，艾丽西亚能够专注于学生的阅读需求，而不再需要管理他们的行为，而我则能更专注于班上其他学生的需求、兴趣以及课堂纪律和行为规范（剩下的学生中仍然包括几名有特殊教育需求的学生，但这几名学生只需较少的支持就能够阅读）。有时我们刚开始上课的时候合在一起，然后在阅读时间艾丽西亚会带着这 5 名学生到另一个教室。也有时候我们整节课自始至终都是分开的。

我们按照这样的方式上了大约 6 周的课，直到全班同学都有了明显的进步，我们才在下个单元的学习中合到一起。小组支持的方式提升了艾丽西亚带的 5 名学生的自信心和专注力，我带的这个小组学习氛围也更好了，在这种氛围中，学生的思考能力和冒险精神都得到了提升。在有些活动中，我们还是会分组，虽然永远也达不到理想的效果，但灵活的小组形式是一个有力的教学工具。

定向提问会谈

在今年的团队合作教学中，与我合作的特殊教育老师是优素福·阿里。他在阅读干预方面经验丰富，已经开始尝试在整本书阅读中对需要干预的学生使用一些阅读策略帮助他们阅读。对于阅读理解有困难的学生，我们讨论了在阅读时间他该如何与他们交谈——他想要帮助他们像班上其他同学一样进入故事，而不是让他们走一条与其他同学完全不同的路。优素福解释了他这样做是因为：

> 对班上阅读有困难的学生，我希望能够向他们提出有针对性的问题，这些问题需要他们运用字面思维、推理思维和批判性思维来解答，以此引导他们关注文本的重要部分，帮助他们理解文本，对文本做出更个性化、更具批判性的回应。而现在的状况却是，阅读有困难的学生过于关注故事的字面意义，导致他们经常错过深入了解文本丰富性的机会。让他们阅读那些与他们的自主阅读水平不符的素材，是一件很有挑战的事情。与此同时，我还希望在这个过程中收集我的教学数据，追踪学生的进步。

我曾看过比尔·费里特发表的一篇博客文章。比尔是我在老师领袖网（Teacher Leaders Network）上的同事，他使用平板电脑在"谷歌实时"（Google Live）中创建了列表，用以搜集课堂上对学生的观察和与学生交谈的数据，并在博文中分享了这个方法。在合作备课时，我和优素福采用了这篇博文中用到的方法。优素福用平板电脑创建了一个问题追踪列表（图8.5）。

书名?

◉《我就是要挑战这世界》

◉《巧克力战争》

◉ 其他 [   ]

针对哪种思维方式进行提问?

◉ 字面思维

◉ 推理思维

◉ 批判性思维

回答正确吗? 有证据支持吗?

◉ 0: 不正确。

◉ 1: 大致正确, 但来自文本的证据较弱。

◉ 2: 正确, 但来自文本的证据较弱。

◉ 3: 正确, 有来自文本的有力的证据支持。

简单记录与学生的交流情况。

[   ]

需要运用字面思维的阅读策略

■ 猜测词语含义: 在阅读中运用多种方法来拆解词语, 根据上下文猜测词语的含义。

■ 监控和纠错: 检查阅读过程进行得是否顺利, 是否在努力解决问题。

■ 搜索和使用信息: 在文本中搜索和使用各类信息。

■ 概括: 在阅读中搜集和记忆重要的信息, 忽略无关信息。

需要运用推理思维的阅读策略

■ 预测: 在阅读连贯文本时, 利用已知信息预测接下来是什么内容。

■ 建立联系: 将个人经历与文本内容关联起来, 用于理解其他文本和了解自己所生活的世界。

■ 推断: 在文本的字面意义之上思考作者陈述了什么, 暗示了什么。

■ 整合信息: 将文本中的信息与已有知识整合起来, 用以理解新知识。

需要运用批判性思维的阅读策略

■ 分析: 考察文本的要素以了解文本结构, 关注作者的写作手法。

■ 批评: 基于读者的个人经历以及关于世界和文本的知识对文本中的观点进行批判性思考, 并对文本做出评价。

图 8.5　定向提问会谈中的问题追踪列表

列表中给老师留了地方，用于记录与学生交流的情况；列出了问题的类型（针对哪种思维方式进行提问），然后对于学生的回答情况及证据支持的情况在 0~3 的范围内给出一个评分。这个评分系统与艾琳·丰塔斯和盖伊·苏·平内尔在其分级阅读测评体系中使用的一样。对于为解决这些问题需要使用的阅读策略，优素福还基于 3 种思维方式进行了细分，列在其下。"我借鉴了丰塔斯和平内尔的测评体系，以后我也会尝试在其中整合布鲁姆的系统。"优素福说。

优素福提前准备了问题。他先回顾书里的部分内容，然后基于《丰塔斯和平内尔提示指南第二部分：理解》（Fountas，2012）设计问题，并基于 3 种思维方式将问题分为 3 类。他把问题写在卡片上。对问题的描述比较笼统，以便这些问题将来在别的文本中也可以使用，比如，"你认为，到本章末，主要人物怎么看待自己？"

"我把我为学生选择的问题放在他桌上，让他基于这个问题写一条便利贴笔记。如果学生正在进行结对阅读，我会要求结对的两人都完成这项任务。几分钟后，等到我和另一名学生完成会谈，我会回头来检查。"优素福解释说。

优素福在回头检查的时候，会和这名（或这两名）学生谈一谈他的回答，同时填写问题追踪列表。用过的问题卡片他会保存起来用于以后的会谈。优素福解释说："这个列表非常友好。对学生来说，使用科技手段来辅助教学也让他们很兴奋。学生能看到我写了什么，他们感觉自己的话很重要——对学生说的话我会做一些记录。我们讨论他们的回答，并讨论下一步该怎么做。会谈完成后，我会让学生自己点击列表上的提交键。这些都是当着学生的面现场完成的。"

在这个过程中，学生能够得到即时反馈，这一点很令我心动。学生似乎很喜欢这个方法，对于自己得到了所需要的额外关注也感到很开心。

这个方法目前还处于试验阶段，优素福还在为下一步的方法改进做准备。"将来我还要进行错误分析。我现在思考的是，作为一个团队，我们能为大部分阅读有困难的学生做些什么。目前，有些东西我能教，像某个单词怎么发音这种，但有些东西需要以别的方式来教。"他说。

差异化教学

在整本书阅读中，全班学生并不总是读同一本书，学生可以从主题相关的几本书中选择一本阅读。这些书在阅读难度上也有差异，学生几乎每次都根据阅读水平选择适合自己的书。在我们学习成长故事时，一组学生读的是沃尔特·迪安·迈尔斯的《在黑暗的某地》，另一组学生读的是南希·法默的《耳朵、眼睛和手臂》，还有一组学生读的是保罗·柯艾略的《牧羊少年奇幻之旅》。这3部小说都采用了经典的成长故事的叙事结构，但《在黑暗的某地》更适合阅读水平低一些的学生阅读。差异化教学让老师有机会根据特定小组的需求来设计迷你课题。

有时候，在进行了差异化教学之后，我会进行统一教学——全班一起进行整本书阅读。全班一起阅读的书应该是一本所有学生都能读懂的书，教学重点是文学特征。

在我任教的第一所学校，我班上的学生几乎全是过渡期语言学习者。对于这些学生，学校没有特殊教育课程，也没有特殊教育老师与我合作。就只有阅读能力参差不齐的学生和我。每个班的情况都不一样。有的班，所有学生的文字解码能力都不错，加上我的支持以及对书的恰当选择，通过一两本书的学习，所有学生都能提高。也有的班，班里有些学生还没有准备好阅读。在有些书的学习中，我尽量创造条件让这些学生阅读。在另一些书（如成长小说）的学习中，我让这些学生组成一个组，然后为他们选择一系列使用了成长故事结构的绘本。他们逐渐从阅读绘本转向阅读以成长为主题的民间故事。他们学会了写便利贴笔记，我们最后也会组织讨论。绘本阅读让这些学生后面的学习轻松了许多。他们开始学习文字解码技能，扩充词汇量，和班上其他学生一样，他们也获得了独特的阅读体验，分析了文学要素，发现了经典成长故事的很多特点。

利用外部支持

我很幸运能与优秀的特殊教育老师一起工作，他们为学生阅读能力的提升做出了很大贡献。除了特殊教育老师，我的其他合作伙伴对学生也有很大的帮助，尤其是在整本书阅读方面。

语言治疗师

我班上有些阅读有困难的学生是学校语言治疗师的指导对象。在我以前任教的学校里，语言治疗师是把学生从课堂上叫出去进行语言技能训练。在现在这所学校，我们的语言治疗师将课内指导和课外指导两种方法结合起来，她还利用小说帮助学生提升语言能力。有时候她会把学生从我的课堂上叫出去进行指导，这个时候，她会先问我学生正在做什么，并且在实施她的治疗方案的同时，她还帮助这些学生阅读、写笔记、为讨论做准备；有时候她会在我的课堂上对学生进行指导——她和这些学生一起进行课堂学习，不过，她会适度调整教学活动以达到提升学生语言能力的目的。

我们的合作让我们双方都变得更强，让我们的学生也变得更强。我们教给学生的技能是一样的，但以前我们是单独教授的，现在，我们合作让学生的学习更有成效。

威尔逊阅读指导项目

在我之前任教的一所学校，我的很多学生都得到了威尔逊阅读指导项目的支持，该项目旨在提高阅读有困难的中学生的文字解码技能和阅读流利度。我们七年级和八年级的语文课不会教授文字解码技能，所以威尔逊阅读指导项目为需要这种能力的学生提供了宝贵的支持。我看到有些学生在一年之内阅读水平跳了几级，到学年结束时，他们已经有能力阅读与自己所在年级阅读水平相当的文本。

我们的威尔逊阅读指导老师告诉我，在她班上，我的学生尤其积极。我们发现，上过我的整本书阅读课的学生，整体而言比在其他学校接受威尔逊阅读指导的学生进步更大。我认为，对于阅读有困难的学生，整本书阅读课及其营造的学习氛围让他们更有动力去自我提升——接受帮助，努力学习，迎头赶上。

社会科学老师

我会与社会科学老师交流，谈论他们教授的内容。在上整本书阅读课时，在书的选择和教学时间安排上，我尽量提供机会，让我们学习的书在主题或历史方面与学生在社会科学课上学习的内容关联起来。这有助于学生获得更丰富、更连贯的体验，以及发展批判性思维。当学生在多个地方看到同一个概念，他们领悟得就更快、更充分。

例如，在我们学习《我就是要挑战这世界》时，我让学生读一篇关于印第安人保留地当下状况的非虚构文章，以帮助他们理解故事背景，并将其放在更大的背景下理解。当时，学生正在安德烈·泰森老师的历史课上学习西进运动和关于印第安人保留地建立的知识。安德烈和我都很想知道，学生能否将美国目前面临的一些问题，尤其是贫困，与学过的历史知识联系起来。这是一个很大的课题，我不想用一种过于沉重的方式向这群差异极大的中学生讲授。令我感到欣慰的是，在讨论中，学生很自然地将美国对原住民的压迫与小说中的人物在保留地面临的状况联系了起来。这种联系能够让学生对人物和矛盾冲突有更深刻的理解，同时也对正在学习的历史知识与当下生活之间的相关性有更深刻的理解。

学生在讨论中有一些领悟，以下是讨论记录。

> 吉娜：我想说说阿诺打篮球的那部分。他在写篮球队。不是雷尔登中学的篮球队，是保留地中学的篮球队。他说所有这些孩子都上不了大学；其中七个人的父母酗酒，两个人的父亲吸毒。作者的描写让我印象深刻。这些孩子可以说注定是失败的。他们住的房子也那么……最可悲的是，阿诺知道像自己这样的孩子没有未来。在篮球这项运动中取胜，这是他们唯一可以做到的。

阿利亚：阿诺交到了更多朋友。他也获得了尊重，因为他打篮球很拼。每次在比赛中受伤，他都想再试一次。他想要留在赛场上，所以他想要保持强壮。阿诺和维克多都喜欢打篮球。

詹姆斯：最后一场比赛结束后，阿诺说他感觉特别糟糕。那些生活在保留地的孩子如果输了比赛，回家后他们酗酒的父亲可能会狠狠地惩罚他们。所以阿诺不想赢他们，这样他们回家后就不会挨揍。

凯伦：我不太确定是阿诺还是他的祖母，还是他们俩都说过，他们再也不喝酒了。可能是阿诺的祖母说的。这让我想起了《烟火讯号》，里面的长官因为他们醉酒而严厉责骂了他们，长官说他滴酒不沾。生活中确实有人是不喝酒的。

坎迪斯：我不认为他们注定会失败，他们只是需要更努力。我觉得他们还不够努力。阿诺努力了，所以他进了雷尔登中学的篮球队，还表现得很好。每个人都需要努力，不能一辈子酗酒。

柯特妮：我同意坎迪斯的说法。我不认为生活在保留地的印第安人注定会失败。这些人可以选择戒酒，但是他们没有。

曼尼：我同意吉娜的说法，他们注定失败。如果你的父母酗酒，谁来告诉你为了过上好的生活，你要努力学习？

塞缪尔：我想把这个和历史联系起来。我们刚刚学了，美国原住民被赶进了保留地，一直不被尊重。他们曾经有那么多人，现在只有这么一点儿，住在可怕的保留地。这让他们觉得自己的人生注定失败，很难挣脱命运的束缚。阿诺是个例外，他很幸运，因为P先生告诉他，他应该离开那里。

坎迪斯：我想提一下他的妹妹。她努力了，然后她也成功离开了保留地。只要你为自己寻找出路，你不一定要像父母那样或者任何人那样。

凯伦：当阿诺想要离开的时候，人们会指责他，这让离开这件事变得更难了。

在讨论中，学生显示出很强的信息整合能力，他们能达到这个水平是因为他们通过历史课积累了先验知识。他们以一种文学的方式—— 一种迥异于历史学科的方式——通过把历史知识应用到理解文学作品和人类处境上，将认知提升到了更高的层次。不仅如此，我们班上的学生每节课都在做着这样的练习，所有学生都是如此。显然，共同的背景知识让所有学生都受益。

学生家长

家长在孩子的学习中发挥着很大的作用，他们是孩子的校外老师。老师和家长一起努力能让孩子发生巨大的改变。我在第六章谈到了老师怎样与家长合作，保证学生在校外的阅读。虽然这需要家长付出一些努力，但也能让家长成为孩子的学习伙伴，对孩子有更多的了解。

与家长联动意味着让家长像我一样与孩子进行开放式谈话。老师和家长都要努力弄清楚孩子是怎样的学习者，孩子需要或者想要什么。关于孩子，老师和家长拥有的信息是不同的，这就是为什么家校沟通如此重要的原因。

下面是贾马尔的故事。我多次给贾马尔的妈妈打电话，谈她儿子阅读不足的问题。最终我和贾马尔的妈妈成了真正的同盟，这给贾马尔带来的改变是我们谁都没有想到的。我写的这篇关于贾马尔的文章于 2010 年发表在《教育周刊》上。

> 我有一名学生叫贾马尔，他是一个贴心、合群的孩子。他总是表达出想要好好学习的愿望，但他实际上却不怎么专心学习。他难以集中注意力，难以完成作业。在大部分课上，包括我的课，他的成绩都在 D+ 和 F 之间。他的各项技能大致与所在年级学生应具备的技能相当……
>
> 贾马尔很少阅读，尤其在家里。我给他妈妈打了几次电话。贾马尔的妈妈因为身体原因待在家里，所以晚上有很多时间可以和贾马尔相处。这一次我打电话是因为，我们正在学习的这本书的阅读截止时间是两天后，贾马尔必须完成阅读才能参加讨论。"好的，"他妈妈告

诉我，"他会读这本书的。"

第二天一早，贾马尔蹦蹦跳跳走进教室。"萨克斯老师，你一定想不到，我好累呀。昨天晚上我一直在和妈妈读这本书，凌晨两点才睡！你知道吗？这本书很好看！我的便利贴笔记一定会令你满意！"

阅读截止日期到了，这一天，贾马尔走进教室，向大家炫耀他读完了这本书。他那一周参与讨论的表现堪称模范。他对这本书有深刻的见解，而且能够提供有力的证据来支撑自己的观点。他提供的新颖观点，让那天我们的课程兼具知识性和探索性。

我给贾马尔的妈妈打电话，告诉她贾马尔的表现有多棒，同时也感谢她的帮助。她说："你知道的，我每天都在家里陪着他。我总是问他家庭作业是什么，他总是说已经做完了。这是我第一次和他一起做事情。"她还告诉我她多么享受和儿子一起阅读，并问我有没有类似的书，她可以和儿子一起多读一些……

神奇的是，从此以后，贾马尔不再是以前的那个贾马尔了。就好像"咔嗒"一下，他变了，变得对学习更上心，不仅仅在阅读方面，也不仅仅是对语文课。他从阅读中获得了心灵上的享受，并且能在这种美好的阅读体验的引导下提炼自己的观点。这种享受带来的力量，以及他与母亲关系的深化，足以使他转而爱上学习。

这段经历告诉我，你永远不知道什么时候一位家长可以成为老师最棒的同盟。所以，作为老师，我们要与家长保持联系，不要放弃与家长合作。

为学业优秀的学生调整教学安排

对于那些学业优秀的学生，我一直在努力寻找方法来给他们增加一些挑战。而在布鲁克林远景特许学校做这件事情，难度更大。我经常想一些点子来让学生拓展学习内容，有时候我也把这些想法说出来，但是我一直没有系统性的方法来记录和分享我的想法，也没有系统性的方法来记录学生所做的选择及其学习情况。在布鲁克林远景特许学校，我教了一年七年级学生之后，下一年这些学生会升入八年级，我将继续教他们。我决心要为这些充满求知欲、几天就可以读完一部小说的学生创建一个系统性的方法。

探索者机会

我教的七年级学生都读过丽贝卡·斯特德的小说《当你找到我》。这部小说在故事情节的展开和概念的描述上借鉴了马德琳·恩格尔的《时间的皱纹》（*A Wrinkle in Time*）的叙事手法。于是，我订购了几套《时间的皱纹》。有几名学生很快就读完了《当你找到我》，期待阅读下一本书。我就把《时间的皱纹》系列发给这些学生读。同时，与我合作的特殊教育老师丹尼尔认为，这个系列里一个突出的话题是时空穿越，这时候给学生机会让他们阅读与时空穿越相关的作品，他们一定会感兴趣。丹尼尔找到了保罗·戴维斯的《如何建造时光机》（*How to Build a Time Machine*），这本书从理论上解释了时空穿越的可行性。他创建了一个校内论坛，感兴趣的学生可以读这本书，然后参与在线讨论。

然后，这些学生真的讨论起来了！讨论非常热烈，整个年级掀起了关于时空穿越和虫洞的讨论热潮！不仅如此，这些学生的学习热情带动了班上其他学生，所有学生对《当你找到我》的讨论热情都被点燃。

那个夏天，我回顾我们的整本书阅读课中每一本书的学习，想为学生挑选文本用于读完一本书之后的进一步探索——我和学生一起，通过讨论和写作来探索。我设想的方式是，学生的学习从一个共同的点开始，向各个方向扩展。我们学习的这本书就像是一扇门。每个人都需要先打开这扇门，穿过这扇门才能到达另一个世界。而对于阅读和学习能力较强的学生，我们应该为他们提供拓展训练的机会。对于这样的拓展训练，我一直没有一个合适的名字。我的同事和智囊伙伴雷切尔·比尔曼说，她的妈妈长期参加一个读书俱乐部，俱乐部的名字令人印象深刻，叫"探索者"，这个名字和我脑海中的形象非常契合。

现在，在每个单元的学习中，我都会为学生提供探索者机会，通常是让他们阅读相关的文本或者观看相关的电影。这些文本或者电影与充当"门"的书在主题或形式上相关。对于学生如何表达对这些文本和电影的感想，我给他们很多选择，他们可以参与在线讨论，也可以通过雕塑或 iMovie 这样的艺术形式来表达，还可以经过深思熟虑后写书评。（附录 4 是获得探索者机会的学生的作业单示例。）

我会为获得探索者机会的学生计分，但他们不能得到额外的分数。对此我的处理办法是在我的在线计分册上增加一项作业。我为选择这项作业并完成的学生录入一个分数，没有选择这项作业的学生则不计分——学生要么是满分，要

> ### 与《共同核心州立标准》的关联
>
> 探索者机会让学生朝优秀的读者迈进了一步，帮助他们达到"大学和职业准备锚定标准"关于阅读的第 10 条要求："独立且有效地阅读和理解复杂的文学文本和信息文本。"

么没有分。在极少数情况下，学生提交上来的作业不合格，我就只是把作业退回去，并向他们说明为什么不能给分。这种情况下，有的学生可能会选择重做作业。这些作业我都发布在网上，家长也能看到。

很多学生都想获得探索者机会，并不只是班上学业优秀的学生才这样想，这对我来说是一种激励。这表明学生对阅读比较投入，对课程内容感到好奇，也愿意花更多时间在阅读中探索。我们的做法传到了别的班级，别的班的老师也开始为学生提供探索者机会。这么做能扩大学生在固定时间内的阅读量，尤其是增加学生非虚构作品的阅读量。例如，当科学课在教授 DNA 的内容时，大约有 30 名学生选择阅读丽贝卡·斯克鲁特的《亨丽埃塔·拉克斯的不朽生命》（*The Immortal Life of Henrietta Lacks*）。阅读这本书让学生有机会将跨学科的知识联系起来。读完这本书的学生在科学课和语文课上都可以得分。

心得笔记的其他格式

对高水平读者来说，阅读时，尤其是阅读复杂的文本时，用便利贴给文本做标注有助于深入思考。有些学生喜欢用便利贴做标注，这让他们找到了表达感想的出口；而对另一些学生来说，尤其是当文本难度不太大时，写便利贴笔记则是给阅读增加了点儿负担。在学年初，学生对此不乏抱怨，我不太理会这些抱怨，因为文本标注对读者来说是一项重要的技能。

不过，基于与这些我教过一年多（先是七年级然后升到八年级）的学生的谈话，对于那些证明自己已经掌握了文本标注方法、阅读量很大的学生，我决定尝试给他们更多选择。但我需要一个公平的机制。我不能只是一时兴起而做决定，因为青少年尤其在意公平。

当我考虑接下来尝试其他心得笔记格式的时候，我思考的是，当基本的阅读技巧方面的问题已经得到解决，对阅读进度的监控也不再必要，那么对我来说，写笔记最重要的一点是什么。我的答案是，笔记很有价值，因为它可以帮助学生搜集对于书中某些部分的想法，这些想法之后可以在讨论中与大家分享，也可以在写作中作为参考。

我们达成了一致：如果在连续两本（或以上）与所在年级相匹配的书的学习中，学生能记录自己的思考过程，并辅以运用字面思维、推理思维和批判性思维方面的证据，也能够对某些特定的文学要素做出评论，那么这名学生的心得笔记就可以有额外的选择。要达到证明自己的程度，学生需要在两本书的学习中得分都在 95分以上。两本书可以一本是整本书阅读课学习的书，另一本是自主阅读的书，也可以两本都是整本书阅读课学习的书。他们需要在写作时从每本书中选出 10 处写评论——写 10 条心得笔记。特别是，我希望他们记录自己认为有趣或重要的想法，并在讨论时分享。他们可以一边读一边写笔记，也可以在重读的时候写。如果我们正在重点学习某个文学要素，那么他们至少需要写两条包含这些要素的心得笔记。

对于这 10 条心得笔记，我鼓励学生用大一点儿的便利贴，常规尺寸的可能写不下。我还允许学生用日志的形式记录感想，可以在谷歌文档中记录，也可以在纸上记录。对于每一条感想，要记下感想对应的内容所在的页码。我们称这些笔记为"长笔记"。右边是一条针对《我就是要挑战这世界》的长笔记的示例。

有些获得写长笔记机会的学生，仍然选择写短一些的笔记。后来，有些学生提出了一些新的选项。一名热爱素描的学生建议把心得笔记和素描结合起来。她做得非常漂亮，远远超出我对作业的期望。

所以，这对阿诺来说是个巨大的转变。他意识到自己不是孤独的一个人，意识到自己真的融入了。他是某个部落中的一员。世界上有那么多人都属于阿诺所在的部落，我也属于某个"部落"☺。以前阿诺是个害羞的人，觉得自己不属于任何地方，也不知道自己到底是谁，现在他变成了一个更加自信、快乐的人，他知道自己属于那里，也认为自己明白自己是谁。

心得笔记还可以有其他替代形式，这促使学生更多地思考如何提高自己笔记的质量，于是又引发了很多有趣并且很有成效的谈话。同时，心得笔记记录的应该是学生对于阅读产生的真实感想，因此，如果学生特别关注它的分数，我会感到有些不舒服。我希望这些感想是学生专注阅读时自然产生的。有些教育思想家，如阿尔菲·科恩（Kohn，2007）指出，外部奖励体系对于学生批判性思维的发展没有帮助。理想的状况是，我希望帮助学生判断自己什么时候掌握了文本标注的技能——不过，我还不知道该怎么做。

让学生领路

达米安是一位高水平读者，他提出，在学年最后一本书的学习中，我可以让他们写一篇书评。他用自己的表现证明了这个做法的合理性。一开始我反对这么做。他请我解释为什么不接受写书评的主意。我告诉他，我担心学生不理解书评是什么，会写得过于笼统，不能基于文本中的某个部分来写，也不能结合文学要素来写。

达米安说："我的书评可以做

到所有这些。"我被他的坚持打动了。

"好的，"我说，"请写一份简短的提纲给我，说明你的书评会写些什么。"第二天，他交给我一份提纲，里面包括了对文学要素使用的评价和分析。我被他说服了。达米安的书评（完整的书评见附录 5）远超我的预期。我跳出了舒适区，让达米安找到了一个表达感想的新方式。

让所有学生受益的整本书阅读课

在整本书阅读课中，我们营造的积极的、利于成长的学习氛围是有感染力的。学生意识到，每个人都是不同的思想者和学习者，这一点让所有学生都受益。学习永无止境，有无限的地方可以去探索，也有无数条路通往那些地方。整本书阅读教学法兼具灵活性与连贯性，所以，它是适应多元化学生的理想教学模式。

丹尼尔·布林克 - 华盛顿是这样说的："当我观察整个班级和我指导的特殊学生时，我想不出其他比一起阅读整本书更适合这些能力参差不齐的学生的教学方法。我的学生中有些有严重的学习障碍，但他们也有能力一起进行整本书阅读。我们要考虑的就是如何让他们在整本书阅读的过程中适应得更好、更容易跟上其他学生的步伐。所以，我们要思考的是：这些学生的需求是什么？我该怎样给予他们帮助，让他们获得全方位的学习体验？"

09

教学成果分析
所知与所往

"你的书会成为经典吗？"

这一周，我和我的学生谈了这本书的写作。他们知道我在写一本书，当我告诉他们我快要写完了，他们有很多问题要问，比如，"它是关于什么的？""书名是什么？"，等等。

"这本书写的是我们在这门课上学习文学作品的方法——整本书阅读的方法——就是你们全部都要读完整本书，然后我们一起来讨论和分析。"我说，"听起来是不是就是我们的做法？"学生纷纷点头。

"这本书是写给老师的，是关于为什么我认为要进行整本书阅读，以及怎样进行整本书阅读。"他们看起来有点儿不太明白，因为他们从来没有从老师的角度来思考过这个问题。我继续解释。"学生也有其他学习方法，"我告诉他们，"例如，有些老师认为全班同学不应该读同一本书，因为大家的阅读兴趣不同，应该选择自己喜欢的书。有没有同学以前一直都是自己选择要读什么书，从来不会和全班同学一起读一本书？"

很多学生举起了手，我看到他们脸上的肯定和困惑。在纽约市的公立小学中，阅读训练营做得很出彩，所以，大部分学生至少参加过一次纯粹的阅读训练营。在我的想象中，学生应该会努力回忆之前在训练营上课的情形，权衡现在是不是更愿意自己选择要读的书。"我们在课堂上做一些自主阅读，但是，我们也一起学习整本书。"我澄清这一点。

"当然，很多老师也会带全班同学一起读一本书，"我继续说，"但通常是学生一次读一章，接着回答老师的问题，然后大家讨论这一章。"很多学生点头，伴着几声哀号。"你们以前这样做过？"我问。

"是的！"很多学生叫起来。

"我的观点是，"我继续说，"教学不是只有一种正确方法，不同的方法适用于不同的老师，但我认为，整本书阅读教学法有一些特别的地方，我希望大家知道。"

詹姆斯，一名成绩优秀的学生，举起了手。"嗯，我觉得我们这样做很好，就是，读整本书。因为我四年级的时候，曾经和其他几位同学课后一起读书，然后就是每读完一章就开始讨论，"詹姆斯语气平淡，"但我们很快就没有东西可说了，因为只读了一章。后来我感到厌烦了。而现在我们是读完整本书再讨论，在讨论中我们就有很多话要说。"

"哇，很有意思，詹姆斯！这一点我想在书里说说。"我说。我抑制着我的欣喜——他说出了我最核心的观点。

伊冯娜举起了手。她是一名在阅读理解方面有困难的学生，但是今年短短 3 个月时间里她取得了很大的进步。"当我们一次只讨论一章内容的时候，阅读过程会拉得很长，我们会忘记故事里发生了什么。"她说。好几名学生点头。

大家还有一些别的问题，包括"我们会出现在书里吗？""我们可以得到你签名的书吗？"等，然后我们继续当天的学习。这时候我们已经学完了《我就是要挑战这世界》，准备开始一个新的单元的学习。

"今天我们将进入一个新的领域。"我宣布，"每个人都把你的手臂放在身体的右边，假装你从右到左翻动一页巨大的书，用这个动作表示进入崭新的一页。"我总是把我们的教学过程比作阅读一本巨大的书，或者进行一场浩大的征程，我希望通过这种三维的方式让学生理解我的这个比喻。

"我们学习的下一本书是什么？"一名学生问。

"实际上，下一个单元，我们不再学习一本书。"我回答道。因为我们之前的学习经验，学生看起来有点儿意外。

"我们将研究邻里关系。"说完这句话，我看到一些学生脸上出现了惊喜的表情。这是一项调查采访活动，从对邻里关系的观察和调查开始。

"太酷了！"几名学生大声说。

就在这时候，我脑子里"叮"的一下，想起来些什么。接下来的学习中，我们阅读的文本是关于邻里关系和社区的。因为已经经历过整本书阅读课的强化学习，我的学生不仅知道怎么阅读一本书，也对怎么做研究有了一定了解。他们也知道如何记录自己的想法、如何提问、如何从书中寻找线索回答问题，以及如何进行总结。他们学会了从不同的视角（整体的视角、局部的视角）看待问题。我看到我的学生蓄势待发，已经准备好把学到的技能应用于新的语境——用我们从书中学到的技能解决现实生活中的问题。

阅读技能的迁移

有时候，有些老师对我的教学方法感到疑惑：既然《共同核心州立标准》强调的是非虚构作品的阅读，我为什么花这么多时间教学生阅读虚构作品？我这么做不是因为我不喜欢非虚构作品，其实我阅读的非虚构作品比虚构作品更多。但我是上大学后才开始这样的。中学的时候，我热爱阅读虚构作品，但在阅读社会科学课和科学课上的非虚构作品时存在困难。在与青少年读者相处的过程中我发现，虚构作品，因其提供的丰富虚构体验，最能吸引青少年阅读。这是一个好的起点。而且，考虑到其他核心科目中学生阅读的文本类型，恐怕只有在语文课上，学生有机会阅读小说和诗歌。

学生能够通过主要阅读小说来获得阅读非虚构作品所需要的技能吗？我认为答案是肯定的，只要他们有机会将学到的技能跨学科运用到非虚构文本的阅读上。大量阅读小说的孩子通常会成为出色的学生。他们在语文课上表现良好，在其他主要要求阅读非虚构作品的学科上也表现突出，在虚构阅读和非虚构阅读技能测验中都表现突出。大量阅读小说的孩子似乎很容易掌握非虚构阅读技能。因此，对于那些对非虚构作品的理解和回应有困难的学生，我会要求他们大量阅读小说，通过这种方式，他们能强化文字解码能力和阅读的耐力，提升词汇量并养成写笔记的习惯。

2010 年，我从七年级学生那里搜集到的数据印证了我的观点——阅读虚构作品时获得的技能可以应用到非虚构作品的阅读中。当然，我能用数据证明我的观点，得益于我那一年集中进行整本书阅读教学，以及那一年我搜集和整理数据的方法。在后来的几年里，我用不同的方法搜集数据，而且在整本书阅读课中增加了更多非虚构作品，使得用数据证明上述观点更难了一些。

2010 年 9 月，我让我的七年级学生进行了一次阅读诊断测验，使用的文本（其中的虚构作品和非虚构作品比例均等）和多项选择题来自之前某一年的纽约州八年级英语语言艺术考试。我班上 47% 的学生在测验中得了"优"。那一年的秋季学期，我们集中开展整本书阅读课，另外，学生也会在课上选择自主阅读的书。2011 年 1 月，我给学生做了中期测验，用于测验的文本是两篇虚构作品和一首诗，选择题来自以往纽约州另一场英语语言艺术考试。这次测验中，我 83% 的学生得了"优"。我对这个结果非常满意，但我还想知道，在纽约州的其他考试中，即当试卷中虚构作品和诗歌的数量与非虚构作品相等时，学生的表现会怎样。3 周后——这期间我在课堂上没有多讲一篇非虚构作品——学校用另一套完整的纽约州八年级英语语言艺术考试的题目对学生进行了测验。这次测验中，我80% 的学生得了"优"。这次测验中，非虚构作品的比例大于 50%，且文本的篇幅比中期测验的增加了一倍多。

我在 2010 年搜集的数据不能明确证明任何东西；我也不是说，我没有帮助学生阅读非虚构作品的责任。但是，这个例子还是说明了一些问题。在这个例子中，一群差异巨大的学生能够将他们在阅读虚构作品的 5 个月中获得的技能运用到非虚构阅读中，而在这期间我没有提供特别的指导。对于这个结果，我并不感到意外。

小说对现实生活大有裨益

淡化小说对现实生活的影响，这种倾向是错误的。小说研究是一项严谨的学术工作，有很多好处。研究表明，阅读小说有助于培养共情能力，这对与他人相处和理解他人的行为动机都很重要。安妮·克雷默在 2012 年发表在《哈佛商业评论》（*Harvard Business Review*）上的文章《小说阅读的商业案例》（*A Business Case for Reading Fiction*）中这样写道："一些研究者，如纽约大学的奥特利和雷蒙德·马尔搜集到的数据表明，阅读小说能强化读者大脑神经元的连接，可以帮助读者更好地理解人类的真情实感，提高社交技能。"安妮进一步论证了通过阅读小说获得的技能在我们日常生活中的适用性："想一想你要与多少不同的人交往……然后想一想，你又曾花多少精力来思考你们互动时的情绪状态或情绪质量呢？只有在我们阅读小说时，我们才有时间和机会深入体会别人的感受，真正地去想象另一个世界事物的形状和风味。"

在《全新思维：决胜未来的 6 大能力》（Pink，2006）一书中，作者丹尼尔·平克写到，在 21 世纪，要成功必须要学会技能迁移，因为机械的工作将被机器和廉价劳动力取代。平克在书中提到，21 世纪需要 6 种能力，其中一些能力可以在整本书阅读课中得到提升。共情力——这是机器所没有的，也很难远程运用——就是其中之一。娱乐感，在整本书阅读课的写作练习中出现过，也是其中之一。交响力（或称"整合力"）也是其中之一，它指将琐碎的事情联结在一起的能力，拥有这种能力的人既能看到整体的大局，又能看到局部的错综复杂。

此外，除了设计感和意义感，平克最后还在书中用一整章谈论故事力（理解和创作故事的能力）。在法律界，故事力是一项关键技能，律师需要基于证据为代理人讲出有说服力的故事。在医药行业，故事力也日渐受到重视，医生需要听取病人的过往病史和所有检查情况，然后描述病人的健康状况。文学课已经被一些顶尖的医学院纳入其课程体系。在当今的商业领域，在营销中，企业或产品背后的故事和产品本身一样重要。

老师也要有故事意识，认知科学家丹尼尔·威林厄姆在他的《为什么学生不喜欢上学？》一书中提出了这个观点。威林厄姆称，好老师能够利用故事让课堂生动有趣，引导学生积极思考，提升学生的学习效果。

用数据讲故事

我感兴趣的数据是长期数据，我希望能够用数据说明，学生通过整本书阅读课获得的技能对他们的个人生活和职业生涯有积极作用。不过，目前我只有一些短期数据。我曾连续两年教授同一批学生（一百多名），从七年级到八年级。这些学生在标准化考试中的表现表明，整本书阅读课对学生学业水平的提升有直接影响。

图 9.1 中的数据讲的是我的学生的故事。在等级标准一年比一年严格的情况下（纽约州英语语言艺术考试曾受到批评，认为其"难度降低"，因此，自 2009年以来，考试难度逐年增大），这群上我的整本书阅读课的学生达到"优"的人数稳步增长。在这两年间，我的学生的优秀率高于纽约公立学校或特许学校的学生。在 2012 年纽约州英语语言艺术考试中，我任教的布鲁克林远景特许学校在

所有特许学校中整体成绩位列第 24 位；但在这次考试中，布鲁克林远景特许学校的八年级在所有特许学校的八年级中排名第九。

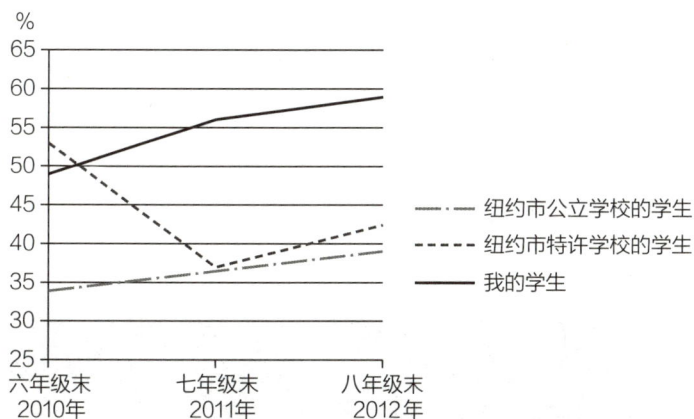

注："我的学生"指上我的整本书阅读课的七年级和八年级学生

图 9.1　2010~2012 年纽约州英语语言艺术考试优秀率

　　我不是想用这些数据说明整本书阅读教学法是提高学生考试成绩的方法。我认为，标准化考试无法让学生展示其复杂而多层面的学习情况，而且我怀疑它永远也无法做到。相反，我提供这些数据是为了说明，在当今由考试驱动的教育环境下，我们的整本书阅读课没有为了提高分数而罔顾学生的发展或背离我们的教育信仰——这可以算是我们值得肯定的一点。

　　我的朋友兼同行南希·托斯·坦吉尔也曾在班克街教育学院学习，也是马德琳·雷的学生。她曾在新泽西州的纽瓦克面向一群高需求学生教授整本书阅读课多年。每个学年她学生的标准化考试成绩都比高其两个年级的学生成绩还略好。这让人感到震惊。南希在课堂上花了不少时间让学生以艺术的方式呈现其阅读的文学作品。我听说她的这种做法受到了一些批评，有人认为这种做法不够严谨。我请南希讲讲她将文学和视觉艺术联系起来的原因，她说："我相信对视觉思维的深度学习会给学生带来长期的益处，它能培养学生的协作能力和定性思维，但或许最重要的是，它为我的课堂带来了游戏的元素。恰恰是在这个自发性的时刻，我努力在课堂上建立的师生间的一种联结，让这些孩子和我自己都理解了艺术创作之美。"她的回答让我想起了丹尼尔·平克提到的21世纪职场所需要的6种能力中的设计感。

南希还说："那些阅读有困难的学生，我们常常将他们认定为视觉学习者。视觉艺术可以帮助人理解谁在什么时间、什么地点发生了什么事以及为什么会发生这样的事。这常常有助于构建一个知识框架，而这个知识框架又能以新的方式重组，让这些学生产生创意。"图9.2展示的是南希的学生对小说《追逐金色的少年》中的文学要素的视觉呈现。

图9.2　文学要素的拼布式呈现方式

可以确定的一点是，在为学生设计教学情境时，南希没有把教学目标集中在学生短期内技能的提高上，她首先考虑的是了解学生，帮助每一名学生进行深度学习，包括阅读文学作品、写作以及以自己的方式进行艺术创作。当外部的压力迫使我放弃让学生进行深度学习的种种举措，转向更容易测量、更容易出结果的方法，我常常想到南希这个榜样。

上整本书阅读课的学生会变成什么样子？

另一个值得一说的我的教学成果是，上我的整本书阅读课的八年级学生在进入高中时学会了什么。虽然我和以前的一些学生（有些现在已经是大学生了）还保持联系，但直到现在，除了对这些学生在高中的表现有大致的了解，其他方面我所知甚少。

我在布鲁克林远景特许学校教了两年的八年级学生升入九年级后，其中一些学生成了我的同事、九年级语文老师梅雷迪思·拜尔斯的学生。她班上26名学生中有14人是我以前八年级班上的学生，12人是新转来的。

梅雷迪思去年多次到我班上听课，也和我谈论过整本书阅读教学法，对我的教学方法比较了解。有一次，我问她上过我的整本书阅读课的学生的表现是否有什么与两年的整本书阅读相关。她是这样回答的：

> 用一个词用来形容上过你的整本书阅读课的学生最为恰当，那就是：耐心。最近，我们花了大约两天时间听阿索尔·富加德的《大师哈罗德与男孩》（*Master Harold . . . and the Boys*）的音频。这是一部戏剧作品，即使是对阅读能力最强的学生来说，这部作品也很有难度。学习戏剧对学生来说是完全不同的体验。上过你的课的学生都能坐着听完整部作品，他们没有畏难情绪，没有被吓住。这部作品他们听了整整两天，听完之后我们才开始讨论。而且，讨论之前，我还布置了有关这部戏剧背景的任务，我们也谈论了它的历史背景。上过你的课的学生能胜任这些任务。对于戏剧中发生的事情，他们都进行了深入思考，这在他们的笔记和写作中都有体现。不仅如此，他们还能在讨论中引用文本来支撑自己的观点。

梅雷迪思说，初中时的深入阅读能培养学生的耐心，让他们具备足够的经验和成熟度，从而理解长篇文学作品以及不熟悉的文学形式——这对高中生来说非常重要。

在第二年的教学中，梅雷迪思与我分享了她的教学计划。她打算让学生回顾这部戏剧，然后以视觉的形式呈现故事中出现的某些象征符号，以帮助学生分析其意义。她问我："我费了很大的力气来制订教学计划，我很想知道你的看法。你觉得这样行吗？"

"听起来很棒！我都想在我的教学中借用你的创意！"我说，"不过，有一点：那些象征符号由谁来提出？"

梅雷迪思笑了起来，领会了我的意思。"由我来提出，"她说，"不过，我知道你这么说是什么意思。"

"嗯，这可能是我的做法唯一和你不同的地方。我会让学生来找出哪些是象征符号。"我说。

"这个做法很好。那么你具体会怎么做呢？"她问。

"我会让他们针对这部戏剧进行开放式讨论，然后问：'有没有谁注意到，这部戏剧里面有没有什么意象或象征符号多次出现？'，然后看情况继续后面的教学。"我回答说，"最坏的情况不过是，你发现学生没有找到这些象征符号，那么你就提出你准备好的那些象征符号。"

"太棒了，阿里尔，这就是我希望得到的反馈。我要试试这种方法。"梅雷迪思说。

第二天，她给我发了下面这条短信：

> 课程开始的时候，我给学生机会让他们来识别意象和象征符号。你带过的学生能够找出所有重要的象征符号。索兰格和琼挑选了舞蹈这个象征符号，他们满怀热情地回到文本，把提到舞蹈的地方全都串了起来。我可以看出这是因为去年在你班上他们做过这些。他们能够串起整个故事，知道故事中发生了什么。他们能够深入思考，并问出

这样的问题："这部戏剧中为什么有这么多地方提到舞蹈，这意味着什么？"

学生能够问出这样的问题真是太棒了，这样就不需要我来提问了。你的整本书阅读课能够培养优秀的读者，也为学生大学的学习做了铺垫。我大学所有课程都要求每周阅读几部小说，然后在课堂上讨论。我真心认为，你的整本书阅读课让学生为达到大学文学课的要求在做准备。

到讨论戏剧的时候，梅雷迪思也决定把自己准备的讨论问题放到一边，尝试这种开放式的、整本书的讨论。那天，校长金·拉乔恰好去听她的课。吃午餐的时候校长告诉我："孩子们那么投入地参与讨论，真是太棒了！一些平时不怎么守纪律的孩子也非常兴奋，但这次他们是为了学习而兴奋！他们的兴奋点都在这部戏剧上，他们为此而争论，我喜欢！"

梅雷迪思九年级班上学生的学习情况反映了整本书阅读教学法取得的成果，这让我非常激动。我看到，这个方法在小学、初中、高中都是有效的。不过，学生最多上了两年的整本书阅读课，我还没有亲眼见到上整本书阅读课超过两年的学生。当然，我不是让学生在语文课上只做整本书阅读，不做别的。我希望我已经清楚地说明了，整本书阅读课是语文课的一个构成成分。对于整本书阅读教学法，我还只看到它在短时间内的应用。怎样让这种方法从三年级一直应用到十二年级？随着学生学龄的增长，教学方案要怎么调整？如果做这样的尝试，对学生阅读能力的发展会有怎样的影响？长期来看，持续上整本书阅读课会对学生在其他语境下的阅读和写作产生哪些影响？这些都是我希望将来能够回答的问题。

就像我在这本书中一直提到的，整本书阅读教学法是一个灵活的框架——任何人都可以对它进行调整，使之适合学生的需求以及学习的文学作品。老师可以将整本书阅读教学法与其他语文教学法动态结合。如何在整个中小学阶段以不同的方式开展整本书阅读教学法？我认为现在是时候来讨论这个问题了。

谁都可以使用整本书阅读教学法

有的老师听到我谈论整本书阅读教学法，会说："这个方法对你可能行，但可能不适合我。"我的经历证明不是这样的。我与多位特殊教育老师、实习老师合作过，现在也在和其他同事合作，我看到很多不同风格、不同水平的老师很快就学会了这个方法及相关的支持技术。例如，今年我带的 4 个班中，有 3 个班有与我合作的老师。讨论时，我想让两个讨论组同时讨论。其中一个班只有我一个人带，没有与我合作的老师，如果我不想让这个班的进度落下，我就需要请一位老师来帮我组织讨论。我求助于同事朱莉安娜·加罗法洛。她教九年级，她的课程安排中有一些空闲，可以在需要时为其他老师提供帮助。朱莉安娜来我们学校之前已经有多年的教学经验，她从来没有使用过整本书阅读教学法。

我向朱莉安娜介绍了讨论的大致形式，并解释了我采用这种形式的原因。朱莉安娜对讨论的组织非常漂亮。她后来把学生讨论时她做的记录送给了我，她的记录令我印象深刻。我问那些由朱莉安娜带领的讨论组里的学生"讨论进行得怎么样？"，学生的反应非常积极。

一名男生说："跟和你一起的讨论几乎一样。"

"你知道为什么吗？"我微笑着回应道，"因为这无关我说什么做什么，也无关朱莉安娜老师说什么做什么。而是和你们有关，和你们说什么做什么有关！"他笑了起来，好像我给了他大大的表扬。

这里的关键是我没有什么特别的，我只是一心想让这个方法有用。朱莉安娜之前从来没有组织过这种形式的讨论，但她成功了。整本书阅读教学法里有对孩子来说有效的东西。在她组织了两本书的几轮讨论之后，我问朱莉安娜对这个方法的印象，她给我写了下面这段话：

整本书阅读教学法似乎能让学生建立起自信，并形成自己的观点……即使老师很少指点，学生也能以有意义的方式对讨论做出贡献，他们能够借鉴彼此的观点。学生对于自己的观点有主人翁意识，可以清楚地看出来，很多观点是在阅读过程中形成的。很多学生能够从文本中找到证据来支撑自己的观点，也能在不同事件、不同人物、不同主题间建立联系，并将正在阅读的作品与其他作品联系起来。

例如，在学习《我就是要挑战这世界》时，学生学习了冲突，而且在自主阅读环节，他们也探索了多种冲突。于是，在讨论过程中，学生能够从文本中引证，以特定的方式来谈论这些冲突。总之我觉得，对于教授文学知识，以及培养学生对阅读和学习的终生热爱，整本书阅读教学法是一种非常成功的教学方法。

为尝试整本书阅读教学法创造空间

布鲁克林远景特许学校的同事和管理层对我的整本书阅读课给予了支持和肯定。但并不是所有学校都能如此。在我任教的第一所学校，对于阅读课，学校对其中的部分内容做了严格规定，我得努力争取空间才能用整本书阅读教学法来授课。我想了一个办法：向上级只汇报部分内容，然后在课堂上关起门来做我自己的。我还发现，我可以将规定的教学内容与整本书阅读教学的框架结合起来，这样我就可以说，我在按要求做事。

这种做法好吗？不好。但在这3年的教学实践中，我的信念从来没有动摇过。而且，关键的一点是，我还公开和大家谈论我的教学方法。马德琳·雷、雷娜塔·罗宾逊-格伦、简·威利斯，以及其他同事，都成了我的"回音壁"。没有他们，我可能已经迷路，可能已经在按照别人的信条和想法教学。

我知道，正确的教学方法不止一个。但我从自己的经历中学到的是，我们每个人都应该坚守自己的信念，并找到最适合学生的教学方法，即使这意味着会对课程做出始料不及的调整。就我而言，我一直坚持最初的教学理念，但在这个过程中我的自信心增强了，意识到了我在做什么，为什么这么做，以及对学生有什么影响。现在，我认为我不需要隐瞒我的做法。如果我申请入职一所新的学校，我会在面试的时候首先就问，我是否可以使用整本书阅读教学法，以及学校对于文本的选择和教学安排是否有什么要求。如果在面试中我被告知不能使用整本书阅读教学法，那这次面试就可以到此为止。幸好，在纽约市的学校，校长拥有较多的自主权，坚持严格规定的教学大纲或僵化的教学方法等情况不太多见。

因为《共同核心州立标准》的设立，美国语文教学的整体面貌发生了很大的变化。与使用了几十年的传统阅读教学法相比，以学生为主体的阅读教学法更先进。现在的要求是，老师需要尝试不同的教学方法，这既是挑战，又提供了一个不错的机会，可以向团队或者学校管理层推荐整本书阅读教学法。

如果你打算在你的学校尝试整本书阅读教学法，你必须要有足够的书，能让每名学生带一本回家阅读。否则你的阅读就只能限制在课堂内，那么所花费时间太长，这无论对老师还是学生来说都比较难受。（一种解决方案是从高质量的图像小说开始学习。）我开始教授整本书阅读课的时候，我班上只有 20 名学生，我要用自己的钱买 20 本书。学校有购书经费，但是通过学校订书可能意味着第二年才能拿到这些书，而我马上就需要。我现在任教的学校有明确可靠的图书预订流程，订书的申请也总是能得到批准，所以我不再需要用自己的钱买书了！如果通过学校购书对你来说不可行，你可以试着寻找其他渠道。书是基本又相对便宜的物品，几乎都能得到资助。

一旦有了书、自封袋和便利贴，你的物质准备就基本到位。除此之外，对于下面列出的几个方面，你需要有心理准备，以便应对来自同事或上级的问题（我在括号里标注了书中讨论这些内容的章节）。

- 简单解释你对书的选择——你为什么认为它适合你的学生，为什么说它是一部好的文学作品，学生将重点学习哪些文学要素（第二章）。
- 简单解释你选择的书为学生提供机会练习《共同核心州立标准》或其他标准中的哪些技能（第三、四、五、七章）。

- 简单解释为什么学生要读完整本书后再开始讨论（第一章）。

- 简单解释在整本书阅读课的阅读时间学生将做什么（第三、六、七章）。

- 简单解释如何追踪学生的阅读进度，如何支持不同水平的学习者（第六章和第八章）。

- 谈谈你对与书相关的写作的想法，即使将来你的想法可能会改变（第五章）。

- 如果学校重视学科协作或跨学科联系，或两者兼而有之，思考一下学生在其他学科中学习的内容、主题或技能如何与整本书阅读课关联起来（第二、七、八章）。

- 如果学校重视科技，思考一些在整本书阅读课中运用科技手段的途径（见第七章的"零与整：让科技融入教育"）。

如果学生在自主阅读时需要很多支持，那就向外寻求帮助，联系能够提供帮助的同事、学生家长、年长一点儿的学生，或其他能帮助学生阅读的志愿者。考虑购买有声书，让学生把有声书的音频文件加载到手机或 MP3 播放器中。

整本书全班读：充满希望的未来

有时候我都忘记了在中小学里整本书阅读教学法是多么不常见。对我来说，这个方法已经融入我的生命；对我的学生来说，它也已成为常见的教学方法。但它在教育领域还不是一个常见的方法，远不是一个家喻户晓的名词。

在班克街教育学院实习一年后，我申请了教职。我觉得自己已经准备好进入课堂，但我对面试的挑战一无所知——校长问的问题，我只知道模糊的答案（更像是在猜）。我不知道面试中我的表现如何，但我记得其中一场面试的情形。在那场面试里，校长让我描述一下我会怎样开展教学。当时面试进行得很顺利，我也感到很自信。那个时候，我已经对整本书阅读教学法产生了兴趣，而且已经在学生身上尝试过这个方法。我开始描述我要怎样上整本书阅读课，要给每名学生一本书、便利贴以及阅读日程表。我说学生将自己读书，读完后我们会一起讨论。在讨论中，学生想说什么就说什么，我会把他们说的记下来。

在我描述我的方法时，我看到校长脸上的狐疑逐渐堆积。"你将如何为学生提供支持？"她问。对于这个问题，我只有模糊的答案。

"我会和每名学生单独相处，了解他们需要什么支持。"我试图说点儿什么。

"怎么做？"她问。我不记得接下来我说了什么，但她看起来有些失望。当然会。那时候我就知道，也许我得不到这个位置。我没猜错。

9年后，我已经为整本书阅读教学法写了一本书，据我所知这是关于这个方法的第一本书。当我和班上的学生说到这个的时候，金伯利，一名阅读有困难但听觉记忆特别突出的学生，问我："你的书会成为经典吗？"

我大笑起来。这个问题令我很意外。当我们学年初开始阅读《一百条裙子》的时候，我告诉学生这本书1944年出版，现在仍在世界各地印刷发行，被认为是一部经典。我们讨论过怎样的作品可以成为经典，以及更新、更流行的书，像《哈利·波特》，能否被看作经典。如果多年后人们对它还有兴趣，它就成了经典。

最初我不想回答金伯利的问题，这个问题有趣又尖锐。我认为，这本书确实不属于会成为经典的类型。不过，之后我想起来，教育领域也是有经典书籍的，那些经典书籍用恰到好处的语言讲述了当下教育的重要内容，历久弥新。

马德琳·雷几十年以来一直鼓励她的学生推行整本书阅读教学法。很多老师在实习时尝试过这个方法，我也一样。纽约市现在也有大量老师在试用这个方法。当人们让我说一说我写的这本书是关于什么的，我的回答听起来特别简单：让学生先阅读整本书，然后开始讨论和分析。听了我的回答，大家会点点头说："噢，是的，这样才合理。"接下来大家会提出下面3个问题中的一个："那么，你怎样确保学生读书呢？""对阅读有困难的学生你怎么做呢？""在学生完成阅读前，你在课堂上做什么呢？"

然后我会顿一下。"嗯，"我通常说，"这得写一本书才能说清楚。"

这些问题的答案不那么简单，也并不是显而易见的，需要时间也需要技巧才能说清楚。但是，就像马德琳最近在电话里提醒我的那样："你写的这些可能会真正改变孩子在学校的阅读方式，引起一场真正的变革。"

此时此刻，我相信，美国的语文老师都在呼唤一种全新的阅读教学法。我希望在这本书的写作中，我已经对这个需求做了回应——我努力探索如何开展整本书阅读教学。现在轮到你了，轮到你来对其进行调整、革新、提高，使之适合你的学生并与他人分享。

即便这本书不能成为经典，我希望，至少它能让一位进入面试环节的新手老师在面对校长提出的"你将怎样开展教学？"这个问题时，可以回答："我将使用整本书阅读的方法开展教学。"然后，这位新手老师能够看到校长投来认同的眼神，能够令人信服地解释什么是整本书阅读。再然后，得到这份工作。

附　录

附录 1

整本书阅读课讨论记录示例

下面是八年级学生讨论《我就是要挑战这世界》时我的完整记录。

第一天的第一轮讨论：重点是讨论

卡尔：这真是本有趣的书，既好玩又严肃。

阿尼卡：我觉得里面有很多黑色幽默。很奇怪，虽然我在笑，但又真的很难过。

迈克尔：一些坏事很快就发生了，我不喜欢这一点。就像阿诺的祖母去世的时候，事情发生得非常突然。当时祖母正在谈论帕瓦仪式，然后突然，被醉酒的司机撞死了。

彼得：我希望有好一点儿的事情发生，比最后发生的那个好一点儿。就像，阿诺和罗迪他们只是一起打球。除此之外，没有别的。我认为如果阿诺和佩内洛普相处得不愉快，他会去找罗迪。

坎迪多：我觉得这本书很好，它描写的生活和我的生活有许多相似之处。书的主题与少数民族的斗争有关。阿诺和许多美国原住民住在保留地。书中有很多关于种族主义的描述，我也经常遇到种族主义问题。不是每天都有，但也常常看到种族歧视的现象。还有，他在乞讨中似乎真的很开心。在他去雷尔登之前。在他转移的时候，中间某个地方，一场大混乱发生了。保留地的所有人都不喜欢他，他打了罗杰。原本可以更好的。

哈桑：我喜欢这本书，但他奶奶去世、尤金死了、玛丽死了这部分我不怎么理解。这些是他生活的一部分，他感到痛苦。

阿德丽塔：我认为书中有很多让人觉得不舒服的地方。在与他亲近的几个人死后，情况似乎真的不同了。有点儿奇怪。感到莫名其妙，他不知道该说什么或做什么。这一直困扰着他。他之前从未有过如此多的失去亲人的经历，他们的死给他带来了极大的触动，令他十分伤心。

肯德里克：我认为这是我读过的最现实的书之一。不是因为很多人都有各自的问题，而是因为整本书的氛围，包括书中粗俗的语言，使它如此逼真。这是一本好书。

山姆：书中的主人公阿诺不是一个完美的人，我喜欢这样的。他有缺点，有点儿疯狂。当他妹妹去世时，他就像发了疯一样。发生在阿诺身上的许多坏事都不是他的错。但他做了一些给他带来厄运的事情。

卢克：我喜欢书里的卡通画。它们对理解故事有帮助，也有助于我们更好地理解阿诺在想什么。书里的文字只能让人理解这么多。图片可以帮助你在脑海中形成画面。

亚当：到快到结尾他和罗迪爬树的时候，这里用了隐喻，指他克服了挑战。

奈马：总的来说，我真的很喜欢这本书，因为它很现实。它现在是我最喜欢的书之一。我不太喜欢它的结尾，我真的认为结尾应该是另一个样子。我想看看他的家人会怎么样。现在的结尾好像整个故事都是围绕他和罗迪之间的纠葛，而没有提到佩内洛普还有其他人最后的情况……

亚历克斯：我喜欢这本书。我喜欢阿诺转学然后和那些人混在一起的那部分。他身边的人都不是他的族人。要融入新的环境对他来说是个很大的挑战。

亚当：阿诺和罗迪爬的那棵树在第 220 页。

我：这部分我们留到以后谈。

亚历克斯：书的简介里说故事的灵感源自作者的经历。作者的生活一定很难。

奈马：我问过阿里老师（优素福·阿里），他说作者的经历不完全是这样的。

迈克尔：祖母死是在第 159 页（这里学生在为之前提出的观点找证据，我们需要找到一条线索）。

亚历克斯：为什么作者在这里要放一些跟故事没有关系的信息？有很多一小段一小段的信息，其中一段是关于科学家的。

哈桑：我通常读书时先读后面，但读这本书时，我决定不这么做。这本书的结尾不怎么有趣。

肯德里克：我想弄明白为什么那么多人说这本书有个好的结尾。阿里老师一直说他喜欢这个结尾。它和大部分小说的结尾一样，好像没什么特别的。

彼得：这是那种"不是什么都有好结果"的书。他和罗迪是朋友——所谓的"朋友"。我最不喜欢的就是这点，读到好几处我都觉得他会揍罗迪一顿。

卢克：我同意彼得的说法。我一开始以为他们会成为朋友，但后来意识到他们不会。在篮球比赛之后，罗迪用胳膊肘撞了阿诺的头，他得了脑震荡，我意识到他们不会成为朋友。但在最后那场篮球赛之后，我又觉得他们会成为朋友。

坎迪多：我有点儿同意又有点儿不同意彼得和卢克的话。即使是最好的朋友也会争吵。

我：他和罗迪最大的冲突是什么？

奈马：最大的冲突甚至不是他转去雷尔登中学的事。从某种程度上说，罗迪认为，阿诺总觉得自己比他强。罗迪说："你总是觉得你比我强。"

亚历克斯：我重读了结尾，我想我现在真的很喜欢它，它很有深意。这本书已经写完了，但它其实可以更长。这就是为什么有些人不喜欢它，因为感觉它没有写完。

肯德里克：我同意奈马的观点，最大的冲突不是他转去雷尔登中学的事，而是他会离开罗迪。他本可以去任何地方。问题就在于他转去了一所白人学校。

山姆：我觉得有趣。在阿诺离开之前，可以说他差不多融入了保留地的生活。一旦他转去雷尔登中学，他可能在两边都无法被接纳。这很有趣。

坎迪多：我记得阿里老师告诉过我，一个世界和另一个世界之间有着巨大的鸿沟——两种文化间有着巨大差异。教我们社会科学的泰森老师说，同化可能意味着适应新的文化，同时忘记旧的文化。

卡尔：我记得泰森老师说过，许多美国原住民是被迫来到保留地的，而保留地也变得越来越小。罗迪认为阿诺可以"更好"，因为他……（此处没有记下对话的内容）

哈桑：就像被诅咒了一样，当他到雷尔登中学时，他一半的家人都去世了。当他待在保留地时，一切都很正常。

珍妮弗：我注意到尤金有点儿像叛逆者，但不是你认为的那种无所顾忌的叛逆者。他说阿诺很有勇气，尽管阿诺说他是一个懦夫。尤金从未真正实现过自己的梦想。

山姆：当我读到尤金真的很擅长篮球但没有上成大学，也不会阅读时，这让我了解到，很多保留地的高中是不会阅读的人也可以上的。

阿德丽塔：尤金在某种程度上让我想起了罗迪。罗迪试图成为像他爸爸一样的人。罗迪家的人更像是恶霸而尤金更像是叛逆者。罗迪可能会走上与尤金相同的道路，可能会走自己的路，可能会有一辆摩托车，可能酗酒……总之，可能会发生一些类似这样的事情。

我：所以，你觉得罗迪将来可能没有好结果？

阿尼卡：有一章中，阿诺告诉罗迪他可以为西雅图队打篮球，然后罗迪说："不，我不会。"他完全不相信自己。

彼得：我认为随着情节的发展，阿诺对自己的信心也在增长。在故事最开始，他讲到自己是如何得了那些可怕的疾病，但如果你只读了后面的故事，你完全不知道他有这些严重的疾病。他并不自怨自艾，只是全心全意打好篮球。

肯德里克：我也觉得这一点很有趣。他在故事开头仔细讲了他的头是如何受伤的，我们理所当然地认为这肯定会影响他的生活，但在之后的故事中，我们再没有听他提起过这些……他完全没有因为身体的创伤而受到影响。

亚历克斯：读完书后反思，我明白当他决定转学时，他必须做出改变去融入新的环境。他必须更像一个白人，而不是一个印第安人。

奈马：我想知道保留地的人是不是也有点儿嫉妒阿诺。他们可能知道阿诺一定会走得更远，会去追求自己的理想。他们嫉妒阿诺，因为他们自己从来没有勇气像阿诺那样做。

山姆：我曾经读过一本书，书里讲了一个人在监狱里申请假释。其他人都和他发生了冲突，因为他们认为他可能假释成功，而自己仍被关在牢里，因此他们也不想让他出去。

珍妮弗：我同意。我也读过那本书。当你在某种程度上与众不同时，当你关心自己的未来而其他人不关心时，你是很难融入的。我记得那本书讲了关于摘棉花，关于那个家伙被指控强奸，但实际上他没有犯罪。当他出狱的时候，监狱里真正有罪的犯人气疯了，想要杀了他。

坎迪多：同意。老实说，如果我们这一代人也生活在保留地，假如我们中只有一个人真的很聪明而且有文化，其他的人都知道他会成功，大家一定会试图阻止这个人获得成功，否则我们其他人就……

山姆：在故事开头，罗杰第一次出现。他是一个非常坏的人，讲关于种族歧视的笑话。但在阿诺打了他一拳后，他开始尊重阿诺，变得非常好。他甚至借给阿诺40美元作为回家的路费。

奈马：我认为罗杰突然改变的原因是他从一开始就被阿诺吓到了，因为印第安人看起来很吓人。

我：印第安人真的吓人吗？是刻板印象还是真的？

奈马：在祖母的葬礼上，泰德说他想归还祖母的衣服，但妈妈说这件衣服并不是他们家的，所以泰德最后没能给他们。

阿德丽塔：一本书的前面通常都会有献词。作者在这里说："献给韦尔皮尼特和雷尔登，我的家乡。"作者有过类似故事中的经历，也许在书中改动了一些自身经历。作者还引用了一句叶芝的奇怪的名言："还有另一个世界，但它存在于这个世界里。"

亚当：回到奈马的观点——我认为那个有钱的泰德，当他把帕瓦仪式的衣服送给阿诺的妈妈时，她没有收。我猜她想用这种方式让泰德感到尴尬。

阿尼卡：我认为对白人来说，印第安人保留地和他们的世界是两个截然不同的世界。保留地听起来像完全不同的地方。完全不同。

肯德里克：老师为什么让我们读这本书？

卢克：我认为这本书中有很多隐喻，尤其是快到结尾的地方。愚蠢的马是一个隐喻，意味着不要做超出你能力范围的事情。但是书中阿诺的爸爸在说这个隐喻的时候，我不认为这是一个很好的比喻，也不是一个很好的道理。他爸爸基本上是在告诉阿诺不要尝试任何事情。

奈马：我不同意卢克的说法。我认为阿诺的爸爸不是这个意思，他只是让阿诺不要做愚蠢的事情。

我：比如玩火？

珍妮弗：我也不同意卢克的说法。想想他们说要把马杀了然后回去。

学生用于写作的问题

我让学生分享他们想要继续探究的问题。（这一天我们上两节整本书阅读课，这种情况每两周出现一次，所以这些问题就用来代替我们平常的家庭作业题目。）学生有大约 8 分钟时间自由地就其中任意一个问题进行写作。等学生完成写作任务后，我让他们分享自己选择的是什么问题。我将学生的名字写在问题旁边，让选择同样问题的同学组成一个小组，与小组成员分享自己的观点并继续讨论。

1. 作者为什么写粗话？（卡尔，迈克尔，彼得，哈桑）

2. "还有另一个世界，但它存在于这个世界里。"对于这句名言，你有什么看法？（阿德丽塔）

3. 老师为什么让我们读这本书？（亚历克斯，坎迪多，亚当）

4. 书中的插画有什么意义？这些插画是根据作者的生活画的吗？（卢克，山姆）

5. 故事中的哪些问题得到了解决？剩下的问题呢？你会给这个故事一个什么样的结尾？（阿尼卡）

6. （基于迄今为止你读过的内容）你认为阿诺会有怎样的将来？（奈马，珍妮弗）

第一天的第二轮讨论：重点是分享

讨论进行到第二轮时，仍旧回到全班讨论的形式，大家开始分享自己通过小组讨论产生的新想法。

亚当：我们组讨论了为什么老师要我们读这本书。我认为这可能和我们这次学习的主题相关——在两个世界之间转换。正如这本书原书名中的"兼职印第安人"所指，主人公的生活也是在保留地和雷尔登间不停转换。类似的主题也出现在《烟火讯号》《芒果街上的小屋》中。

坎迪多：还有，明年我们就该上高中了，老师希望我们知道怎样融入新环境。

山姆：卢克和我讨论的是问题4，关于书中的插画。卢克说也许这些插画是阿诺脑子里出现的画面。似乎很有道理。

卢克：这也说明插画中画的不是作者的生活。是卡通画。我们认为如果他能画那么好，他就不需要另一位插画师了。

奈马：但是他会写——因为他说这本书是兼职印第安人的"日记"。

山姆：如果这是日记，那么致谢的口吻不是作者，而是主人公阿诺。

肯德里克：我们说书中某些粗话给书增添了现实感。大部分书中没有这样的语言，读起来就不是那么真实，起码在现代社会中看来，那样很不真实。

哈桑：我认为作者想通过粗话表达主人公的感受。

亚历克斯：我不同意。我不认为粗话表达了什么。虽然我自己心情烦躁的时候也会说粗话，但我认为这样说话不好。

山姆：我同意亚历克斯的说法。我觉得这只是一种让书变得有趣的简单方法。我看过的很多现当代作品里都有粗话，这些粗话让书中描述的生活更加接近真实生活。

彼得：我同意肯德里克说的。因为所有儿童书都没有粗话，虽然很多孩子也会说粗话。大人尽量保护我们不接触粗话，但孩子其实都知道。

肯德里克：我觉得我们认为这些粗话更有趣的一个原因是，我们是在学校里读到的这本书。如果我只是在书店里拿起这本书，我可能不会觉得它那么有趣，但在学校里就不同。

迈克尔：我认为当阿诺骂人的时候，这本书就与真实生活产生了共鸣。因为现实生活中你会听到很多粗话。

阿尼卡：这本书其实没有彻底解决任何问题。生活就是这样，没有完美的结局。

珍妮弗：我认为阿诺的将来是充满希望的。这本书让我想起那些贫困地区的孩子以及洛杉矶城区里的孩子。我想知道他们是如何生活的。

第二天的讨论

我们先阅读打印出来的前一天讨论的记录，然后继续进行开放式讨论。

卢克：阿诺在雷尔登融入得比在保留地更好，这很有趣，因为他不止一个朋友。而在保留地，人们似乎总要跟他吵架。

肯德里克：我很奇怪为什么会这样。仅仅因为他给了罗杰一拳就让他赢得了全校学生的尊重？还是在他自己的世界里他没有得到同样的尊重，并且在这个世界里他对于得到尊重根本没有期待？

我：没有期待？

肯德里克：这是白人对印第安人的刻板印象。

彼得：印第安人也不总是充满戾气。把愤怒发泄在别人身上是充满恶意的。

坎迪多：对彼得和肯德里克说的我补充一点。也许阿诺越来越受欢迎不是因为他揍了罗杰一拳，而是因为他开始喜欢佩内洛普，而佩内洛普开始在社区里说他的好话。也许这是为什么罗杰和其他人开始喜欢他。

阿德丽塔：我不同意。阿诺的处境越来越好是因为他始终保持积极向上的态度。在保留地，每个人都相互认识，大家都知道他；而在雷尔登，他有展示自己长处的机会。这是完全不同的环境。

亚当：我对坎迪多的观点做个补充。阿诺原本并不受欢迎，大家都因为他的种族而歧视他，但当他开始和佩内洛普交往的时候，大家对他的态度开始改变了。

奈马：回到阿诺发现佩内洛普有暴食症那一部分。我认为他们开始交往是因为阿诺是唯一试图了解她感受的人，因为她说每个人都觉得她应该时尚、漂亮、聪明。

卢克：我觉得就是从佩内洛普开始和他交往那部分起，大家开始喜欢阿诺，尊重他。

山姆：佩内洛普在学校竟然有那么大的影响力，我觉得这一点很讨厌。虽然这对阿诺很有帮助，但还是让人觉得很讨厌。阿诺在舞会上出现，佩内洛普说他看起来不错，大家都觉得他的裤子漂亮。

肯德里克：他揍罗杰是在原书第65页。

坎迪多：我接着山姆和卢克说的说。当阿诺刚来雷尔登的时候，他爸爸开始骑摩托车送他去学校。在他揍了罗杰一拳之后，罗杰反而对他态度大转变，还称赞了一句摩托车很酷。也许是那辆很酷的摩托车让阿诺赢得了更多尊重，我猜。

珍妮弗：关于舞会，我对山姆之前说的做个补充。在舞会上阿诺受到欢迎，他很珍惜和佩内洛普待在一起的时光。那应该是他生命中最美好的晚上。

内特（第一天缺勤）：我想，也许摩托车不是阿诺获得尊重的原因。不过，摩托车对阿诺获得尊重也有帮助。

亚当：有好几件事情——他揍了罗杰一拳，骑摩托车，和佩内洛普交往，参加舞会，所有这些加在一起都是让阿诺得到更多尊重的原因。

阿尼卡：我不知道是不是摩托车和揍那个家伙一拳两个因素的叠加让他们开始尊重阿诺。我认为白人总觉得印第安人比较猛。阿诺做的前面那几件事恰好都印证了这种刻板印象，所以他才很快被白人接受了。

奈马：我同意亚当的说法。阿诺揍了罗杰一拳，他和佩内洛普交往之后开始得到尊重，这些事情是交织在一起的。如果他只是揍了罗杰，大家可能只是怕他；如果他只是和佩内洛普交往，他也只是单独和她说话而已。我们来读一下第65页打架那部分。

山姆：奇怪，他竟然将那些规则当成了真正的规则。

珍妮弗：我们来看看第61页提到的规则。

肯德里克：有意思——如果你觉得有人侮辱你，你必须和他打一架……

亚当：他们肯定常常打起来。

卢克：我觉得有些人非常专横跋扈。"你们肯定经常对住在保留地的白人子女挑衅。"从这句话能推测出这些人有种族歧视之嫌……

内特：阿诺说："我是个奇葩，现在也没法回保留地了。"

奈马：他的同乡肯定能理解他的行为和为什么而战。

我：你说的这点是不是也是阿诺很难离开保留地的原因？

坎迪多：我们讨论了阿诺离开保留地后，过上了更好的生活，变得更富有，而保留地的其他人可不太高兴。阿诺受到白人欢迎是因为他很聪明……

到这里讨论已经接近尾声，但我常常没有把讨论的结尾记下来，因为我听得太投入，忘了做记录。

附录 2

绘本学习中的笔记类
作业单示例

姓名＿＿＿＿＿＿＿＿＿＿＿＿　　　日期＿＿＿＿＿＿＿＿＿＿＿＿

和同组同学一起认真阅读莫里斯·桑达克的《野兽国》这本书，在下列提示词后面写下你的所思所想。

迈克斯＿＿＿＿＿＿＿＿＿＿＿＿＿＿＿＿＿＿＿＿＿＿＿＿＿＿＿＿＿

＿＿＿＿＿＿＿＿＿＿＿＿＿＿＿＿＿＿＿＿＿＿＿＿＿＿＿＿＿＿＿＿

＿＿＿＿＿＿＿＿＿＿＿＿＿＿＿＿＿＿＿＿＿＿＿＿＿＿＿＿＿＿＿＿

情感＿＿＿＿＿＿＿＿＿＿＿＿＿＿＿＿＿＿＿＿＿＿＿＿＿＿＿＿＿＿

＿＿＿＿＿＿＿＿＿＿＿＿＿＿＿＿＿＿＿＿＿＿＿＿＿＿＿＿＿＿＿＿

＿＿＿＿＿＿＿＿＿＿＿＿＿＿＿＿＿＿＿＿＿＿＿＿＿＿＿＿＿＿＿＿

背景＿＿＿＿＿＿＿＿＿＿＿＿＿＿＿＿＿＿＿＿＿＿＿＿＿＿＿＿＿＿

＿＿＿＿＿＿＿＿＿＿＿＿＿＿＿＿＿＿＿＿＿＿＿＿＿＿＿＿＿＿＿＿

＿＿＿＿＿＿＿＿＿＿＿＿＿＿＿＿＿＿＿＿＿＿＿＿＿＿＿＿＿＿＿＿

插图＿＿＿＿＿＿＿＿＿＿＿＿＿＿＿＿＿＿＿＿＿＿＿＿＿＿＿＿＿＿

＿＿＿＿＿＿＿＿＿＿＿＿＿＿＿＿＿＿＿＿＿＿＿＿＿＿＿＿＿＿＿＿

＿＿＿＿＿＿＿＿＿＿＿＿＿＿＿＿＿＿＿＿＿＿＿＿＿＿＿＿＿＿＿＿

母亲＿＿＿＿＿＿＿＿＿＿＿＿＿＿＿＿＿＿＿＿＿＿＿＿＿＿＿＿＿＿

＿＿＿＿＿＿＿＿＿＿＿＿＿＿＿＿＿＿＿＿＿＿＿＿＿＿＿＿＿＿＿＿

＿＿＿＿＿＿＿＿＿＿＿＿＿＿＿＿＿＿＿＿＿＿＿＿＿＿＿＿＿＿＿＿

冲突＿＿＿＿＿＿＿＿＿＿＿＿＿＿＿＿＿＿＿＿＿＿＿＿＿＿＿＿＿＿

＿＿＿＿＿＿＿＿＿＿＿＿＿＿＿＿＿＿＿＿＿＿＿＿＿＿＿＿＿＿＿＿

＿＿＿＿＿＿＿＿＿＿＿＿＿＿＿＿＿＿＿＿＿＿＿＿＿＿＿＿＿＿＿＿

情节变化＿＿＿＿＿＿＿＿＿＿＿＿＿＿＿＿＿＿＿＿＿＿＿＿＿＿＿＿

＿＿＿＿＿＿＿＿＿＿＿＿＿＿＿＿＿＿＿＿＿＿＿＿＿＿＿＿＿＿＿＿

＿＿＿＿＿＿＿＿＿＿＿＿＿＿＿＿＿＿＿＿＿＿＿＿＿＿＿＿＿＿＿＿

问题／评价＿＿＿＿＿＿＿＿＿＿＿＿＿＿＿＿＿＿＿＿＿＿＿＿＿＿＿

＿＿＿＿＿＿＿＿＿＿＿＿＿＿＿＿＿＿＿＿＿＿＿＿＿＿＿＿＿＿＿＿

＿＿＿＿＿＿＿＿＿＿＿＿＿＿＿＿＿＿＿＿＿＿＿＿＿＿＿＿＿＿＿＿

附录 3

情节发展图绘制说明示例

画出《野兽国》的情节发展图

1. 标题：《野兽国》情节发展图。写上姓名。

2. 在作业纸上画一条 x 轴和一条 y 轴。

3. 在 x 轴旁写上"故事中发生的事"。

4. 在 y 轴旁写上"故事的紧张度"。

5. 在 y 轴底部写上"0"，在顶端写上"10"。

6. 在 x 轴上写出故事中发生的主要的事。

7. 为每一件事确定一个紧张度（范围是 1~10）。在每件事上端，对应 y 轴的紧张度，画出 x 轴和 y 轴的交点。

8. 将各个交点连成一条线。

9. 与同学合作写一段话，描述你画出的这条线。这条线能说明什么？

10. 如果有时间，把书里的插图照样子画到作业纸的空白处，至少画一幅。

附录 4

获得探索者机会的学生的
作业单示例

1. 阅读雷·布拉德伯里的《火星编年史》。

2. 从下列任务中挑选一项完成。对于写作任务，一页纸足够，不需要写太多；当然，你要想多写一些也没问题。

· 与书中人物通信：给书中的人物写一封信。或者假装自己是书中的某个人物，给书中的另一个人物或一位有名的历史人物写一封信。

· 写一篇新闻稿：写一篇简短的新闻稿，报道书中的某件事。一定要给它拟一个吸引眼球的标题。

· 为本书写续作：写出续作的第一章，或为续作设计护封。

· 文学分析：就书中某个方面写一篇文章（至少 3 段）。例如，作者的语言风格，作者对象征手法的使用或对某个人物的刻画，主题，或者你对作者写作意图的猜测。

· 视觉化：将书中一个关键场景或要素视觉化。例如，绘制场景画面，制作雕塑或立体模型。

· 场景改写：挑选一个场景，以另一个人物的视角或语气进行改写。

· 剧本改编：用视频编辑软件将书中的某个场景改编成短视频，或者为本书制作宣传片。

· 其他：自己设计。记得先和老师确认一下是否可行。

截止时间：11 月 2 日，周三。讨论将在感恩节假期结束后进行。

附录 5

学生设计的书评模板示例

大约上了两年的整本书阅读课后，我的学生达米安提议用他设计的书评模板来代替便利贴笔记，然后他自己率先示范。我在第八章对我俩之间的对话进行了详细描述。

《牧羊少年奇幻之旅》书评
作者：达米安·巴罗斯

　　《牧羊少年奇幻之旅》是保罗·柯艾略写的一部小说。这本书创作于1988年，以葡萄牙语写成，到2011年已经被翻译成71种语言，是迄今为止在世作者作品被翻译成外语数量最多的书。它是一本国际畅销书，销量超过6500万册。许多人喜欢这本书，但要真正理解故事并沉浸其中，你必须深入挖掘，分析贯穿于整个故事的文学要素、写作手法，以及阅读时的思考方式等。

文学要素

场景

《牧羊少年奇幻之旅》一书中有多个场景贯穿故事始终。这本书的故事结构与成长故事的结构相似：主人公离开家，去了很多地方，然后回到家。他旅程的起点是西班牙安达卢西亚，在那里他是一名牧羊人。然后他前往西班牙塔里法，在那里他停留了一段时间。接着，从第二部分开始，主要描述他一路跋涉，穿越沙漠，到达并留在埃及的法尤姆。最后他前往埃及金字塔并回到家中。

场景评分：B+。场景是所有探险故事的关键，《牧羊少年奇幻之旅》的场景描写非常精彩。场景的变换应该和故事情节的起落相互交织、配合，《牧羊少年奇幻之旅》在这一点上做得很好。

人物

故事一开始介绍了很多人物，很难记住。因为人物太多，所以也不可能每个人物都对故事有很大影响，不过，很多书都是这样。故事里你真正会注意到的有以下 6 个人物，其他人物都如同过客。

圣地亚哥：圣地亚哥是故事的主人公。他一开始是一名牧羊人，在见了占卜师和麦基洗德之后，他意识到自己的使命是去埃及的金字塔拿到自己的宝藏。书中有个奇怪的地方：作者一开始提了一次圣地亚哥的名字，之后就都称他为"男孩"。

麦基洗德：麦基洗德是一位国王。他在西班牙塔里法的市政广场上出现，并告诉圣地亚哥有关金字塔、他的个人使命以及他周围的世界的事情。他把两块宝石送给圣地亚哥，这两块宝石在故事里多次出现。故事里多次出现的还有麦基洗德告诉圣地亚哥的那些事情。这些东西在圣地亚哥脑子里多次出现。虽然全书只有 10 页提到麦基洗德，但对有些人来说，他比圣地亚哥更重要。

水晶店店主：当圣地亚哥在塔里法被抢劫后，水晶店店主给了他一份工作。圣地亚哥接受了这份工作，并从店主的生活态度中学到了很多，明白了梦想的重要性。这位店主虽然不喜欢冒险，但他是个善良的人，他懂得圣地亚哥的追求——有时候更胜过圣地亚哥自己。有这么一个例子。店主觉得圣地亚哥不会放弃去金字塔而回到西班牙，因为那不是他的命运。

英国人：当圣地亚哥坐着大篷车去往埃及的法尤姆时，英国人给圣地亚哥介绍了炼金术的一些信息。像水晶店店主那样，英国人也告诉了圣地亚哥他对生活的态度，并让圣地亚哥明白每个人都有自己的生活方式。

法蒂玛：到达法尤姆后，圣地亚哥和一位叫法蒂玛的漂亮女人成了朋友。他们每天谈天说地，然后圣地亚哥请求法蒂玛嫁给他。法蒂玛坚持要他完成自己的使命之后再来娶她，这让圣地亚哥既生气又苦恼。后来，炼金术士告诉他，真正的爱情从来不会阻碍梦想的实现。

炼金术士：他住在埃及法尤姆，是一位强大的炼金术士。一开始，圣地亚哥从英国人那里听说了他，但最后圣地亚哥发现自己是炼金术士真正的门徒。炼金术士教给圣地亚哥很多东西，包括生活方式、世界语言等。炼金术士可能是故事中最有影响力的人物。

人物评分：A+。人物被巧妙地刻画并串联在一起，这可能是故事里做得最好的部分。

人物成长评分：B-。整个故事中只有一个人物——主人公——真正贯穿始终，虽然其他人物也令人难忘，但没有贯穿始终。主人公逐渐成长，形成了新的世界观。其他人物并没有真正改变或成长，除了水晶店店主。

冲突

《牧羊少年奇幻之旅》中没有什么主要的冲突。更恰当的说法是，这本书描述了一段旅程，其中有很多岔道和路障，这些也许可以看成是支线冲突，包括圣地亚哥被一个部落的居民抓住，钱被偷了，以及在他发现"宝藏"时被打了一顿。

主要冲突评分：故事里没有主要的冲突，很难评价冲突写得怎么样。

支线冲突评分：C-。

主题

在《牧羊少年奇幻之旅》中，圣地亚哥多次回顾了书中发生的事，他记得自己与国王的谈话，与英国人的谈话，从水晶店店主那里学到的东西，以及其他很多事情。这不是在表达主题，否则的话，主题就太多了。主题是书中人物经常回过头来思考的东西。例如，在穿越沙漠的跋涉中，圣地亚哥多次想到英国人和国王说过的话；当他对自己或其他人已经做过的或必须做的决定感到有压力时，他经常会重温国王和炼金术士说过的话。如果一定要给这本书确定一个主题，那它的主题可能是：有一个"智慧的老人"，或者，像本书里，有几位智慧的老人（水晶店店主、国王、炼金术士），他们的建议改变了圣地亚哥思考或决策的方式。在这本书中，主人公回顾了书中发生的事情，这更像是一种写作风格，而不是在表达主题。

主题评分：B。故事始终围绕一个主题展开，作者在主题的表达方面做得很好！

写作手法

这本书是用葡萄牙语写的，被翻译成 70 多种语言……你不能求全责备说故事和写作流畅性不完美。它还行，但如果没有被翻译过来，这本书也不可能出版。由此可见，这本书的英文版流畅性比较差。例如，书中有一个地方，圣地亚哥说他要回西班牙了，很快他又说他将继续去埃及的旅程，他的想法发生了巨大转变。又如，某些部分写得太长，而有些需要更多描述的部分又写得太短。不过，再说一次，关键是"翻译"。

写作流畅性评分：这是一本译作，而我又不懂葡萄牙语，所以我没办法对这一项进行评分。我只知道在某些地方，写作流畅性很差。我毫不怀疑，如果作者用英文来写这本书，写得和这个译本一样，那就不可能有《牧羊少年奇幻之旅》这本书可供我们来写书评了。它太差了。

阅读中使用的思考方式

《牧羊少年奇幻之旅》这本书的细节描写不多，虽然我可以看出作者努力将细节描写得更形象，但还是不怎么具体。我经常需要重读，大部分时间都需要进行批判性思考。对那些不喜欢对一本书进行深度思考的人来说，这本书 150% 不适合。

故事情节

《牧羊少年奇幻之旅》是一个典型的冒险故事，它的情节发展有几个阶段，阶段间的划分非常清晰。不同阶段圣地亚哥身边的人物不同，他们所处的场景也不同。见下面的表格。

情节发展阶段	场景	出场人物	情节描述
开始	西班牙安达卢西亚（圣地亚哥的家乡）	圣地亚哥	圣地亚哥是一名牧羊人，对自己的旅程还一无所知
情节展开	西班牙塔里法的市政广场	圣地亚哥，麦基洗德	麦基洗德指点圣地亚哥踏上寻宝之旅
情节展开	西班牙塔里法	圣地亚哥	圣地亚哥的钱全被偷了
情节上升	西班牙塔里法	圣地亚哥，水晶店店主	为了赚钱去金字塔，圣地亚哥开始在水晶店工作。他从店主那里学到了很多东西
情节上升	摩洛哥丹吉尔和沙漠中的许多地方	圣地亚哥，英国人	圣地亚哥坐着大篷车穿越沙漠。他遇到了英国人。英国人给他灌输了很多的观念，还给他介绍了炼金术

续表

情节发展阶段	场景	出场人物	情节描述
情节上升	埃及法尤姆	圣地亚哥，英国人，法蒂玛	圣地亚哥遇到了法蒂玛，法蒂玛教他很多生活技能。圣地亚哥请求法蒂玛嫁给他
情节上升到高潮	埃及法尤姆以及沙漠中的其他地方	圣地亚哥，炼金术士	圣地亚哥遇到了炼金术士，然后他们离开法尤姆去找圣地亚哥的宝藏。炼金术士可以指导圣地亚哥
高潮	沙漠中部落的军营	圣地亚哥，炼金术士	圣地亚哥和炼金术士被捕。抓捕他们的人让圣地亚哥3天内用一阵风把军营摧毁，他做到了
到达高潮的顶峰	埃及金字塔	圣地亚哥	圣地亚哥找到了宝藏，但是，当他找到的那袋金子被小偷偷走后，他发现真正的宝藏并不在那里
结尾	西班牙安达卢西亚	圣地亚哥	圣地亚哥找到了自己的宝藏

最终评价

文学要素：B。

写作手法：无。

阅读中使用的思考方式：主要是批判性思考。

故事情节：B+。

最终评分：83分。

重读概率：中等。取决于你是否愿意第二次甚至第三次回到故事中，真正地沉浸其中。

是不是一本好书：是。我读完了这本书。刚开始我觉得它比较无趣，但后来我觉得它真的很好。

完

附录6

主题变形记作业单示例

主题变形记：《芒果街上的小屋》

你已经知道了，《芒果街上的小屋》这部小说由一系列短篇组成，而且你已经找出了作品中贯穿始终的主题。主题是贯穿故事始终，并且在不同情境下一再出现的观点、话题或感觉。

写作任务

从《芒果街上的小屋》的主题中挑选一个（不用局限于我们这周课堂上列出的那些），以你的视角进行改写，以这种方式探索这部作品的主题。

写作要求

· 针对你选择的主题写 3 个短篇。每个短篇都需要拟一个标题。

· 以第一人称写作。3 个短篇的叙述者应该是同一个人。

·你的短篇可以是现实主义的，但应该听起来像虚构作品。你需要为你的人物起名字。

·为你改写的内容拟一个标题，其中应该包括揭示主题的词。

·让你的语言充满创意！多用描述性语言。每个短篇里至少要使用一种修辞手法，如明喻、暗喻和拟人。尝试多用一些描述性语言和修辞手法！

·每个短篇大约一页（或更多）。手写。

建议

·从《芒果街上的小屋》中挑选一个短篇，以你的视角对它进行改写。例如，根据你的家庭故事改写《头发》这个短篇；或者用你家所在街道的名字写一个短篇，名字就叫《_____街上的小屋》。

·下周在课堂上回顾你写的短篇。你能否根据主题修改故事？

截止时间：今天下课前完成主题的选择。

下周有两天时间在课堂上写作（与讨论同时进行）。

附录 7

人物成长周期作业单示例

人物成长周期图

根据成长故事的结构模型，以及你在故事方面的知识创作一个成长故事。在此之前，先完成下面这幅人物成长周期图，以此为大纲来构思你的故事。构思时不要用故事里的具体人物，只用"人物"来指称。

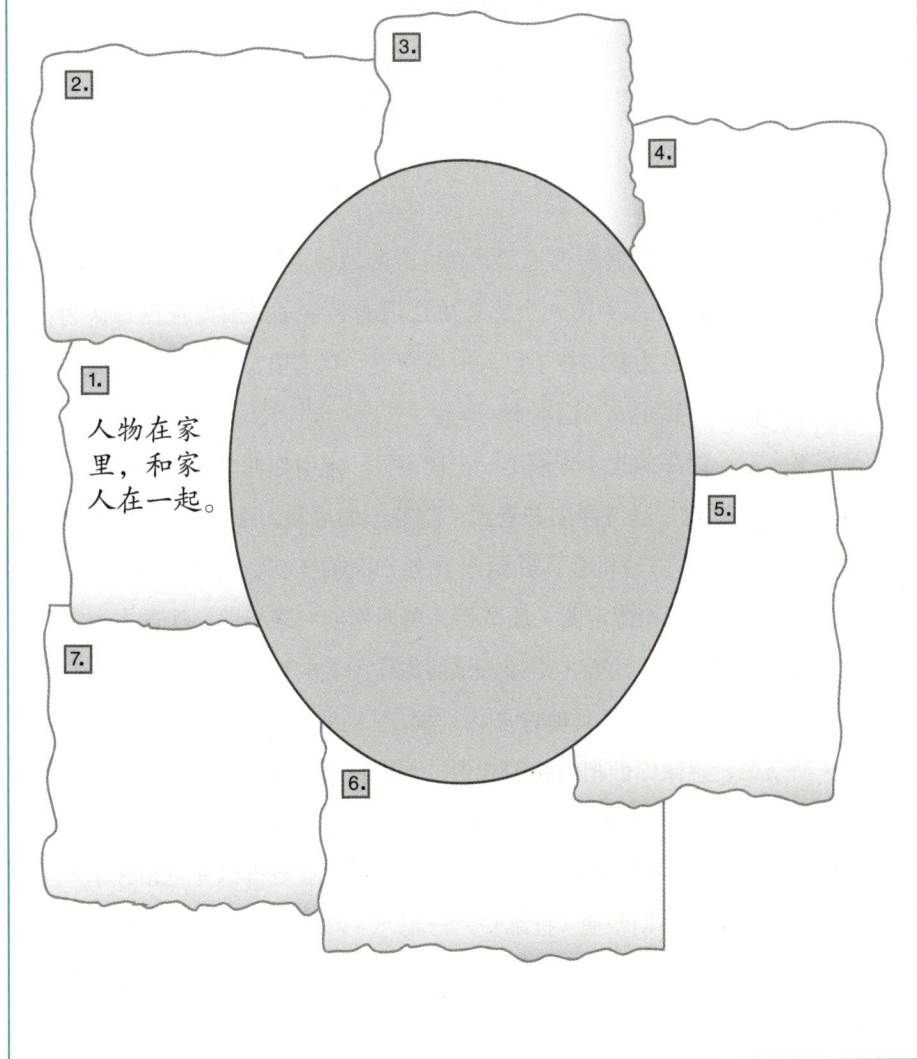

3.

2.

4.

1.

人物在家里，和家人在一起。

5.

7.

6.

致　谢

多年前，我将我的博客命名为"站在巨人的肩膀上"。这个名字也许不够有创意，但我实在想不出一个比它更合适的名字了，因为我真心认为，我获得的任何成就都是因为我站在了巨人的肩膀上。在这里，我要向我心目中的巨人致谢，是他们帮助我完成了这本书。

马德琳·雷，你是如此才华横溢、坚韧不拔，感谢你慷慨地帮助我，并指导我成为一位愿意冒险、坚持原则的老师；凯特·加尼翁，你对这本书满怀信心，感谢你给我出版这本书的机会，并给予我各方面的支持；巴斯出版社（Jossey-Bass）的罗宾·劳埃德和特雷西·加雷赫，感谢你们一路相助，让这本书封面更加精美、内容更加精彩；约翰·诺顿，感谢你作为我的写作指导，鼓励拥有老师和作家双重身份的我（以及其他许多人）发出自己独特的声音；巴尼特·贝里和乔恩·斯奈德，感谢你们相信我的能力，帮助我成长为学科领头人；布鲁克林远景特许学校的丹·鲁本斯坦、拉诺利亚·奥莫瓦尼勒、潘妮·马祖利和克雷格·塞特鲁洛，感谢你们为我提供优良的教学环境，让我得以开发和分享本书中的各种方法；玛西娅·斯蒂曼-拉维安、丹尼尔·布林克-华盛顿和优素福·阿里，与我共事的这几位优秀的特殊教育老师，感谢你们过去几年在整本书阅读课开发过程中的诸多贡献；我们班学生的家长们，感谢你们对整本书阅读课的支持；南希·托斯·坦吉尔，你是我的思想伙伴，感谢你对整本书阅读教学法的认同；安东尼·雷博拉，感谢你让我从《教育周刊：教师》的一篇文章中获得了最初的写作灵感；雷娜塔·罗宾逊-格伦，你是一位出色的老师、同事、朋友和艺术家，谢谢你；梅雷迪思·拜尔斯和莉莉安娜·里希特，感谢你们对整本书阅读教学法的勇敢尝试，感谢你们一直与我保持沟通；马凯拉·凯西，感谢你对整本书阅读教学法的理解，以及在我写作过程中给予我的慷慨帮助；朱莉安娜·加罗法洛，感谢你帮助我主持课堂讨论，感谢你与我分享你的真知灼见；我的丈夫塞缪尔·克鲁兹，你的支持让这本书得以面世，写作过程中的无数个长夜，感谢你的陪伴；感谢我的父母，感谢你们的建议和情感上的支持，感谢你们对我的教导；阿婆，感谢你在我的童年时期带我进入文学的世界；还有我所有的学生，以前的和现在的，感谢你们和我一起开发整本书阅读课，是你们让我知道哪些方法是有效的，是你们一直在向我证明，我可以做得更好。

参考文献

Appleyard, J. A. *Becoming a Reader: The Experience of Fiction from Childhood to Adulthood.* Cambridge: Cambridge University Press, 1991.

Atwell, N. *In the Middle.* Portsmouth, NH: Heinemann, 1998.

Beers, K. *When Kids Can't Read: What Teachers Can Do.* Portsmouth, NH: Heinemann, 2002.

Campbell, J. *The Hero with a Thousand Faces.* Princeton, NJ: Princeton University Press, 1968.

Elkind, D. *A Sympathetic Understanding of the Child: Birth to Sixteen.* Boston: Allyn & Bacon, 1995.

Fountas, I., and G. S. Pinnelle. *Fountas & Pinnelle Prompting Guide Part 2 for Comprehension: Thinking, Talking and Writing.* Portsmouth, NH: Heinemann, 2012.

Gallagher, K. *Readicide.* Portland, ME: Stenhouse, 2009.

Gottschall, J. *The Storytelling Animal: How Stories Make Us Human.* New York: Houghton Mifflin Harcourt, 2012.

Harding, D. W. "What Happens When We Read?" in *The Cool Web: The Pattern of Children's Reading*, edited by M. Meek, A. Warlow, and G. Barton, 58–72. London:

Bodley Head, 1977.

Jairrels, V. *African Americans and Standardized Tests: The Real Reason for Low Test Scores*. Chicago: African American Images, 2009.

Joseph Campbell and the Power of Myth with Bill Moyers. PBS, 2001.

Kohn, A. *The Homework Myth: Why Our Kids Get Too Much of a Bad Thing*. Philadelphia: Da Capo Press, 2007.

Lawson, A. E., M. R. Abraham, and J. W. Renner. *A Theory of Instruction: Using the Learning Cycle to Teach Science Concepts and Thinking Skills*. Manhattan: Kansas State University, National Association for Research in Science Teaching, 1989.

Lesesne, T. *Reading Ladders*. Portsmouth, NH: Heinemann, 2010.

Lesser, S. *Fiction and the Unconscious*. New York: Vintage, 1962.

Lobel, A. *Mouse Tales*. New York: HarperCollins, 1972.

Meek, M., A. Warlow, and G. Barton, eds. *The Cool Web: The Pattern of Children's Reading*. London: Bodley Head, 1977.

Miller, D. *The Book Whisperer*. San Francisco: Jossey-Bass, 2009.

Pink, D. *A Whole New Mind: Why Right-Brainers Will Rule the Future*. New York: Penguin, 2006.

Pink, D. *Drive: The Surprising Truth about What Motivates Us*. New York: Riverhead Books, 2009.

Ray, M. "Building a Literature Program." Course materials for Children's Literature in a Balanced Literacy Curriculum, Bank Street College of Education, 2003.

Rosenblatt, L. "Literature: The Reader's Role." *English Journal* 49:5(1960):5–39.

Wakefield, D., ed. *Kurt Vonnegut: Letters*. New York: Delacorte Press, 2012.

Willingham, D. *Why Don't Students Like School? A Cognitive Scientist Answers Questions about How the Mind Works and What It Means for the Classroom*. San Francisco: Jossey-Bass, 2010.

Witter, M. *Reading without Limits: Teaching Strategies to Build Independent Reading for Life*. San Francisco: Jossey-Bass, 2013.

Worthy, J. "'On Every Page Someone Gets Killed!' Book Discussions You Don't Hear in School." *Journal of Adolescent and Adult Literacy* 41(1998):508–517.